성 인권으로 한 걸음

성 인권으로 한 걸음

가해자를 만들지 않는
성교육을 향하여

발행일 2020년 5월 20일 초판 1쇄

지은이 | 엄주하
펴낸이 | 정무영
펴낸곳 | (주)을유문화사

창립일 | 1945년 12월 1일
주소 | 서울시 마포구 서교동 469-48
전화 | 02-733-8153
팩스 | 02-732-9154
홈페이지 | www.eulyoo.co.kr
ISBN 978-89-324-7428-1   03300

주하 지음

성 인권으로 한 걸음

가해자를 만들지 않는
성교육을 향하여

을유문화사

여는 글

「세계인권선언문」에는 "모든 사람은 태어날 때부터 자유롭고, 동등한 존엄성과 권리를 갖는다"고 쓰여 있다. 즉 모든 사람의 '인권'은 인간이기 때문에 당연히 보장되는 것이다. 사람은 누구나 외모, 교육 정도, 경제력, 성별 등에 상관없이 '소중한 존재'이며, 다른 누군가로부터 자신의 존엄성을 침해당하지 않을 권리를 가지고 있다.

플라톤, 헤겔, 칸트, 니체, 프로이트와 같은 위대한 철학자들도 인간의 자유와 권리를 중요한 화두로 삼았다. 인간의 자유와 권리를 확장하고 차별을 없애려는 노력은 역사적으로 지속되어 왔고, 지금도 계속되고 있다. 대표적으로 프랑스 시민혁명은 왕권으로부터, 68혁명은 권력자로부터 인간 본연의 자유와 권리를 찾기 위한 일련의 사회 혁명이었다. 이러한 사회 변혁을 통해 전 세계적으로 지배자 중심의 사회 질서는 시민 중심으로 변화되어 왔다. 한국 사회도 만연한 인종 차별이나 장애인 차별, 성차별 등을 개선하고자 노력해 왔고, 더디지만 인권이 존중받는 민주 사회로 가기 위한 진보가 꾸준히 이루어져 왔다.

하지만 시민이 주인 되는 사회 혁명은 성 혁명으로 발전하지 못했다. 봉건 사회, 독재 사회에 통용되던 권력자 중심의 성 관습법은 시민사회에도 그대로 전해졌다. 권력자들만이 성적 존재이자 성적 주체로 설 수 있었고, 노동력을 제공해야 하는 시민은 사회 통치 이데올로기에 갇힌 채 '금욕과 절제'라는 이름하에 성적으로 행복을 추구할 자유와 권리를 억압당했다. 시민의 성 영역은 다음 세대의 노동력 확보를 위한 임신과 출산 등의 재생산 영역으로만 한정되었다. 시민혁명을 통해 시민이 주인이 되는 사회가 되었지만 이와 같은 기존의 성의 가치는 변하지 않은 채 남성들이 사회와 가정을 통치하는 형태로 고스란히 이어졌다. 사회적 약자인 여성, 아이, 장애인 등에게는 성적 주체로서의 자유와 권리가 주어지지 않았다.

지금까지도 여성이나 십 대 아이들은 성적 존재이자 성적 자기결정권이 있는 주체로 온전히 인정받지 못한다. 이는 성교육의 방향을 결정하는 데 커다란 영향을 미쳤다. 아이들을 성적 주체로 인정하지 않는 학부모나 교사, 학교의 정책 담당자들은 성교육의 필요성에 대해서도 인지하지 못했다. '성은 위험하다'라는 전제 아래 '크면 저절로 알게 된다'는 안일한 인식이 더해져 우리 사회 전체가 성교육을 외면하는 결과를 낳고 말았다.

한국의 학교 교육과정에서 성교육은 '반드시 배워야 하는' 정규 교육이 아니다. 여전히 성교육은 '해도 되고 안 해도 되는' 재량 교육이다. 이에 성교육 시간이 확보되지 않아 적정한 수업 교사도 배치되지 못하고 있다. 지속되는 성 문제로 인해 사회적 비판이 제기됨에 따라 국가에서는 1년에 20차시의 성교육을 실시하라고 권고하지만 실제로 초등학교 1학년에서 고등학교 졸업 때까지 아이들이 학교에서 받는 성교육은 총 열네 시간 정도로, 권고안과 현실의 간극은 너무나 크다. 성에 대한 부정적인 인식과 입시 위주의 교육으로 인해 성교육은 철저히 배제되었고, N번방 사건처럼 사회적으로 이슈가 될 만한 자극적인 성범죄 사건이 일어날 때만 아이들을 모아 놓고 집중적으로 일시적 성교육을 진행한다. 성교육이 정규 교과과정이 아니다 보니 전문적인 정책 담당자도 없어서 성 문제를 근본적으로 해결할 수 있는 방법이 무엇인지에 대한 합의도 제대로 이루어지지 않는다. 결과적으로 그동안 말도 많고 탈도 많았던 저항 교육 등이 대처 방법으로 제시되는 데 그쳤다. 그야말로 학생들의 성 인권을 존중하지 않는, 알맹이 빠진 성교육이었다.

제대로 된 학교 성교육의 부재로 인한 피해는 고스란히 아이들에게 돌아간다. 아이들은 성교육의 부재로 인해 사회에서 요구하는 남성다움과 여성다움의 가치를 그대로 흡수하며 사회화된다. '남녀가 달라 그에 따라 하는 역할이 따로 있다'는 인식은 남성은 사회를 주도하는 주체, 여성은 가정을 보살피는 존재로 한정시킨다. 이런 사회적 인식 속에서 성적으로도 남학생은 성적 주체로, 여학생은 성적 대상으로 사회화되며, 차별은 고스란히 대물림된다.

여학생을 성적 주체로 존중하지 않는 사회적 인식은 결과적으로 사회가 문제시하는 임신, 출산, 낙태, 성병, 성폭력 예방을 위해 아이들을 겁주는 식의 교육만 낳았다. 아이러니하게도 그동안 한국의 성교육은 근본적인 교육이 아니라 한 '피해자 되지 않기' 교육이 주를 이루어 왔다. 성적 존재로 인정받지 못한 여자아이들은 몸의 변화나 생리 현상 같은 사춘기의 자연스러운 성장 과정마저 부끄러워하며 수치스러워해야 했다. 아이들은 자신의 감정이나 지식, 요구를 표출하지 못하도록 사회화되고, 성적 의사 결정을 하는 법도 제대로 배우지 못한다. 임신이나 낙태, 성폭력 문제는 이런 현실과 무관하지 않다. 결국 성적 주체로 인정받지 못하는 삶은 누군가에 의해 결정되는 삶, 사랑받아야만 하는 삶, 비인권적인 행태를 감수하는 삶으로 이어진다.

반면 남학생들은 성적 주체로 인정받지만 주체로서 어떠한 성 행동이 존중과 침해인지 판단할 수 있는 성교육은 받지 못한다. 남학생들은 공격적이거나 주도적으로 힘을 과시하는 것을 남성다움으로 여기며 누군가를 안타까워하거나 보듬고 싶어 하는 자신 안의 소중한 감정들을 하나씩 없애는 사회화를 거친다. 감정 없는 어른으로 자라며 음란물을 통해 성을 배운 아이들은 상대를 성적 도구화하는 데 익숙해지고 사랑 없는 성이 전부인 줄 알게 된다. 이런 아이들은 "남자끼리 놀다 보면 그럴 수도 있지" 하며 '남자들의 장난'으로 치부해 왔던 행동들, 무의식적으로 관습화되어 온 행동들이 어느 정도의 성차별이며 성폭력인지 제대로 알지 못한다. 또 성폭력에 관대한 사회적 환경은 그 문제에 대해 의문을 제기할 필요조차 느끼지 못하게 만든다. 심각한 성 인지 감수성의 부족 문제가 생기는 것이다. 남성다움이라는 이름의 남용에 젖어든 사람들은 남녀를 떠나 사회적으로 약자인 사람들에게 가해자가 되고 자신 인생의 피해자가 되고 만다.

이것은 남학생 또는 여학생만의 문제가 아니라 우리 사회 모든 구성원의 현실적 문제다. 그동안 우리는 성적 존재, 성적 주체로서 인정받지 못했고, 사람이라면 당연히 누려야 할 성적 행복 추구권, 성적 자기결정권, 성적으로 침해받지 않을 권리를 보장받지 못했다. 비인권적인 삶을 당연시 해 온 것이다.

그러나 우리는 깨어나야 한다. 그리고 기억해야 한다. 사람으로 태어난 순간 인권이 존재하듯이 '성 인권'도 함께 주어지는 것이다. 즉 남녀 누구나 성적 자기결정권을 가진 성적 존재로서 존중받을 권리가 있다.

나는 건강한 성 문화를 위해 나의 자리에서 공동체를 위해 무엇을 해야 하나 오랫동안 고민하였고 그것은 성 인권 교육이라는 것을 확신했다. 성 인권 교육은 아이들이 자신에게도 성적인 존재로서 존중받을 권리가 있다는 것을 깨닫도록 하는 것이다. 이

책에는 내가 성 인권 의식을 바탕으로 한 성교육을 해 오면서 경험했던 실제 사례들과 그 속에서 느낀 점, 자녀나 학생을 대하는 많은 부모와 교사에게 제안하고 싶은 점, 그리고 어떠한 관점에서 성교육에 접근해야 하는지에 대한 견해 등을 담고 있다. 무엇보다 우리 모두가 불협화음에서 벗어나 평등하고 건강한 관계 맺기를 통해 남녀가 보다 공존하는 사회를 만들어 가는 데 이 책이 일조할 수 있기를 바라며 다음과 같이 책을 구성하였다.

　1장에서는 우리의 성폭력적인 현실을 이야기하며 성 인권의 보장이 왜 중요한지 돌아보았다. 2장에서는 성 인권의 기본 개념을 바탕으로 우리에게 필요한 성교육의 항로를 잡아 보았다. 3장에서는 우리 사회에 만연한 성 고정관념을 돌아보면서 여기서 벗어날 수 있는 방안을 제시했고, 4장에서는 무의식 속에 잠재해 있던 성차별을 인식하고 성평등한 관계를 만들기 위한 방안을 서술하였다. 5장에서는 성폭력에 대한 기존의 통념에서 벗어나 성적 자율성의 침해이자 성적 권리의 침해인 성폭력에 대해 논하고, 폭력에 대한 감수성을 높이는 방안을 제시하였다. 6장에서는 성적 감수성이 결여된 우리 사회의 전반적인 성 문화에 대해 비판적으로 돌아보고 이러한 성 문화 개선을 위해 어떤 노력을 기울여야 할지 살펴보았다. 마지막 7장에서는 6장까지에서 다룬 성 인권 중심의 교육에 대한 성찰을 통해 성 인권이 보장되는 사회를 위한 보편적인 가치에 대해 이야기했다.

이 책은 성적 존재이자 성적 자기결정권이 있는 주체로서의 인간과 성교육에 대해 다룬다. 사회에 뿌리 깊이 박혀 있는 성 고정관념이나 이중적인 성 문화, 성차별, 성폭력 등에 대해 살펴보고 성 인권이 보장되는 사회를 만들기 위한 성교육의 중요성을 강조하고자 하였다. 무엇보다 자신과 타인에게 어떠한 성적 권리가 있는지 아는 것은 자신의 목소리를 낼 수 있는 출발점이 될 것이다. 이 책이 그 출발점으로 한 걸음 더 다가서기 위한 디딤돌이 되기를 바란다.

차례

1장

성 인권 들여다보기

|

우리는 성적 주체로
살아가고 있나

1. 성 인권,
우리에게 여전히 낯선 이름

나는 병원에 근무하다 보건 교사 임용시험을 거쳐 학교로 발령을 받았다. 첫 발령지인 학교로 가는 길에는 군사 지역답게 현란한 간판을 걸어 놓은 술집들이 즐비하게 늘어서 있었다. 그렇게 도착한 곳은 군대와 담 하나를 사이에 둔 작은 학교였다. 학교에 있다 보면 연병장에서 훈련을 하거나 담 아래에서 총을 들고 보초를 서는 군인들을 볼 수 있었다. 처음 한동안은 수업을 하다가도 "뻥, 뻥" 뿜어대는 대포 소리에 놀라 탁자 밑으로 숨기도 하였다.

환영회로 인근 식당에서 술과 함께 저녁식사를 하는 자리가 마련되었다. 이 지역은 많은 교사가 기피하다시피 하는 벽지였기 때문에 근무 교사들은 관리자로 승진할 수 있는 가산점을 받았다. 그래서 여자 교사보다는 승진을 꿈꾸는 경력 있는 남자 교사들이 많이 근무하고 있었다. 여자 교사는 유치원 교사와 나뿐이었다. 유치원 교사는 1차에서 서둘러 빠져나갔고 환영회 주인공인 나는 2차를 갈 수밖에 없었다. 2차로 간 곳은 춤추는 공간이 있는 유흥주점 같은 곳이었다.

신입 환영회인 만큼 나에게로 시선이 쏟아졌다. 평소 춤을 즐겨 춘다는 관리자가 함께 춤을 추자고 권했고, 나는 춤을 추지 못한다고 거절하며 도와줄 사람을 찾아 주위를 둘러보았지만 모두 외면하였다. 나는 어리둥절하게 있는 사이 앞으로 끌려갔고 교장의 손에 잡힌 나의 손은 줄에 달린 인형처럼 그가 밀면 뒤로 밀리고 당기면 앞으로 당겨지며 허공을 맴돌았다. 당황스러움과 수치심으로 첫날을 그렇게 보냈고 그 후 회식은 되도록 피하고 싶은 일과 중 하나였다. 나중에 알았지만 관리자부터 행정실 직원까지 대부분이 남성인 남성 중심 학교에서 유흥 문화는 낯선 것이 아니었다. 심지어 학부모 대표로 불리는 학교 운영위원장도 종종 접대를 받고 있었다.

그 후 일상은 굳이 회식 자리가 아니어도 성적 괴롭힘의 연속이었다. 어떤 교사는 드라이브를 가자고 은근하게 치근댔고, 연애하자며 따라다니는 유부남 교사도 있었다. 심지어 그 사람은 집에 데려다준다며 나를 차에 강제로 태우기도 했다. 자신이 얼마나 괜찮은 사람인지를 이야기하며 왼손으로는 운전을 하면서, 오른손으로는 바지를 벗으려고 하였다. 나는 너무 놀라 멈추지도 않은 차에서 목숨을 담보로 뒤도 돌아보지 않고 뛰어 내리고 말았다.

이 사건들이 일어났던 때는 1993년으로, 성폭력예방법도 만들어지지 않은 때였다. 성희롱이라는 표현이 일반화되지도 않았고, 성폭력의 상황은 농담이나 관심의 표현으로 여겨져 오히려 이 상황을 문제 삼으면 나만 뭔가 빌미를 준 '이상한 여자', '분위기 망치는 여자'가 되었다. 초임 교사였던 나는 의미 있는 일을 하는 사람, 도움이 되는 사람이 되고 싶은 꿈에 부풀어 있었고, 아이들이나 교사 누구와도 함께 잘 어울리며 공동체를 꾸리고 싶었다. 그러나 어느 순간 웃음기 가득했던 내 모습은 사라져 갔다. 나는 점차 사람들과 어울리기보다 함께하는 상황을 피하고 사람들을 외면하기 시작했다.

서둘러 도망치다시피 해서 찾아간 곳은 경기도 성남의 한 초등학교였다. 산꼭대기에 있어서 산행을 하듯이 한참 올라가야 운동장이 보이던 학교였다. 눈이 오면 자동차가 못 올라갈 정도로 가파른 곳으로, 이 지역 대부분의 집에는 2층에 주인들이 살고 1층에 세입자들이 살았다. 경사가 많이 져서 1층은 거의 지하에 가까웠고 햇빛조차 잘 들지 않았다. 대부분 형편이 어려운 사람들이 살고 있었다. 학부모들의 직업 중 가장 좋은 직업이 그 학교 교직원일 정도로 대다수가 하루 벌어 먹고사는 사람들이었다. 이런 지역일수록 부모의 돌봄을 받지 못하는 아이들이 아침부터 보건실에 약을 먹으러 오거나 치료를 받으러 오는 일이 잦다. 뚜렷하게 아픈 곳이 없는데도 늘 찾아오는 아이들이 있었다.

그중 한 1학년 아이가 어떤 날은 배가 아프다고, 어떤 날은 머리가 아프다고 하면서 자주 찾아왔다. 신입생이니 학교에 처음 적응하느라 힘들 거라고 생각하며 친절하게 대해 주었다. 그러던 중 어느 날부터 그 아이가 보이지 않았다. 종종 3월을 지나 친구들이 생기고 담임교사에 익숙해지면 찾아오지 않는 아이들이 있기에 이제는 잘 적응해서 지내나 보다 하며 지나쳤다.

　　그런데 어느 날 그 아이의 담임교사가 나를 찾아왔다. 아이가 결석을 해서 집으로 연락을 했더니 아이가 성폭행을 당해서 학교에 갈 수가 없다는 얘기를 들었다는 것이다. 담임교사는 어떻게 해야 할지 모르겠다고 상담을 청해 왔다. 부모 말에 의하면 아이가 집에 있는 것을 싫어하고 주인집 할아버지를 보면 자꾸 피하려고 해서 이상한 생각이 들었다고 한다. 평소에 그 할아버지가 아이와 함께 자주 놀아 주고 맛있는 것을 사 주면서 친하게 지냈었기에 이상한 낌새를 느낀 것이다. 아이가 자꾸 소변도 못 보고 밤에 오줌을 싸거나 손가락을 빠는 등 평소에 하지 않던 행동을 해 몸을 살펴보던 중 성폭행 사실을 알게 되었다고 한다. 아이가 무서움에 떨며 말하기를, 할아버지가 "둘만의 비밀을 누구에게 말하거나 하면 엄마가 너를 싫어하게 될 것이고, 함께 집에서 살지 못하게 할 것이며, 엄마에게도 똑같이 하겠다"고 하면서 협박까지 했다는 것이다. 가해자는 병원 놀이를 시작으로 아이를 성추행했고 나중에는 성폭행을 하는 단계까지 이르렀다.

학교에는 이러한 성폭력 사건에 대한 매뉴얼도 없었고 나도 처음 맞닥뜨린 상황이라 어떻게 처리해야 할지 몰라 관리자와 상의하였다. 교장은 일이 커질 것을 염려하여 엄중하게 "이 사실을 아무에게도 발설하지 말 것"이라는 함구령을 내렸다. 나는 아동 성폭력으로 경찰에 신고해야 한다고 의견을 냈으나 학교의 이미지가 나빠진다는 이유로 묵살당했다. 도움을 줄 단체나 해바라기와 같은 신고 센터도 없던 상황에서 권위적이고 수직적인 학교 문화에 대항해 이 사건을 신고하는 것은 쉽지 않았다. 당시 성폭력에 대한 법이 만들어져 있었지만 법의 손길이 학교까지 오는 길은 너무나 멀었고, 성폭력에 대해 드러내기보다 쉬쉬하는 사회적 분위기 속에서 많은 사건이 쉬이 덮이곤 했다. 법은 마련되었으나 성에 대한 사람들의 인식, 성차별이나 성폭력에 대한 감수성이나 변화를 위한 실천 의지는 법을 따라가지 못했다. 익숙한 관습법으로 인해 오히려 피해자가 더 피해를 보는 현실이었으니 피해자가 자신을 드러내지도 못했다.

　그 당시 성폭력은 개인의 일로 여겨졌고, 오히려 피해 부모에게 "아이를 왜 혼자 두었냐"며 비난하는 암묵적인 사회적 분위기가 팽배했다. "가해자가 그런 짓을 할 사람은 아니다. 아이가 예뻐서 실수한 것"이라며 가해자에게 동조하는 목소리가 우세했으며, 성에 대해 침묵하던 우리 모두의 눈은 그 사건을 드러내고 해결하려 노력하기보다 양심과 함께 깊숙이 묻어 두고 덮었다. 가해자는 그곳에서 계속 살았지만 아이는 어느 순간 학교에서 볼 수 없었고 소리 소문 없이 전학과 함께 이사를 갔다. 분명히 잘못한 것은 가해자였지만 과거의 나처럼 피해자였던 아이가 도망치고 숨어야 했다. 아이는 자신이 어떠한 피해를 당했는지, 자신에게 어떠한 권리가 있는지도 모른 채 침묵을 강요받았다.

성폭력 문제에 대한 끊임없는 시민들의 문제제기와 여성 인권 단체의 노력으로 이 사건이 일어나기 1년 전인 1994년에 '성폭력 방지 및 피해자 보호 등에 관한 법률(성폭력특별법)'이 제정되었다. 학교장이나 담당자가 반드시 신고해야 하는 의무 규정도 3년이 지난 1997년에 추가되었다. 현재 모든 성폭력 범죄는 피해자의 고소 없이도 범인을 처벌할 수 있는 비친고죄로, 18세 미만의 사람을 보호, 교육, 치료하는 사람은 보호받는 학생의 피해 사실을 알게 되었을 경우 의무적으로 신고해야 한다. 그런데 성폭력특별법이 시행된 지 26년이 흐른 지금, 왜 아직도 피해자가 죽을 듯이 도망치고 자신을 드러내지 못하고 숨어야 하는 걸까? 여전히 법보다 관습이 더 큰 힘을 발휘하고 있기 때문이다.

1990년대 한 민주화운동 단체에서 성폭력 사건이 발생하였다. 사건은 단합대회가 끝난 후 술자리에서 발생하였다. 두 명의 지역 당원이 여성 전용 잠자리에 들어가거나 차로 피해자를 데리고 가서 성폭력을 저질렀다. 성폭력을 인지한 여성 당원들이 중앙 조직에 문제를 제기하고 가해자들을 처벌하기를 요구하였다. 그러나 사회를 변화시키고자 민주화운동을 하는 사람들조차 성적 권리나 성차별과 성폭력에 대한 인식이 부족했다. 이들은 "여성의 권익만 중요시 한다"고 하며 오히려 피해자들을 비판하였다. 피해자들의 평소 품행을 문제 삼으며 '큰일을 위해 노력하자'는 논리로 일상 속의 성 문제에 눈 감고자 하였다.

관행이라는 이름으로 이런 일들이 반복되자 잘못된 성 의식을 가진 공동체를 향해 각성을 촉구하는 움직임이 일어났다. 2000년에 '운동사회 성폭력 뿌리뽑기 100인 위원회' 운동이 시작되었고, 그동안 조직을 보호하기 위해 쉬쉬했던 수많은 운동권 내 성폭력 문제에 대한 논의와 함께 반성이 이루어졌다. 같은 활동 공간 내의 친밀한 관계를 이용하는 사례가 많다는 점, 운동 문화가 남성 중심 문화의 연장선이라는 점, 운동의 대의와 권력이 피해 사실보다 중요시되었다는 점, 피해자에게 더욱더 심각한 2차 피해가 가해졌다는 점 등이 문제로 지적되었다.

이러한 일련의 움직임들은 더 이상 이성 관계에서의 성기 삽입만으로 모든 성폭력을 설명하지 못한다는 인식을 제기했다. 점차 많은 사람들이 개인적인 문제가 아닌 사회구조적인 문제로 성폭력을 바라보기 시작했고, '성의 권력관계'와 '일상 속의 민주화'에 대한 인식이 고취되었다. 성폭력은 남녀 사이의 정조 개념으로 바라볼 문제가 아니다. 인권의 관점에서 볼 때 성폭력은 성적 자기결정권을 침해하는 권력관계에서 발생하는 것이다. 1990년대 중반 이후 여성운동 단체들이 성교육 현장에 활발하게 개입하기 시작한 것도 바로 일상 속의 성 규범에 의해 '여성의 삶이 남성의 시각으로 정의되었다'는 인식의 확산과 관련이 있다. 우리 사회는 점차 권력을 가진 사람들이 정의하는 성폭력의 관점에서 벗어나 '피해자 중심의 시각'에서 사건을 바라보기 시작했다. 이러한 성폭력에 대한 각성과 함께 사회의 다양한 노력으로 성폭력 관련 법이 개정, 마련되고 있다.

나 또한 성교육 담당자로서 아이들을 대하면서 나와 그 아이, 주변 사람들이 겪었던 성적 피해의 경험이 단순히 개인의 문제가 아닌 많은 사람의 문제라는 것을 알 수 있었다. 하지만 현실의 장벽은 견고했다. 관련 법이 만들어졌으나 허술한 면도 적지 않았고 관습법이 더 중요하게 작용하다 보니 나는 성적 주체로서 침해받았다는 사실을 인지하더라도 성폭력 피해를 신고하는 일을 망설이게 되었다. 그동안 사회에서 성폭력이 어떻게 해결되는지 봐 왔기 때문이다. 많은 피해자들이 진술 이외에 명확한 증거도 없어 상대로부터 명예훼손이나 무고죄 등으로 역고소를 당할 뿐이었다. 오히려 내가 무엇을 잘못했는지 스스로를 검열하고 주변 사람들의 손가락질 때문에 피해 사실을 숨기고 살아가야 했다. 나와 동시대를 살아가는 여성과 아이들도 분명히 같은 성차별이나 성폭력의 경험에 노출되었을 텐데, 보고도 외면할 수밖에 없었던 죄책감과 수치심을 안고 그저 순응하듯이 살아왔다. 나는 성적 침해를 받지 않을 권리, 보호받을 권리가 없었던, 즉 성 인권이 없는 사회 속에서 피해자이자 방관자, 그리고 때론 가해자였다.

2.   십 대에게 성은 있는가

딸아이가 유치원에 다닐 때의 일이다. 같은 반 남자 친구로부터 토끼 모양의 핀과 함께 카드 한 장을 받아 왔다. 삐뚤삐뚤한 글씨로 "네가 너무 좋아, 친하게 지내자"라고 쓴 고백의 편지였다. 딸도 좋았던지 "엄마, 나도 선물하고 싶어" 하면서 무엇을 선물할지 고민하며 행복해했다. 부모로서도 아이가 아장아장 걸어 다니던 일이 엊그제 같은데 이제는 조금 컸다고 남자 친구로부터 연애 편지도 받아 오고 누군가를 좋아하고 사랑받으며 행복한 미소를 짓는 모습을 보니 행복한 감정이 들었다.

그런데 만약 아이가 사춘기가 되어서 "엄마! 나, 그 친구가 너무 좋은데 사귈까?"라는 말을 한다면 어떤 마음이 들까? 부모나 교사로서 아이의 연애를 반기고 박수쳐 줄 수만은 없을 것이다. 본격적으로 공부해야 하는 시기에 연애하느라 성적이 떨어질까 염려도 될 것이다. 또한 신체적으로 어른처럼 커 버린 십 대들에게 연애는 성적인 행동이나 더 나아가면 성관계를 의미하기도 하기 때문에 혹시나 일어날 수 있는 데이트 폭력이나 성관계, 임신 등에 대한 불안은 쉽게 아이들의 연애를 반길 수 없게 만든다.

이처럼 십 대의 성은 지금까지도 친밀감을 키우는 순수한 사랑이기보다 아이들을 타락시키는 '위험한 성'으로 규정되었다. 따라서 아이들은 어른이 되기 전까지는 "크면 다 알게 돼"라는 말을 들으며 성적 권리를 가진 인격체가 아닌 양육과 보호의 대상이 될 수밖에 없었다. 성에 대한 공포에 가까운 부정적인 인식은 성적 주체이자 존재로서의 십 대의 성을 부정하는 결과를 낳고 말았다. 십 대는 '무성의 존재'로 치부되었고 가정이나 학교 어디에서도 이들을 성적 주체로 존중하는 성교육이 이루어지지 않았다. 이들의 성은 누려야 하는 권리가 아니라, 모르면 모를수록 좋은 것이었다.

어른들은 정작 어른을 준비해야 하는 시기의 십 대가 알고 싶어 하는 성 욕구의 조절이나 성행위에 대한 교육은 외면해 왔다. 인간관계를 맺을 때 올바르게 사랑을 표현하고 결정하고 선택하는 법이나 성관계 시 위험을 예방하기 위한 콘돔 사용법 등을 알려 주는 것에 대해서도 우려스럽게 여겼다. 성에 대해 알려 주면 성에 대해 허락한다는 의미로 전해질까 봐 걱정스러웠던 것이다.

아이들을 바라보는 부모는 성적인 호기심이나 반응을 보이는 아이들에게 경악하였고 수치심을 유발했다. 한 남자 고등학생을 둔 엄마가 아들 방에 갔다가 '콘돔'을 보고 경악했는데, 진정하고 자세히 다시 보니 한 개씩 포장되어 있는 비타민C였다는 이야기도 있다. 어느 한 고등학교에서는 졸업하는 아이들에게 콘돔을 지급했다가 부모들의 강한 반대에 부딪혀 그 이후로는 지급하지 않았다.

한 동료 교사의 일이다. 어느 날 학교 보건실에 고등학교 1학년 남학생이 왔다. 남학생은 아무렇지도 않게 "누나가 너무 세게 했다"면서 '키스마크'를 가리게 밴드를 달라고 하였다. 교사는 학생의 성적인 행동을 눈으로 확인하게 되자 머릿속이 복잡해지며 무슨 말을 어떻게 해야 할지 몰랐다고 했다. 성적인 행동을 아무렇지도 않게 생각하는 학생을 어떻게 교육해야 할지 혼란스럽다며 고민하였다. 아마 대부분의 교사는 학생들의 성행위에 민감한 반응을 보일 것이다. "요즘 아이들은 도가 넘는 풍기 문란한 행동을 아무 거리낌 없이 개방된 장소에서 한다", "학생부에 이야기해야 하는 거 아냐?" 하는 반응이 나오기 십상이다. 학생들의 성적인 행동은 경기도나 경상남도처럼 학생인권조례가 만들어진 지역 외에서는 교칙으로 금지되고 있다. 어떤 학교는 남녀공학일수록 학생 선도를 엄격하게 해야 한다며 손도 못 잡고 다니게 하거나 이성 교제 금지를 교칙으로 두는 등 여전히 아이들의 성은 쉬쉬해야 할 것으로 생각한다.

교육부에서 발행한 2015년의 『성교육 표준안』을 보면 그런 우려가 고스란히 드러나 있다. '성교육 표준안 운영 시 유의사항(지침)'에 의하면, "학생의 성 행동은 금욕을 기본"으로 가르치라고 명시하고 있다. 십 대의 성에 대해서는 금욕 중심의 교육을 강조하고 있다는 것을 공식적으로 드러낸 것이다. 금욕이 정상이라고 생각하는 관념에는 무성적인 존재가 정상이라는 전제가 깔려 있기에 그동안 우리 사회에서 아이들의 성 행동은 비정상적이고 부도덕적인 것으로 간주되었다. 어른들은 아이들의 성을 문제나 일탈 또는 비행의 관점으로만 바라보았고 성에 대한 위험성을 부각시키면서 성에 대한 관심이나 성 욕구를 인정하지 않았다. 성에 대해 알려고 하는 것은 일명 '날라리'나 '노는 아이'들이나 하는 저급한 행동으로 취급하였다. 이처럼 어른들은 십 대의 성에 대해 극단적인 알레르기 반응을 보이고 있다.

　말하지 못하는 성적 호기심은 종종 문제를 발생시킨다. 학교에서 학생들의 성 건강 상담을 하다 보면 아이들이 어른들이 알지 못하게 성관계를 하고 있다는 것을 알 수 있다. 자신이 어떠한 성적 권리를 갖고 있는지 알지도 못하고 제대로 된 성교육도 받지 못한 아이들은 자신의 성 욕구에 대해 수치심을 가진다. 한 중학교 여학생은 "제가 사귀는 오빠와 키스했는데 가슴도 떨리고 흥분되고 좋았어요. 남자와 하는 섹스는 어떨지 호기심이 생겨요. 저만 이런 건가요? 저만 성에 대해 밝히는 여자 같아서 창피하고 이러는 제가 싫어요"라고 말했다. "임신이 아닌지 걱정돼요"라며 혼란스러워하는 아이들도 있었다. 고등학교에서는 이런 일도 있었다. 여름임에도 긴팔을 입은 남학생이 어렵게 숨겨 두었던 팔을 보여 주었다. "어쩌다가 사귀는 여자 친구랑 했는데 팔에 이상한 것이 났어요. 혹시 성병이 아닌지 걱정돼요"라고 고민을 털어놓았다. 다행이 접촉성 피부염으로 밝혀졌지만 그동안 성병이면 죽으려는 생각까지 했다는 것이다.

이처럼 십 대 아이들은 성적 존재로서 성장하고 있지만 성적 존재로서 인정받지 못한다. 성적 지식이나 가치관의 부재는 불안감이나 수치심을 불러일으키고 아이들은 자신의 고민을 잘못된 방식으로 해결하며 죄책감을 가지게 되었다. 자신이 성적인 존재로서 어떠한 판단과 결정을 내려야 하고 성적 건강을 지키기 위해 어떻게 해야 하는지 모르는 채 호기심과 두려움만 부풀리고 있는 것이다.

이제 아이들에게 성에 대한 위협 전술은 통하지 않는다. "사귀는 것은 괜찮지만 키스는 안 된다", "성은 나쁘다"라는 말로 성을 배우고 잘 지내며 즐거울 수 있는 기회를 막는다면 성에 대한 주체적 인식과 책임감을 제대로 키워 줄 수 없다. 십 대가 단지 어리다는 이유만으로 충동적이고 무분별하게 키스나 애무, 성관계 등의 행동을 할 것이라는 생각 자체가 오히려 문제를 유발한다는 것이다. '순결 교육'에서 벗어나 그들에게 제대로 된 성적 주체로서의 권리를 가르쳐 주어야 하는 이유다.

십 대 개개인의 특성과 욕구, 환경 등을 고려하여 성적 주체성을 인정해야 한다. "저희도 사회의 일원입니다." 국가인권위원회에는 성 인권을 이야기하며 성적 권리를 존중받고자 하는 요즘 청소년들의 진정이 잇따르고 있다.

인간을 '호모 에로티쿠스'라고 부른다. 성은 고대부터 지금까지 인간에게 가장 중요한 관심사 중 하나다. 인간은 태어나면서부터 죽을 때까지 성적인 존재이며, 친밀감을 토대로 하는 성적인 욕망을 갖는 것은 당연하고 자연스러운 현상이다. 따라서 사춘기 아이들이 부모로부터 독립적인 존재로서 타인으로부터 사랑받고 사랑하고자 하는 욕구를 갖는 것 또한 자연스러운 현상이다. 한국여성민우회는 "성적인 존재로서 생식적인 욕구, 임신과 출산을 위한 것뿐만 아니라 일상적으로 느끼는 성적 욕구, (…) 성적인 관계를 통해 다른 사람들과 감정적으로 가까워지고 싶은 욕구와 능력, 이러한 욕구를 가지고 있고 느낄 수 있는 자기 자신의 몸과 마음을 사랑하는 능력"을 키워야 한다며 사춘기 아이들을 성적인 존재로 인정하는 데 긍정하였다. 이제 사회는 십 대 아이들의 성적 주체로서의 성을 인정하고 그들이 자기결정권을 가질 수 있도록 도와주어야 한다.

단 아이들이 성적 자기결정권을 행사할 수 있는 사회적 여건이 아직 준비되어 있지 않으므로 그 여건 또한 마련해 줄 필요가 있다. 그 여건은 제대로 된 성교육과 성적 자기결정권 연령을 높이는 것이다.

자신의 성에 대한 지식도 없고 가치판단을 하지 못하는 아이들이 무턱대고 성의 세계로 들어가는 것은 매우 위험하다. 자주적 독립을 찾아 가는 시기에 있는 십 대 아이들은 성적 영역에서 친밀감과 신뢰감을 만들어 나가는 방법을 배워야 한다. 어른들은 아이들에게 성적 존재에게 태어나는 순간부터 요구되는 성도덕적 규범들을 제대로 알려 주어야 할 뿐만 아니라 자신의 욕구를 조절하며 좌절하는 경험을 할 수 있는 기회를 주어야 한다. 갓난아이처럼 아무 때나 먹고 대변을 보고 싶다고 아무 곳에서나 보면 안 되는 것처럼 성 욕구가 일어난다고 해서 다른 사람에게 피해를 주는 행위를 해서는 안 된다는 것을 알게 하는 것이다. 즉 성 인권 교육을 통해 성은 어떤 것이며 성적 즐거움을 얻기 위해서는 선택과 결정에 따른 피해를 예방하기 위한 책임을 수반해야 한다는 것을 깨닫게 해야 한다. 성적 자기결정을 할 수 있도록 올바른 성 지식과 가치관 교육이 시행되어야 하는 것이다.

한 달 전만 해도 우리나라에서 법적으로 성적 자기결정권을 행사할 수 있는 나이는 만 13세 이상이었다. 만 13세는 현 교육 제도에서 중학교 1, 2학년에 해당되는 나이로, 아직 성 지식이나 가치관이 미흡한 상태다. 학생들이 외부의 압력 없이 자기 스스로 결정을 할 수 있는 나이가 너무 어렸던 것이다. 사춘기 아이들은 신체가 급격히 성장하여 어른처럼 보이지만 사실 생식기는 만 16세가 되어서야 완성된다. 정신적으로도 판단력과 도덕성, 책임을 담당하는 뇌의 전두엽은 만 16세가 되어야 성숙된다. 많은 나라에서 성 결정 나이를 만 16세로 정한 것도 십 대의 발달 단계에 따른 것이다. 십 대가 자신의 성 욕구에 대해 인정하고 성교육을 통해 준비 과정을 거치게 한 후 성적 자기결정권을 행사할 수 있

는 나이가 되었을 때 충분히 행사할 수 있도록 하는 것이다. 우리
나라도 의학계, 사회계, 여성계, 교육계, 법조계에서 성적 자기
결정권을 행사할 수 있는 연령에 대한 지속적인 논의가 이루어져
왔다. 충분한 합의를 통해 성적 자기결정권을 제대로 행사할 수
없는 십 대들을 보호하고자 최근 2020년 4월 29일, 국회에서 법
개정안을 통해 이 연령을 만 13세에서 만 16세로 상향하였다.

이처럼 앞으로도 국가, 여성 단체, 학교와 가정은 십 대들에
게 성적 자기결정권을 주지 않은 채 무엇을 하지 말라고 하기보
다 성적 자기결정권을 행사할 수 있는 긍정적 성의 환경을 만들
어 주기 위해 협조 체제를 구축하고 노력해야 한다. 십 대들의 삶
에 영향을 끼칠 요인을 분석하여 그들이 어떤 성교육을 필요로
하는지 파악하고, 무엇을 가르칠 것인지, 언제 어느 정도로 가르
칠 것인지 등에 대한 각계의 충분한 협의를 통해 제대로 된 성적
자기결정권을 누릴 수 있는 환경을 마련해 주어야 한다.

3.　가해자를 만드는 "남성답게"

굵은 목소리에 여드름이 잔뜩 난 초등학교 5, 6학년의 남학생들이 종종 연애 상담을 하러 보건실에 찾아온다. 평소 성격이 다정다감하고 유쾌한 한 학생이 요즘 우울해 보였다. 치료를 하러왔기에 "무슨 문제가 있니?" 하고 슬쩍 말을 걸었다. "같은 반 여자아이에게 좋아한다고 고백했는데 차였어요" 하며 한숨을 푹 내쉬었다. "제가 좋아하는 애가 나쁜 남자를 좋아하는 것 같아요. 저는 그 아이를 위해 뭐든지 배려해 주고 신경 써 주었는데 저는 그냥 친구래요." 그러면서 여자들은 나쁜 남자를 좋아한다고 하던데 맞는 것 같다면서 어떻게 '나쁜 남자'가 될 수 있는지 진지하게 물어 왔다.

먼저 "네가 정의하는 나쁜 남자는 어떤 사람일까?" 물었다. 그 아이는 자신의 친구를 보니 나쁜 남자는 여자에게 친절하지도 않고 여자 말을 잘 듣지도 않는 데다가 자기 마음대로 행동하는데 인기가 많다고 하였다. 나는 "흔히 나쁜 남자는 터프하고 거친 남자라고 생각하는데 여자들이 말하는 나쁜 남자는 자기 자신을 사랑할 줄 아는 자존감이 높은 남자야. 자존감 높은 남자는 상대뿐만 아니라 자신도 존중하다 보니 자신의 생각이나 의견을 주장하기도 하고 상대의 의견을 들어주기도 하는 거야. 관계에서 어느 한쪽에 일방적으로 맞추는 것이 아니라 서로 맞추어 나가는 거지. 일명 의도하지 않아도 자동적으로 서로 밀고 당기고 하면서 긴장감을 가지게 되는 거야. 무조건 자기의 말을 다 들어주는 착한 남자와 달리 마음을 애태우게 하니 나쁜 남자라고 하는 거지"라고 말했다. 그 학생은 내 말을 이해했는지 얼굴이 밝아져서 교실로 올라갔다.

그동안 남자아이들의 정서, 그리고 그들을 둘러싼 문화는 여자아이들과는 다르게 다루어져 왔다. 아이들은 사춘기가 되면서 본격적으로 사회로부터 연애나 인간관계 등을 배운다. 성 역할에 대한 수업을 할 때 남학생들에게 "주변으로부터 남성다움과 관련하여 들었던 말 중에서 어떠한 말이 듣기 싫었는지" 물었다. 남학생들도 그동안 뭔가 억울했는지 힘들었던 경험들을 쏟아냈다. 그중 한 남학생은 자기는 쥐가 너무 무섭다고 하였다. 텔레비전에 쥐가 나와도 너무 징그럽고 무서워서 볼 수가 없다고 하였다. 그런데 아버지는 "남자가 그깟 쥐를 무서워하면 나중에 커서 어떻게 사회생활을 하냐"며 혼을 낸다고 한다. 남학생들의 말을 종합

해 보면 그들은 감정을 드러내는 것은 나약함이라고 배운다. 울고 싶은 마음이나 두려움, 무서움 등의 감정도 무조건 참고 견디며 부정해야 한다. 이에 따라 감성을 키울 기회도 갖지 못하고 배려하거나 공감하고 아픔을 느낄 수 있는 감성적인 면은 여자에게나 필요한 것이라 믿으며 감정을 자제하기를 요구받는다. 그들은 부모나 형제는 물론 절친한 친구들에게도 자신의 감정을 드러내지 못한다. 남몰래 슬퍼하기도 하며, 내심 두려워하고 분노하면서도 침묵이 더 큰 가치라 여기며 감정이 없는 사람으로 키워지는 정서적 고통을 당하고 있다. 눈물 역시 '남자답지 못함'의 상징이다. 따라서 남성들은 부정적인 감정을 쉽게 드러내거나 도움을 요청하지 못한다. 일전에 응급 상황을 처리하고 난 후 한숨을 돌리며 "아! 지친다"라고 하니 "선생님, 제가 안아드릴게요" 하며 안아 주었던 1학년 남자아이가 떠오른다. 이렇게 감성이 풍부한 아이도 점차 커 가면서 다른 사람에게 공감하기보다 강해야 한다는 자의식을 가진, 감정을 잃어버린 어른이 된다는 것이 안타까웠다. 아이들이 많이 접하는 대중매체에서는 잘생기고 이성적이며, 주도적이고 강한 남성이 여자들의 사랑을 받는다. 아이들은 드라마나 영화 속 주인공처럼 상대의 생각을 묻지도 않고 일방적으로 벽에 밀어붙이거나, 싫다는데도 손을 잡아끌어 어디로 데려가는 등 거칠게 대하는 것을 폭력으로 인식하기보다 남자다운 남자의 모습이라고 생각하게 된다. 자연스럽게 그런 남성상을 모델로 삼는 것이다. 하지만 주변의 어른들이나 대중매체 등에서 강한 남성의 이미지를 선호할수록 폭력에 대한 허용도를 높여 주는 결과를 낳고 만다.

자폐증 연구의 대가 사이먼 배런코언Simon Baron-Cohen은 자폐의 극단적인 형태가 '남성의 뇌'라고 이야기하였다. 남성은 다른 사람의 마음이나 정서적 상태를 추정할 수 없고, 남의 행동을 예측할 수 없으며, 남에게 공감할 수도 없는 감정 없는 사람으로 길러진다고 하였다. 이러한 공감 능력의 부족으로 남성다움은 때론 폭력의 형태로 나타난다. 남성성은 흔히 공격적이거나 주도적으로 힘을 과시하는 것으로 이해되었다. 요즘 초등학교 교실에선 아이스케키가 성폭력이라는 교육이 이루어지면서 이 행동이 사라지긴 했지만 예전에는 성차별이나 성폭력이라는 단어조차 없었고 피해자가 기분이 나쁘고 불편해도 여성에 대한 폭력은 사소한 일로 치부되었다. 공감의 부재는 일상의 폭력을 장난이나 놀이로 인식하게 만들었다. 부모들은 장난을 치는 등 같은 행동을 해도 아들에게는 "남자끼리 놀다 보면 그럴 수도 있지" 하면서 폭력을 허용해 주었다. 이러한 사회의 양육 태도는 남자아이의 감정을 무디게 만들었다.

예전에는 남자아이들이 장난이라는 이름으로 여학생을 대상으로 '아이스케키'나 '속옷 끈 당기기' 등을 했다면, 최근 남학생들의 괴롭힘은 진화하고 대담해져서 '여교사들의 치마 속을 거울로 들여다보거나 사진을 찍기' 등으로 발전했다. 성장한 후에도 문제는 해결되지 않는다. 한 대학교에서 동아리 남학생들끼리 카톡방을 만들어 여학생의 사진을 올려 '먹고 싶다', '누가 먼저 먹어 볼까' 등의 대화를 했다고 한다. 남자들이 모이면 성에 대한 주제가 빠지면 할 이야기 없는 듯 성에 집중하고, 자신들의 행동이 폭력이 아니라 장난이라고 생각한다. 한 의대의 수련회에서 남학생들이 술에 취해 잠든 여학생을 집단 성추행한 사건이 단적인 예다.

남성들은 거리낌 없이 사적인 경험에 대해 서로 공유하고, 성구매를 같이 하기도 하며 공공연하게 불법에 대한 연대감을 느끼며 친목을 도모해 간다. '야동'과 '여자 얘기'는 그야말로 남성성을 확인하는 계기가 된다. 이들은 농담을 던지는 자신을 우월한 존재로, 여자를 열등한 존재로 만든다. 결국 남성들의 '흔한 장난'은 그대로 범죄로 이어지지만 그런 일을 저지르고도 친구들과 모여하는 재미난 작당 놀이, 하나의 해프닝이라고 생각한다. 그런 것이 범죄가 되거나 사회문제가 될 가능성을 생각하지 않는다. 의대 사건이 있은 후 몇 년 뒤, 그 가해 학생들 중 한 명이 다시 의대에 들어갔다는 사실이 알려져 소셜미디어에서 논란이 되기도 했지만, 여전히 남성의 성폭력을 '남자들의 장난'으로 치부하며 사회적으로 면죄부를 주는 인식이 만연하다.

자연히 남성들은 성폭력 인지 감수성이 부족하다. 고등학교 남학생에게 "무엇이 성폭력일까?"라고 물었다. 그중 몇 명은 음흉한 눈빛, 음담패설 등도 성폭력이라고 대답했지만 많은 수의 학생들이 강간부터라고 답하였다. 신체적 접촉은 성폭력이라고 생각하지만 언어적, 시각적인 폭력에 대해서는 쉽게 수긍하지 않았다. 가벼운 신체 접촉 또한 장난으로 치부되면서 폭력에 대한 민감도, 공격성에 대한 감수성이 낮은 상태에 머무른다.

이러한 폭력은 자신도 인식하지 못한 채 자연스럽게 일상으로 파고들 뿐만 아니라 사회적으로나 일상적으로나 모두 용인되어 가해자들은 자신들의 행동이 폭력인지 의문을 제기할 필요조차 느끼지 못한다. 그들은 무의식적으로 관습화되어 온 행동들이 어느 정도의 성차별이며 성폭력인지 알지 못하며, 결과적으로 주변 사람들과 사회를 얼마나 힘들게 만드는지 알 수 없다. 즉 성폭력임에도 불구하고 무비판적으로 최소화하고 정당한 행위로 여기며 그 책임을 피해자에게 전가하는 것이다. 우리는 폭력을 저지르는 '악'에는 뭔가 특별한 힘이 있을 것이라고 생각한다. 하지만 그렇지 않다는 것을 우리는 주위의 많은 사례를 통해 느껴 왔다.

그동안 남성다움의 문제점에 대해 제기하고 바로잡아 줄 성교육이 이루어지지 않았다. 임신과 성폭력 예방 교육은 여성에게만 해당하는 과정으로 구성되어 왔다. 사춘기에 들어선 남학생들의 성 욕구에 대한 교육도 성적 호기심과 그에 따른 욕구를 조절하고 책임지는 성 감수성을 키워 주는 것이라기보다 성교육 외부 강사가 1년에 한 번씩 대학 입학 전에 와서 시간을 때우는 것이 다일 정도였다. 이러한 학교 성교육의 부재를 채우는 주요 통로는 성교과서라 불리는 음란물이었다. 일명 야동을 통해서 생식기 위주의 육체적 쾌락만을 추구하는, 오염된 성 지식과 성 고정관념이 가득한 성교육을 받는 것이다. 여기서 사랑과 존중, 배려의 마음은 찾을 수 없고, 음란물의 여주인공이 바로 선망의 성교육 강사다. 이런 과정을 통해 음란물 속에 나오는 성폭력적이고 성범죄가 되는 행동이 남성의 성의 전부인 줄 알고 배우고 실천하는 것이다. 잘못된 성 지식과 잘못된 남성성에 대한 인식은 더욱더 감정 없는 괴물을 만들어 범죄를 증가시켰다. 더군다나 남성은 남성다워야 한다는 기대는 여성답지 않으려는 열망을 낳는다. 남성들은 자신의 약한 모습을 타인에게 드러내는 것을 여성스러운 행동이라 여겨 치욕적으로 생각한다. 오히려 남성의 의사소통은 자신이 강하다는 것을 보여 주기 위해 다른 사람에게 위해를 가하는 방식으로, 차별적이고 권력적으로 이뤄지는 경우가 많았다. 육체적으로 강한 행동을 하며 다른 이들 위에 군림하거나 경쟁을 통해 자신의 가치를 증명하도록 사회적 압력을 받아 온 것이다.

남성다움은 군대에서도 배운다. 군대에서 복종을 배우는 군인들은 지지 않고, 거칠게, 공격적으로, 욕을 하며 지내야 남자답다고 인정받는다. 자신이 힘이 있다는 것을 증명하는 방법은 상대방을 굴복시키고 수치심을 주는 것이다. 성적인 괴롭힘은 사람에게 막대한 수치심을 준다. 강함은 남성적인 것을 의미하고 약함은 여성적인 것을 의미한다고 여기는 남성들은 자신의 남성성을 드러내기 위해 만만한 상대를 스스로 나약하다고 느끼도록 여성적으로 다루는 것이다. 이 같은 상황에서 군대 내에서도 성적 수치심을 주는 성폭력은 장난과 규율이라는 이름에 가려진다. 군인들은 자신의 몸과 성이 보호되어야 하는 사생활의 영역에 있다는 것을 잊어버리고, 자신이 성폭력을 당했음에도 불구하고 그것을 성폭력이라고 정의하지 않는다. 자신이 성폭력을 당했다는 사실은 자신이 남성성을 잃어버린 약한 존재, 즉 여성이라는 것을 확인시켜 주기 때문이다. 결국 피해자가 자신이 당한 침해를 성폭력으로 인지하지 못하고 가해자가 되기도 하는 순환 구조가 되풀이된다.

성폭력은 여자만 당한다는 고정관념을 뒤엎는 사건이 있었다. 2003년 군대에서 김 모 일병의 성폭력 사건이 일어났다. 이에 한국성폭력상담소는 군대 내 남성 간 성폭력 조사를 실시하여 2004년 국가인권위원회에서 발표하였다. 이에 따르면 군대 성폭력 피해를 경험한 비율은 전체의 15.4퍼센트이고 전체 가해 건수 중 피해를 입은 병사가 다시 가해를 하게 되는 경우는 83퍼센트로 높은 비율을 보였다. 또한 군대 내 성폭력은 공개적인 장소에서 일어나는 경우가 많다. 사건 당시 주변 사람들이 보고 있었다고 피해자의 90.7퍼센트가 답하였다. 이는 군대 내의 계급 문화에서 권력을 이용하여 서열을 유지하고 남성성을 확인하는 하나의 도구로서 성폭력이 벌어지고 있음을 의미한다.

일명 남성이라는 이름은 자신의 임무를 타인들에게 식별시키기 위해 팔에 착용하는 표식에 지나지 않지만 완장을 착용하게 되면 갑자기 자신을 영웅시 하여 권력을 남용하고 타인을 멸시하려한다. 남성이 남성임을 증명하기 위해 힘의 우위를 통해 여성을 지배하고 강제하려는 경향은 우리 사회 곳곳에서 나타나고 있다.

남성 중심의 지배적인 성 가치관은 청소년에게도 전해져서 여성 비하나 혐오 발언, 성폭력 등의 문제를 일으키는 촉매제가 되었다. 남성 자신이 여성보다 우위에 선다는 것을 상대에게 폭력으로 보여 주려 하는 것이다.

그러나 남성성에 익숙한 남성들이 인지하지 못하는 게 있다. 권위적인 사회구조 속에서 남성들은 분쟁을 해결하기 위해 폭력을 사용하는 데 익숙해지도록 사회화되었다는 것이다. 그렇기에 폭력을 폭력으로 제대로 인식하지 못한다. 특히 '이에는 이'라는 응징에 대한 사회적 관용이 여성에게 가해지는 폭력 또한 정당한 것으로 인식하게 한다.

2009년 이화여자대학교 법학연구소에서 발표한 『성인지적 관점의 폭력예방교육을 위한 법제화 방안』에 따르면 "성폭력은 우리 사회의 가부장적인 사회문화 구조와 결탁한 '남성성'과 무관하지 않다. 남성 청소년들은 많은 경우 동성 친구 관계에서 자신의 남성다움을 과시하는 수단으로, 이성 관계에서는 이성을 통제하려는 수단으로 폭력을 사용하고 있다". 남성 중심주의 성 문화는 여성의 비인격화, 여성 학대의 주범이 되고 있다는 것이다. 그것은 남성 중심 사회에서 그릇된 남성성의 사회적 학습이 아무런 사회적 규제 없이 이루어진다는 말이다. 사회적 학습은 눈치 챌 수 없을 만큼 조금씩, 그리고 꾸준하게 이루어져 여성에게 폭력이 되는 것이다.

2015년 대검찰청 통계 자료에 의하면 성범죄 가해자 중 십 대 아이들의 수는 성인 남성의 30퍼센트에 이르며 그 수는 급격히 증가하고 그 잔인함의 정도도 심해지고 있다. 특히 2008년 전체 청소년 인구 10만 명당 성범죄자 수는 미국이 6명, 일본이 1.1명인 데 반해, 한국은 유독 11.5명으로, 미국의 두 배, 일본의 열 배에 달한다. 우리나라 십 대만 성 욕구가 많은 것일까? 십 대 성범죄의 특징을 살펴본 결과 사건 중 절반이 집단 성폭행이고, 학교 안에서뿐만 아니라 학교 밖에서도 성범죄가 발생하고 있었다. 세 명 중 한 명꼴로 다시 범죄를 일으키고 성범죄의 연령 또한 점차 낮아져 십 대 초반의 가해자가 급증하고 있다.

결국 공감과 감정 부재의 문제는 아이들을 가해자로 만든다. 중·고교 남학생들이 집단으로 여중생들을 성폭행하는 일들이 일어나기도 했으며. 내가 근무하던 학교에서는 남자아이가 야동을 보고 여자의 신체가 궁금해서 엘리베이터에 탄 유치원 아이의 치마 속을 보고 만진 일이 일어났다. 그 학생은 어린 나이에 경찰서를 다니며 심문을 받는 가해자가 되었다. 남자 교사들의 성 인식도 마찬가지였다. 성희롱 강의 중 한 교사는 "성폭력과 관련해 권력관계를 이야기하는데 나에게 무슨 권력이 있는지 모르겠다"고 말한 적이 있는데, 사회의 전반적인 성 문화의 문제점에 대해서는 인식하지 못하고 성희롱이나 성추행, 성폭행처럼 겉으로 드러난 범죄에 대해서만 피상적인 인식을 하고 있는 것이다.

남성들이 자신의 몸을 흉기로 쓰고 있다는 말이 아니다. 자기 중심적 사고와 타인에 대한 공감 부족, 왜곡된 성 인식이 성폭력을 일으킨다는 것을 인식하지 못하고 자신의 행위가 성폭력이 아니라고 생각하는 것이 문제다. 성폭력 예방 교육 강의를 들은 남자 교사는 그동안 성폭력을 남의 일로 여겼는데 자신의 아내나 딸의 입장이 되어 사회를 보니 성폭력을 인지하는 것의 중요성에 대해 공감하게 되었다고 고백했다. 그 교사는 "남성들은 그동안 여성을 인격체로 대우하고 대화하는 법을 배우지 못했다"고 말하며 자신이 무심코 한 행동이 여성들에게는 불안감이나 불편함을 주었을 것이라고 인식하지 못했다고 하였다. 그동안 해 왔던 일상적인 행동이 성폭력이 되었다니 반발심과 함께 혼란스러운 마음이 든다고도 하였다.

성폭력 예방 교육은 가해자가 되지 않도록 성폭력에 대한 감수성을 높이는 교육으로 바뀌어야 한다. 그동안 성차별적인 인식과 왜곡된 성 통념, 일상적 관계, 행동, 의사소통이 어떻게 서로 연결되어 성폭력을 낳았는지 생각해 보아야 한다. 그중 가장 위험한 것은 자신은 이러한 남성성에 사로잡혀 있지 않다고 자만에 빠지는 것이다. 아이들을 잠재적인 성폭력 가해자로 자라지 않도록 하는 방법은 나의 일상이 다른 사람에게는 악이 될 수도 있다고 생각하는 것이다. 남성과 여성이라는 완장을 떼고 한 인간으로서 성 역할이나 성 고정관념에서 벗어나 평등한 관념으로 서로를 바라보았는지 생각해야 한다. 남성의 삶도 여성의 삶과 맞닿

아 있으므로 성평등 관점을 갖는다면 여성만큼이나 남성도 자유
로워질 수 있다.

4.   "여성다움"보다 "인간다움"

한국언론진흥재단 미디어연구센터의 2018년도 온라인 설문조사에 의하면 이십 대부터 오십 대까지의 남녀 88.6퍼센트가 '미투', '위드유' 운동을 지지하였다. 그동안 숱하게 성차별과 성폭력을 겪어 왔던 평범한 사람들이 일련의 일들에 공감과 분노를 느꼈던 것이다. 프랑스의 만화가 토마 마티외Thomas Mathieu는 그래픽 북 『악어 프로젝트』에서 우리가 흔한 일상생활 중에서 겪는 데이트 폭력, 가정 폭력, 일터에서의 성폭력, 공공장소에서의 성폭력 등의 사례를 그려 그 일을 겪은 많은 사람들로부터 공감을 불러일으켰다. 이와 연계하여 우리나라 『여성신문』에서는 자신과 주변인들이 경험한 일상 속 성폭력을 용기 내어 고발할 수 있도록 하였는데, 사연 접수 일주일 만에 백여 건이 쌓일 정도로 많은 사람들이 성폭력이 일상이 되는 삶을 살고 있었다.

조남주의 『82년생 김지영』은 1982년생 김지영으로 대변되는 '여성'들이 인생의 사다리마다 겪는 성차별적 요소를 이야기하고 있다. 작가는 제도적으로 성차별이 줄어들었다고는 하지만 여전히 여성이기 때문에 겪는 부당한 차별들이 여성들의 삶을 제약하고 억압한다는 점을 보여 주었다. 지금 생각해 보면 끔찍한 일이지만 성별 검사를 통해서 여아 낙태를 당연시 했던 1970년대 생인 나로서는 성차별을 겪는 주인공의 인생에 구절마다 공감할 수밖에 없었다. 책에서 묘사하는 상황은 현실보다 덜하면 덜했지 더하지 않았기 때문이다.

인종 차별이 극심하던 때 가정에서, 학교에서, 사회에서 백인의 자리와 흑인의 자리가 구별 지어졌듯이 우리 사회에서 남성의 자리와 여성의 자리 또한 구별되어 왔다. 여성은 가정이나 사회에서 주도적이기보다는 보조적인 역할을 하는 데 머물러야 했다. 여성이라는 이름에 걸맞게 주어진 자리에서 주체이기보다 대상이 되는 삶을 살아야 했다. 나로 살아가기보다 여성으로 살아가야 하는 사람들은 날개를 꺾인 듯 소극적이고 보조적이 될 수밖에 없었다. 여성에게는 어릴 때는 오빠나 남동생을 위해, 결혼해서는 남편을 위해, 사회에서는 관리자나 남자 직원들을 위해 돌보는 역할이 주어졌다. 가족이라는, 친구라는, 연인이나 동료라는 이름하에 남성이 우선시되었으며 여성은 늘 나중이라는 자리에 서야 했다. 성차별적인 사회구조에서 여성이나 어린이는 남성이나 어른보다 약하고 낮은 존재였고 그들의 삶은 소리 없이 묵살

되어 왔다. 그야말로 2등 시민인 것이다.

여성들이 주변 사람들로부터 인정을 받기 위해서는 독립적이고 주도적인 여성으로 살기보다, 보호받고 의존하는 존재로 살아가야 했다. 여성들은 상대의 잘못된 행동을 살피기보다 내 행동에 잘못된 점은 없는지 늘 살피는 착한 아이, 착한 학생, 착한 엄마로 키워졌다. 그리고 불편함은 일상이 되어 차별로 인식되지 못하였다.

친밀한 관계에서의 보호와 정서적 차별은 쉽게 눈에 띄지 않는다. 하루는 친구와 그녀의 남편과 함께 커피를 마신 적이 있다. 그는 매너 있고 자신감이 충만했고 유쾌했고 친절했다. 그런데 대화를 하다 보니 "여자는 말이야"라는 말을 쉽게 내뱉는 사람이었다. 우리의 모임에 대해서도 드센 여자들이 아내를 망친다는 뉘앙스를 풍기면서 쓸데없는 수다나 하는 모임이라고 폄하하였다. 나는 이러한 태도에 슬슬 화가 나기 시작했다. 이를 눈치 챈 그녀는 내가 남편의 심기를 건드릴까 봐 남편의 안위를 살피면서 노심초사하였다.

그제야 그녀의 모든 행동의 기준이 남편이었음을 알았다. 자신의 신체에 대해서도 마찬가지다. 그녀는 평소 성격과 달리 긴 머리를 하고 항상 길게 늘어뜨린 치마를 입고 남편이 좋아하는 예쁘고 순종적인 모습을 보일 때 남편의 보호와 사랑을 받을 수 있었다. 자신의 의지로 선택한 것이라고 여길 수 있겠지만 남편의 시선과 평가에 심리적 압박을 느낄 수밖에 없었다. 이는 사랑과 보호라는 이름의 규제였다. 있는 그대로를 존중하는 마음이 없는 사랑과 보호는 자신의 모습으로 살아갈 수 있는 자유를 포기하게 만든다. 그러나 많은 경우 이것이 강요된 질서, 자발적 복종임을 인식하지 못한다.

개구리가 온도 변화를 감지하지 못하고 냄비 속에서 적응하다가 어느 시점에 임계점을 넘으면 결국 죽듯이 우리 사회에서 여성도 남성에게 순응하고 보상을 받으면서 교묘하게 성차별에 익숙해져 왔다. 그런데 이러한 차별을 일상에서 느끼기는 어렵다. 보호받고 사랑받는다는 느낌이 들기 때문이다.

세상은 위험하므로 여성은 늘 보호받아야 했다. 부모님은 오빠나 남동생이 밤을 세고 들어오지 않아도 아무 말 하지 않았다. 그러나 나에게는 밤 열 시가 넘으면 "어디냐? 누구와 함께 있느냐?"며 빨리 집에 들어오라고 하였다. 조금이라도 늦으면 엄마는 문 앞에서 한참을 무서움에 떨어야 했다. 여자는 내돌리면 깨진 접시처럼 된다고 활동적인 사회활동을 제한받았다. 결혼하자 남편은 새로 바뀐 보호자가 되었다. 열 시가 조금 넘으면 전화가 왔고 조금이라도 늦으면 언제 오느냐며, 때론 자기 말을 듣지 않는다고 화를 냈다. 여성을 위험으로부터 보호해야 한다는 시각은 연약한 존재로서의 여성을 전제하고 있다. 그리고 여기에는 당연히 생활의 통제가 따른다. 성차별이라고 인식되지 않는 '먼지 차별'이라고 할 수 있다.

'보호'라는 이름하에 여성들은 세상에 대해 호기심을 갖고 탐구할 수가 없었다. 또 여성을 보호의 울타리 안에 가두는 사회에서는 안전한 환경을 만들기 위해 노력하기보다는 여성들에게 늘 몸조심하고 행동 조심하라고 이야기할 수밖에 없다. 조심하라고 했는데 무슨 일이 생기면 그것은 조심하지 않은 여성들의 탓이 되었다. 나는 성폭행을 당하지 않으려면 옷차림을 단정하게 해야 하며, 헤픈 행동을 하지 않아야 하며, 늦게 돌아다니지 않아야 한다는 교육을 받고 자라 왔다. 여전히 '여성'이라는 이 조건이 굴레가 되는 세상이다. 여성은 자유롭게 태어났지만 도처에서 제도의 쇠사슬에 묶여 있다. 여성을 피해자로 만드는 일은 간접적으로 성적 주체로서의 여성을 통제하는 일이다. 여성들은 평생 자신을 향한 점검과 차별과 혐오, 때로는 폭력에까지 맞서 싸우지 않고선 살아남을 수 없는 삶을 살고 있다.

나는 여자, 남자를 떠나 단지 자유롭고 나답고 싶었다. "여자는 조신해야 한다", "여자는 순종적이어야 한다", "여자는 순결해야 한다", "여자는 낯선 사람을 조심해야 한다"는 소리를 들으며 나의 행동을 점검하며 일상을 살기보다 주도적이고 독립적인 사람으로서 자유로운 삶을 누리고 싶었다. 남성처럼 어디를 가더라도, 누구를 만나더라도 마음껏 거리를 누비며 자유롭고 안전하게 성장하고 싶었다. 이렇듯 낯선 사람을 만나고 낯선 길을 자유롭게 여행하며 다양한 생각을 이야기하고 더 넓은 세상을 알아 가는 것이 인간적인 삶 아니겠는가.

하지만 여성이 겪는 성차별에 대해 인식하고 '여성답게'가 아닌 '나답게' 살아가려 할 때마다 갈등이 생겼다. 차별과 성폭력의 문제를 제기할 때마다 나는 '이기적인 여자', '맞을 만한 여자'가 되었다. 과연 내가 이기적인가? 한 친구는 남편과 갈등이 생겼을 때 "왜 여자라는 이유로 그래야 하는데?"라고 항의하면 "길 나가서 물어봐. 사람들 다 그렇게 살아, 원래부터 그래 왔어"라는 대답만 돌아왔다고 한다. 여성들은 남성들과 공감대와 유대감을 형성하기보다 거대한 벽에 막혀 있다. 시간이 지나 제도적으로는 남녀차별법이 성립되었지만 현실은 『82년생 김지영』의 내용과 많이 다르지 않다. 한 시민으로서의 여성에게 여성다움은 인간다움으로부터의 소외다.

성 인권에 대한 인식이 높은 나라들을 여행하면서 여성으로서 나를 둘러싼 역사, 사회, 문화, 법에 대해 생각해 볼 수 있었고, 내가 여성으로서 왜 불편했는지 깨달았다. 우리 사회구조에서는 여성다움이라는 틀이 인간다움을 훼손한다. 사회를 유지하기 위한 법률이나 규칙의 적용에도 차별이 따른다. 특히 여성은 성 규범에 따라 보호해도 되는 여성과 보호해 주지 않아도 되는 여성으로 구분된다. '여성은 여성다워야 한다'는 고정된 성 지식이나 가치, 이념 등은 권력이 되어 여성들을 억압하였다. 나는 결코 이기적이지 않았다. 사람답게 자유롭게 세상을 탐구하고 경험하며 살기를, 성장의 순방향에 서기를 원했을 뿐이다. 불평등하다고 생각하는 성차별에 따른 여성 비하, 성폭력에 맞서고자 했을 뿐이다.

사회적으로 약자인 사람들이 야학이나 노동자들을 위한 교육을 계기로 자신의 위치를 깨닫고 개선해 가듯이 여성에게도 자신의 위치를 살펴볼 수 있는 기회가 필요하다. 성차별 문화가 너무나 익숙한 사회에서는 누구든 성차별주의자가 될 수 있다. 그것을 막는 방법은 일상의 경험 속에서 어떠한 성차별, 성희롱, 성폭력이 일어나고 있는지를 아는 것이다. 주어진 현실을 그대로 받아들이지 않고 다른 관점에서 바라보며 말하고, 교육하고, 나아가 제도적 정비를 이루는 것이 필요하다. 그리고 이러한 변화는 존중에서 시작된다. 사회적 약자가 몸이 불편해 계단을 오르지 못한다면 "네 탓이야" 하며 차별하기보다 그 불편함을 해결해 주기 위해 계단을 바꾸어야 한다. 여성에게도 어떠한 불편함이 있는지, 여성들이 어떤 성차별을 겪고 있는지를 찾아가는 것부터가 존중 아닐까?

5. 성폭력을 "당하지 말라" 대신 "하지 말라"

　　초임 교사 시절 성교육 수업을 시작했을 때 내가 중고등학교 때 받았던 성교육을 떠올렸다. 일 년에 한 번 정도 외부 강사가 와서 성교육을 하면 4백여 명의 학생이 강당 바닥을 가득 메우고 무슨 소린지도 모르는 내용을 들어야 했다. 사춘기가 되면 아이를 낳을 수 있는 몸이니 몸조심하라는 당부와 함께 여성이 조심하지 않고 몸을 함부로 굴려 임신이나 낙태를 하면 '여자 인생 끝난다'는 식의 간단한 생물학적 지식과 순결 교육이 혼합된 형태의 협박이 담긴 내용이었다. 여성에게 성폭력은 사회적 죽음과 같아서 성폭력의 위험한 상황에서 여성은 목숨을 걸고서라도 정절을 지켜야 한다는 정결 교육도 이루어졌다.

내가 교사로 발령을 받았을 당시 학교에서 이루어지는 성교육은 과거 나의 학창 시절 때의 성교육과 교육 내용이나 수업 방식면에서 변함이 없었다. 변한 것이 있다면 외부 강사 수업에 더해, 5~6차 교육과정에 따라 체육 시간에 성교육 수업이 이루어진다는 것이었다. 내용은 주로 사춘기의 신체적·정신적 변화였으며, 생리·임신·출산에 더해 생명의 소중함을 알려 주는 생물학적 성교육이었다.

이러한 성교육이 변하기 시작한 것은 1990년대의 개방적인 사회적 변화의 흐름 속에서 십 대 임신과 성폭력의 증가로 인해 실질적인 성교육의 필요성이 대두되기 시작한 이후부터다. 인권이 확장되어 가는 사회의 분위기와 함께 성폭력을 개인의 문제에서 벗어나 사회문제로 간주하기 시작한 것이다. 학교의 경우 사회적으로는 성폭력특별법이 만들어지는 등 개선 의지가 커지기 시작한 한참 후인 1998년에 교육부의 여성정책과가 신설되고 나서 성교육 문화 개선이 이루어졌다. 이때 임신과 출산 위주의 생물학적 성 지식의 교육에 더해 '젠더 중심의 성폭력 예방 교육'이 시작되었다.

앞에서 이야기했던 성남의 한 학교에서 성폭력을 당한 아이에게 아무것도 해 줄 수 없었던 충격과 양심의 가책은 내 마음 깊은 곳에 죄책감으로 남아 있었다. 성교육 담당 교사로서 책임감을 느낄 때면 그 아이의 얼굴이 자주 떠올랐고 크고 작은 사건이 터질 때마다 가슴이 철렁거렸다. 내가 돌보고 가르쳤던 또 다른 아이들이 지금 이 순간에도 성폭력과 같은 사건을 당할까 봐 노심초사하는 마음이 커질수록 성폭력 예방 교육에 대한 필요성을 절감했다.

우선 성폭력 예방 교육에서는 자신의 몸이 소중하다는 점을 강조하는 것부터 시작했다. 교육을 받는 아이들 자신은 누군가가 함부로 대하거나 만져서는 안 되는 소중한 존재, 성적 주체라는 것을 알게 해 주는 것이었다. 아이들 각각은 부모의 사랑을 받으며 소중한 생명으로 태어났으며 어느 누구도 함부로 대할 수 없는 존재다. 이 같은 교육이 중요한 이유는 자신을 소중하게 생각하는 아이는 다른 사람 또한 소중하게 생각하기 때문이다.

사람으로 태어난 순간부터 존중받아야 한다는 수업과 함께 학생들에게 일어날 수 있는 성폭력 사례를 들어 성폭력 예방 교육을 하였다. "낯선 사람이 오면 '안 돼요, 싫어요!'"라는 말이 입에 붙을 정도로 저항 교육을 했다. 피해자가 될 가능성이 있는 아이나 여성, 장애인에게 성폭력 상황에서 적극적으로 저항해야 한다고 가르치는 것이다. 하지만 나는 어느 순간 과거 내가 받았던 순결 교육을 시키듯이 '성폭력을 하지 말라' 대신 '성폭력을 당하지 말라'고 가르치고 있었다. 이런 교육은 '늦게 다니는 여자는 범죄의 대상이 된다', '성범죄는 어둡고 후미진 곳에서 발생한다', '여성이 조심하면 범죄를 피할 수 있다' 등의 인식을 전제로 한다. 가해자를 예방하는 것이 아니라 피해자가 되지 않도록 교육하고 있었던 것이다.

여자아이들은 오히려 성폭력 예방 교육을 할 때면 더욱 위축되었다. 성폭력 예방 교육을 받고 난 아이들은 "밤에 무서워서 잠을 못 잤어요"라며 두려움을 호소했다. 성폭력 예방 교육이 일상생활 속에서 안전하게 뛰어 놀며 경험하고 활동할 수 있는 범위를 축소시켰던 것이다.

그러던 어느 날 안산의 한 초등학교 근처에서 세상을 떠들썩하게 만든 성폭력 사건이 일어났다. 부모나 교사라면 누구나 한 번은 그 잔인함에 놀랐을 사건은 영화 〈소원〉으로 만들어지기도 한 '조두순' 성폭력 사건이었다. 초등학교 2학년 아이는 '음순'이라는 말까지 알고 있는 똑똑한 아이였지만 배변 주머니를 차고 다녀야 할 정도로 심한 성폭력을 당했다.

그동안 저항 교육이 강조되었지만 오히려 너무나 큰 상처를 받고 목숨까지 내놓는 상황이 벌어질 수 있음을 깨닫게 되었다. 낯선 사람을 만났을 때 35초면 풀리는 경계심을 가진 아이들에게 "낯선 사람 따라가지 말라"는 식의 막연한 교육만 하는 꼴이었다. 그야말로 낯선 사람의 의미조차 제대로 감지하지 못하는 아이들이 상황을 제대로 인식하는 데는 무리가 있었다. 아이들에게 "싫어요" 교육은 일상생활 중 안전한 곳에서 자신의 감정을 표현할 때 도움을 주는 것이지, 위기 상황에서는 자칫 생명까지 잃을 수 있게 만드는 것이었다. 강한 저항 교육은 더 생명을 위협하고 있었다. "싫어요"라는 말을 해야 하는 상황에 있다는 것은 이미 성폭력 상황에 노출되어 있음을 의미하기 때문이다. 오히려 "싫어요"라고 말을 하지 못한 아이에게 책임이 지워지기 때문이다. 이러한 피해자 중심 교육은 성폭력 상황에서 소리를 지르지 못하거나 싫다고 하지 못한 아이에게 책임이 있다는 잘못된 메시지를 주고 있었다. 이즈음 나는 '무엇을 하지 말라, 심지어 아이도 만지지 말라'는 식으로 교육하는 성폭력 예방 교육을 강화하는 방식이 과연 적절한지 의문을 갖게 되었다.

"하지 말라", "조심해라"만 강조하는 피해자 중심의 예방 교육에서 벗어나야 했다. 한 신문사에서 외국의 유명한 성폭력 예방 전문가를 초청해 우리나라의 높은 성폭력 수치를 보여 주며 "어떻게 하면 성폭력을 줄일 수 있느냐"고 물었다. 그녀는 아주 당연하다는 듯이 "사회 구성원들이 민주적이고 평등한 사고를 가질 때 성폭력은 예방될 수 있다"고 말했다. 남녀 간의 위력 관계, 그동안 사회에 만연되어 있던 성 고정관념으로 인한 성차별, 여성 비하 등이 성폭력으로 이어진다. 불평등한 관계가 성폭력을 유발한다는 것이다. 결국 올바른 인간관계 교육이 우선이다. 남성성과 여성성이라는 고정관념에서 벗어나 성 차이를 알고 차이가 차별이 되지 않는 성평등한 관계를 만들기 위해 개개인이 서로를 배려하고 존중할 때 성폭력은 사라진다. 나는 이런 생각들을 정립하면서 불평등한 사회구조와 권력관계에서 기인하는 여러 가지 문제를 깨닫게 되었다. 게르드 브란튼베르그Gerd Brantenberg의 소설 『이갈리아의 딸들』에서처럼 남성과 여성의 성 역할 체계가 완전히 뒤바뀐 세상을 상상해 본다면 그동안 당연시했던 성차별이나 성폭력에 대한 시선 또한 변할 수 있을 것이다.

우리는 '성폭력은 힘의 차이로 인해 생기는 폭력'이라는 사실을 기억할 필요가 있다. 여성만 성폭력을 당하는 것이 아니라 권력관계에서 약자, 즉 신체적으로, 경제적으로, 사회적으로 힘이 있는 사람이 힘이 없는 사람에게 성적으로 가하는 폭력이 성폭력인 것이다. 따라서 성폭력은 단순히 개인의 영역에서 그치는 문제가 아니라 사회적인 문제다.

그러므로 성폭력을 예방하기 위해서는 우선 일상의 성차별 문화와 환경 요소를 찾아보는 것이 중요하다. '사피어─워프의 가설'에 따르면 언어가 우리의 인식을 지배한다고 한다. 일상생활 속에 만연해 있는 성차별적이고 여성 비하적인 언어에 대한 감수성부터 키울 필요가 있다. 성교육도 "여자가 뭘 안다고 나서는 거야", "남자들이 그렇지", "남자라면 저 정도는 해야 하는 거 아니야", "여자애가 조신하지 못하게" 등의 성차별적인 언어를 바로잡는 것부터 시작해야 한다.

여자아이들은 "성폭력을 예방하기 위해 무엇을 해야 하나요?" 하고 종종 묻는다. 자신들이 무언가를 해야 한다고 생각하는 것이다. 그러나 성폭력 상황에서 아이가 할 수 있는 것은 없다. 아무리 보행자가 법규를 잘 지켜도 음주운전이나 잘못된 운전 습관으로 사고가 일어나듯이 피해자가 아무리 예방한다고 해도 가해자가 주의하지 않으면 사고는 일어날 수밖에 없다. 나는 교통사고가 났을 때처럼 성폭력 상황에서도 가장 중요한 것은 '목숨'이라고 이야기해 준다. 생명보다 더 중요한 것은 없기 때문이다.

다만 교통사고 예방 교육처럼 발생할 수 있는 위험에 대비한 예지 훈련이 필요하다. 나는 역할극이나 인형극 등을 활용하여 성폭력이 일어나는 장소와 시간, 그리고 사람의 행동에 대한 민감성을 기르고 위험한 상황에 어떻게 대처할지에 대해 직접 몸으로 익혀 실천해 볼 수 있도록 했다. 또 그림 교육 자료를 이용하여 그림에 나와 있는 이상한 느낌이 드는 장소와 수상한 사람들의 행동 등에 대해 설명하고 "여러분이라면 어떻게 하겠는가?" 하고 질문을 던졌다. 아이들 스스로 어떠한 위험이 잠재하고 있는가에 대해 생각해 보고 판단할 수 있는 능력을 길러 주는 것이 중요하다.

특히 사람의 모습만 보고 착한 사람이나 나쁜 사람이라고 판단하지 말고, 상황에 맞는 대응이 필요하다는 것을 강조했다. 예의를 차리면서 동시에 안전도 지킬 수 있게 사람의 행동을 유심히 살펴보는 것이다. 낯선 사람이 길을 알려 달라며 차에 타라고 하거나, 혼자 집에 있는데 모르는 사람이 문을 열라고 하거나, 주변의 어른들이 과자나 장난감 등을 사 주겠다고 유혹하거나, 평소와 다르게 몸을 붙잡고 이상한 행동을 할 경우 성폭력이 일어날 가능성이 있는 상황이라는 것을 인지시켜 사람에 대한 민감성을 키워 주는 방향을 택했다. 특히 어른들은 아이에게 도움을 청하지 않는다는 점을 알려 주었다.

또 과거 성남에서 일어났던 성폭력 사건 때처럼 아이들이 어른들의 말에 쉽게 넘어가는 것을 예방하기 위해 가해자들과의 비밀 약속을 지키지 않아도 된다는 점을 알려 주었다. 좋은 비밀도 있지만 나쁜 비밀도 있으며, 어른들은 더 힘이 센 경찰과 함께 어떠한 일도 도와줄 수 있다는 것을 이야기하고 문제가 생기면 어른과 의논해야 한다고 상기시켜 주었다. 성폭력 상황을 제대로 알게 하고 그 상황에서의 약속이 지켜야 하는 비밀이 아닌 범죄라는 인식을 갖도록 하는 것이다.

성폭력 예방 교육과 함께 환경 개선에도 집중하였다. 학부모들에게도 안전한 교육 환경의 중요성을 인지시키고 학부모 단체와 함께 아이의 눈높이로 후미진 지역을 살피며 순찰을 돌았다. 안심귀가 서비스를 도입하고, 학교 주변에 비상벨을 설치했으며, 학교 주변이나 집 주변의 위험한 곳 등에 대한 범죄 안전 지도를 그려 보고 이 지역에 CCTV를 추가로 설치하기도 했다.

2008년 대구에서 초등학생들이 음란물의 내용을 성적 놀이로 생각하여 그대로 따라 하여 문제가 생긴 일이 있었다. 장난은 성폭력이 되어 아이들은 자신도 모르게 성폭력 가해자가 되었다. 아이들의 안전한 학교생활을 위해서는 '피해자 되지 않기' 교육보다 '가해자 되지 않기' 교육이 무엇보다 필요하다. 누구나 항상 강자가 될 수 없고 약자 입장에만 서는 것도 아니다. 친구의 바지를 벗겨서 논란을 일으킨 아이에게 입장 바꿔서 나보다 더 힘 있는 사람이 나를 함부로 대했다면 어떠한 감정이 들지에 대해 생각해 보라고 하자 아이는 그제야 자신의 행동이 잘못되었음을 깨달았다. 아이들은 상대가 느끼는 감정을 인지하면서 나에게 장난이어도 상대에게는 폭력이 될 수 있다는 것을 생각하기 시작했다. 그리고 힘 있는 사람이 힘 없는 사람에게 가하는 위해는 장난이 아니라 명백한 폭력이라는 이야기를 해 주자 무의식적으로 자신보다 약한 사람에게, 약한 여자에게 장난을 해 왔다는 것을 깨달았다. 힘으로 상대방을 통제하려고 하는 것은 평등과는 거리가 먼 사고방식에서 기인한다. 어른들이 지나가듯이 하는 말도 성희롱이나 성추행이 될 수 있다는 것을 아이들에게 인식시키고 문제를 예방하는 것이 필요하다.

성폭력이 단순히 남녀 간의 위계에서 기인하는 것이 아니라 여러 가지 복합적인 사회적 요인에서 기인한다는 전제하에 성폭력 예방 교육이 이루어져야 한다. 더불어 아이들이 학교라는 공간에서 올바르게 배우며 사회생활을 시작할 수 있도록 성폭력에 대한 감수성을 높여 주어야 한다. 성 안전교육과 더불어 성폭력을 올바르게 바라볼 수 있는 가치관을 정립할 수 있게끔 도와주어야 한다. 오늘도 내가 가르치는 아이들이 성폭력 가해자가 되거나 피해자가 될까 두려운 마음이 들기도 하지만 그럴수록 더욱더 제대로 된 성교육의 필요성이 절실해진다.

6.   양성평등 없는 성교육은 가라

과거와 달리 최근에는 친밀한 관계에서 성폭력 피해가 증가하고 있고, 피해를 당하는 아이들의 나이도 낮아지고 있다. 잔인하고 참혹한 성폭력 사건이 연이어 발생하면서 대중들은 분노했고 분노의 정도와 함께 성폭력의 형량도 높아져 갔지만, 일시적으로 성폭력이 줄어드는 듯하면서도 시간이 지나면 재범이 일어나는 등 더 잔인해져 가는 양상을 보면 강력한 처벌도 근본적인 해결책이 되지 못한다는 것을 알 수 있다.

그들은 어떻게 해서 성폭력 범죄자가 되었을까? 그들이 궁금했다. 원인을 알아야 해결할 수 있는 방법을 알 수 있기 때문이다. 왜 그들은 여자 친구를 때리고도 죄의식이 없는지, 왜 성폭행을 하고서도 범죄라는 인식을 갖지 않는지, 평범했던 그들이 왜 갑자기 애인을 죽이는지 궁금했다. 성폭력을 일으키는 특별한 요인이 있는 것일까? 성범죄 사건이나 인물들과 관련된 논문 및 여러 자료를 통해 그들의 공통점을 찾아보았다.

첫 번째로, 성폭력은 가해자가 가부장적인 사고를 가졌을 경우 발생할 확률이 높다. 약한 상대를 골라 자신에게 복종시키고, 피해자가 자신이 원하는 대로 하지 않을 때 폭력이나 성폭력을 행사한 사례가 많다. 그동안 우리 사회에서는 남성이 여성에게, 어른이 아이에게, 상관이 부하에게, 선생이 학생에게 가하는 수직적 관계에서의 폭력에 별다른 문제 제기를 하지 않았다. 어릴 때 엄마가 매를 든 후 밤에는 약을 발라 주는 모습을 우리는 사랑이라고 여겼다. 매를 맞으면서 엄마나 선생님의 말을 안 들으면 당연히 맞아야 한다고 생각했다. 하지만 어린 시절 주로 부모로부터 정서적 학대를 받고 폭력을 습득한 경험은 반사회적이고 공격적인 행동으로 나타난다. 정서적 학대를 받은 피해자는 다시 가해자가 되어 자신보다 약한 어린이나 여성을 향해 공격적인 태도를 취한다. 자신의 삶이 존중받지 못했다면 다른 사람들의 삶을 존중하지 못하기 때문이다. 이렇듯 가정에서 입은 폭력 피해는 학교 폭력이라는 형태로, 성폭력이라는 형태로 나타나게 된다. 폭력이 일상화되어 사회 속 깊숙이 자리 잡는 것이다.

두 번째는 남성 우월의식에서 기인하는, 폭력적인 것이 남성적인 것이라는 왜곡된 인식을 가지고 성장한 경우다. 특히 성폭력 범죄가 재범률이 높은 이유도 신념과 사고는 쉽게 변하지 않기 때문이다. 결국 성폭력 범죄자들은 인권 의식이 생기고 법이 바뀌고 사회가 변했음에도 올바른 성 지식과 가치관을 교육받지 못한 채 남성다움은 폭력이라는 틀에서 벗어나지 못하고 범죄자가 되었다. 남성다움을 요구하는 사회에서 남성성이 약해지는 것은 죽음과 같은 것이다. 그렇기에 "너는 그것도 못하냐. 계집애같이"라는 말들은 상대방의 남성성을 훼손시키거나 자신의 우월성을 증명하기 위한 수단이 된다. 가해자들은 자신이 거절당하거나 이별을 당했을 때 느끼는 모멸감이나 부정적 감정을 약한 여성을 대상으로 해소하고, 피해자의 고통과 무기력을 통해 자신이 남성임을 과시하며 인정받고자 하였다. 남성성을 잃어버렸다고 여기는 사람들이 성폭력을 통해 과시욕과 지배욕을 충족하려고 하는 것이다.

마지막으로는 성에 대한 잘못된 지식과 남녀에게 서로 다르게 적용되는 이중적인 성 인식에 대한 잘못된 신념과 사고를 가지고 있는 경우다. 남성 중심의 사회에서는 생물학적 근거라는 이름으로 남녀에게 각기 다른 이중적 성 윤리를 적용해 왔다. 남성은 "남성 호르몬으로 인하여 선천적으로 발기, 사정과 같은 성 충동이 일어나면 성욕을 억제하기 힘들다"는 것이 대표적인 논리다. 그렇기에 남성의 성 욕구를 채우는 것은 당연시되었으며 성을 돈으로 사거나 결혼하였음에도 여러 여자를 만나는 것이 합리화되었다. 이는 남성의 성 욕구로 인하여 성폭력은 어쩔 수 없이 일어나고, 나아가서 여성이 조심해야 한다는 식의 인식을 만들어 냈다. 이러한 이중적 성 인식은 피해자에게 성폭력의 원인과 잘못을 전가하는 강간 통념으로 굳어졌다. 결국 성평등 의식이 없는 사회가 성폭력 가해자를 만들고 만다.

2000년도에 여성 인권의 중요성이 본격적으로 대두됨에 따라 학교 교육과정 속에 양성평등이 포함되었지만 정작 학교 현장에서는 왜 양성평등을 교육하는지 인지하지 못했다. 학생들의 건강하고 행복한 미래를 책임져야 하는 교육부는 성교육에 대해 거시적 안목을 가지고 정책을 추진해 나가야 하지만 성교육 전담 부서나 전문가도 제대로 갖추지 못했다. 이같이 양성평등 교육의 필요성에 대한 인식이 제대로 이루어지 않으면서 양성평등이라는 개념이 성교육이나 성폭력 교육과 긴밀하게 연계되지 못했다. 일상생활 속의 성차별이나 성 인지 감수성의 부족에 대해 논하기보다 "남자도 집안일하기", "여자도 축구를 하자" 같은 기계적이고 성찰 없는 표어만 부르짖는 꼴이 되었다. 성교육을 하는 사람들도 호응하기 쉽지 않고 그 중요성을 인식하기도 쉽지 않은 형식적인 양성평등 개념을 가르치자니 고역이 따로 없었다. 결과적으로 정책을 담당하는 사람들의 성 인식 부족은 여학생에게는 순결 교육을, 남학생에게는 성병 예방 교육을 하는 등 성차별적인 성교육으로 이어지고 있었다. 설득되지 않는 성폭력, 성매매 예방 교육이 학생들로부터 외면받는 것은 자명한 일이었다.

제대로 된 성교육의 부재로 인해 아이들은 성에 대한 정보를 음란 동영상이나 인터넷, 잡지, 영화, 웹툰, TV 등의 대중매체를 통해 얻는다. 자연히 왜곡된 성 지식과 성 인식을 갖게 되고 성폭력 문제는 좀처럼 해결되지 않는다. 아직도 많은 사람들이 왜 양성평등과 성폭력이 연관되는지를 인식하지 못한다. 그렇기에 여전히 각 시도 교육청이나 학교에서 양성평등이나 성교육, 성폭력을 담당하는 부서가 각기 달라 연계하지 못하고 있다. 2018년에 스쿨 미투가 일어나 여러 가지 문제가 제기되고 나서야 성 인권 담당 부서가 조직되었고 아직도 각 시도에서는 인권과 양성평등을 담당하는 부서가 분리되어 운영되기도 한다.

이와 같이 성폭력이 일어나는 원인을 살펴보면 단순히 한 개인의 폭력성에서만 그 원인을 찾을 수 없다. 그 배경에는 성폭력을 키워낸 사회가 있다. 즉 성폭력을 발생시키는 근본 의식에는 성불평등과 이중적 성차별이 있다는 것을 알 수 있다. 우리는 생물학적인 성도 인식해야 하지만 그것을 어떻게 바라보느냐에 따라 달라지는 사회적 성도 인식해야 한다. 사회학자 로널드 버트 Ronald Burt는 한 논문에서 성차별에 관대한 구조를 가진 집단일수록 성폭력 발생 빈도가 높다고 주장하였다. 이를 증명하듯 한국은 성폭력 지수와 평행을 이루어 성평등 점수에서도 낙제점을 보여 주었다. '2012년 한국 성평등보고서'를 보면 여성 평등 부분은 63.5로 낮은 점수를 보였다. 이와 함께 의사 결정 19.3점, 안전 부문 53.0점으로, 이 세 가지 영역에서 전년도에 비해 성평등 수준이 크게 악화됐다. 이는 아동이나 여성을 대상으로 한 강력 범죄, 특히 성폭력 피해의 급증 때문으로 분석된다.

현재 우리 사회에서는 이러한 성폭력의 근원에는 성차별이 있음을 인지한 성폭력 피해자들과 여성 인권 단체들의 노력으로 성 인권 침해라는 개념이 점차 확산되고 있다. 이러한 사회적 변화와 함께 문제를 개선하기 위해 성희롱, 성폭력, 가정폭력, 성매매 등에 관한 특별법들도 만들어졌다.

나는 그동안 성교육에 관심을 가지고 연구해 오던 차에 성 인권에 대해 집중하며 연구할 수 있는 '교사 연구년'을 가질 수 있었다. 이 연구년을 기회로 성 인권에 대한 인식이 발전한 스웨덴, 노르웨이, 덴마크, 핀란드 등의 북유럽 국가들과 미국 등의 성 문화에 대해 살펴보고 성 인권 교육의 지향점을 배울 수 있었다. 그리고 스웨덴에서 구체적으로 우리나라의 성 인권 교육의 방향을 보았다. 스웨덴은 최초로 성교육을 실시한 국가로, 1897년에 아동에 대한 성교육이 의무화되었다. 과거 스웨덴도 가부장적인 문화로 인한 성폭력과 낙태 등 성 문제가 심각했다고 한다. 이러한 문제를 해결하기 위해 처음 시도한 것이 사회 전반에 깔려 있는 성 고정관념적이고 성차별적인 성 인식의 개선이었다. 과거 스웨덴에서 성교육을 시행하지 않았거나 단순히 성 지식이나 금욕 위주의 성교육을 시행했을 때는 성관계 초기 연령이 12세였는데, 성 인권 위주의 포괄적인 성교육이 이루어지고 나서는 그 연령이 16세로 올라갔다. 십 대들이 스스로 성과 관련해 결정할 수 있게 됨에 따라 성적인 문제나 임신, 낙태, 성병, 성폭력 등의 비율이 훨씬 더 낮아졌다고 한다. 스웨덴에서도 성 고정관념이나 인식을 하루아침에 바꾸기는 쉽지 않았지만 꾸준히 교육을 시행한 결과 지금의 성 문화를 만들 수 있었다. 이로 인하여 청소년들도 올바른 성 의식을 갖게 되었다. 단순한 성 지식의 교육에서 그치는 것이 아니라 성 가치관 교육, 인간관계 교육, 소통 교육 등을 통해 실생활에서 장기적인 효과를 나타낼 수 있도록 하는 것이 스웨덴 교육의 핵심이다. 성을 둘러싼 사회적·문화적·경제적 구조에 대한 비판적인 시각을 인지시키는 것과 더불어 십 대의 성적 주체성을 인정하는 동시에 성적 주체로서의 책임도 주지시키는 것이다.

나는 성 인권 교육의 필요성에 따라 『UNESCO 국제 성교육 가이드라인에 따른 성보호교육프로그램 개발』이라는 주제로 성 인권 교육과정을 구성하며, 1년 동안 성교육에서의 보호 요인과 위험 요인을 분석하여 성 인지 중심의 성 인권 교육을 연구하게 되었다. 연구년은 학교를 떠나서 그동안 공부하고 싶었던 다양한 관점에서 전문적인 연구 및 개발을 할 수 있는 기회를 주었다. 나는 이 기회를 활용해 한국양성평등교육진흥원, 구성애의 푸른아우성, 수원탁틴내일 등 성 인권과 관련된 기관에서 전문적인 교육을 받았다. 여성학, 철학, 사회학, 심리학 등 다양한 세미나 교육 등에 참여하며 성의 관점에서 그동안 이해되지 않고 불편했던 부분과 관련해 그 역사나 배경 등을 연구할 수 있었다. 그 결과 여성가족부의 위탁 사업에 참여해 학교에서 적용할 성 인권 교육 프로그램에 대해 더 깊이 있는 연구를 할 수 있게 되었다. 성차별과 성 고정관념이 성폭력으로 이어지는 것을 막기 위해서 유네스코

표준안을 참고하여 성에 대한 위험한 요인을 없애 주고 보호 요인과 건강한 성을 키워 주는, 성 인지 감수성을 높일 수 있는 교육을 구성하였다. 단순히 성 지식만을 전달하는 것이 아니라 성평등 관점을 바탕으로 아이들 스스로가 성적 주체가 되어 성적 표현을 하고 실천할 수 있는 권리, 성적 침해를 받지 않을 권리가 있다는 것을 알게 해 주는 방향으로 성 인권 교육의 항로를 잡았다.

성폭력 없는 사회, 건강한 사회를 만들기 위해 가장 필요한 것은 사회의 인식 개선이다. 무엇보다 누구에게나 성 인권이 있다는 인식이 필요하다. 자신에게 어떠한 성적 권리가 있는지를 아는 것이 시작이다. 국제가족계획연맹IPPF에 의하면, "성교육은 포괄적이고, 권리 중심적이며, 성 인지적이고, 시민권에 기반하며 또한 섹스에 대한 긍정적인 접근을 통해 이루어져야 한다." 성교육과 성평등은 함께 굴러가야 한다. 누구에게나 성적으로 즐거울 권리, 안전하게 보호받을 권리, 차별받지 않을 권리, 폭력을 당하지 않을 권리, 성을 학습할 권리가 있다. 성 인권 교육은 성에 대한 철학과 역사, 가치관을 아우르는 인간 중심의 총체적인 교육이다.

2장

성교육의 방향 정하기

|

성 인권 교육으로
항로를 잡다

1.   성 인권이란 무엇인가

즐겨 보는 TV 프로그램인 〈서프라이즈〉에서 중국의 한 여성 아나운서가 임신한 채로 박제되어 미국의 한 박물관에 전시된 모습을 보았다. 과거 아프리카 흑인을 동물처럼 전시해서 논란이 되었지만 세계적으로 인권이 보장되는 이 시대에 이러한 일이 발생했다는 사실에 놀라웠다. 과연 우리가 사는 세상에서 여성의 인권이 존재하는 걸까? 의문을 가질 수밖에 없었다.

물론 왕족 사회나 계급 사회에서는 보편적인 인권의 중요성이 대두되지 않았다. 힘의 논리가 지배하는 사회에서 약자는 늘 억압과 통제의 대상이었다. 사회적 영향력이 없는 노예, 흑인, 가난한 사람, 여성, 아동, 장애인의 인권은 없었다. 이에 반해 사회적 주류인 부자나 백인, 남성, 성인, 비장애인의 인권만이 존재해 왔다.

하지만 근대에 들어서 인간이라면 누구나 존중받는 사회로 변화, 발전하였다. 사람을 존중하는 인식의 출발인 인권은 "사람이 개인 또는 나라의 구성원으로서 마땅히 누리고 행사하는 기본적인 자유와 권리"다. 사람으로 태어났다는 그 자체만으로 누리는 권리이며, 성별, 신분, 인종, 종파에 구애받지 않을 권리이고, 일시적인 것이 아니라 변치 않는 권리이며, 국가나 권력 등 외부의 힘에 의해서도 침해당할 수 없는 권리다. 즉 인권은 모든 사람이 국가, 사회 그리고 공동체에 대해 자신의 인간다운 생활을 요구할 수 있도록 하는 권리다.

인권의 중요성은 제2차 세계대전 동안 독일이 자행했던 유대인 대학살로 인하여 더욱 부각되었다. 인류는 수많은 생명과 인권이 박탈당했던 역사를 반성하였고 인간의 존엄성 경시에 대해 각성하였다. 인간에 대한 존중은 보편적인 약속이 되었다. 이처럼 근대 시민사회를 통해 정립된 '인권' 개념은 점차 확장되고 있다. 인권의 적용 범위는 비약적으로 발전, 확대되었고, 개인의 행복 추구권을 존중하고 다양한 차별을 없애려는 노력이 이루어졌다. 남녀 간의 성차별을 없애고 성평등을 이루기 위한 성 인권의 개념 또한 발전했다. 성 차이가 성차별과 성폭력으로 이어지는 현실을 타파하고 성적 권리가 침해받지 않고 존중받는 사회를 만들기 위한 '권리 인식'이 정립되어 왔다.

과거에는 성폭력을 '여성의 정조'를 지키지 못한 죄로 여겼다. 법적인 판단 기준도 마찬가지였는데, 1953년 만들어진 형법 32조에 따라 여성이 어떻게 행동했느냐에 따라 보호 여부를 판단했다. 1995년 형법이 개정되어 '강간과 추행의 죄'로 바뀌었지만 이런 관념은 지금도 성범죄를 처벌하는 기준이 되고 있다. 말하자면 보호할 가치가 있는 정조만을 보호한다는 개념이 깔려 있었던 것이다. 얼마나 저항했는지의 여부와 평소 행실이 기준이었다. 이런 정조 관념은 성폭력 피해자들 스스로 정조를 지켜야 함에도 지키지 못했다는 성적 수치심을 갖게 했고 범죄를 고발하기보다 감추는 결과를 낳았다. 이로써 남성의 성폭력은 정당화되었다.

그러나 차츰 성 인권의 개념이 확산되면서 성폭력에 대한 관점도 바뀌었다. 무엇보다 법적으로 성폭력의 정의가 바뀌었다. 성폭력은 단순히 개인이 자신의 정조를 지키지 못한 문제가 아닌 사회구조적 문제이며, 성적 자기결정권의 침해로 정의되었다. 성희롱, 성추행이라는 용어가 새롭게 정의되었고 이에 성폭력의 판단 기준 또한 가해자의 의도에 상관없이 피해자가 어떻게 느끼느냐로 바뀌었다. 한국양성평등진흥원에서는 성 인권을 "성과 관련하여 스스로 생각하고 판단할 수 있는 성적 자기결정을 통해 행동하되 남과 여의 성적 특징으로 인해 차별이나 침해를 받지 않고 다른 사람의 생각과 행동을 존중하고 그렇게 함으로써 행복할 수 있는 권리"라고 정의하였다.

성 인권은 크게 '성적으로 보장받을 권리'와 '성적으로 침해받지 않을 권리'로 나뉜다. 성적으로 보장받을 권리는 자신의 몸에 대해 긍정하는 자부심을 가지고 자신의 성적 느낌과 반응을 있는 그대로 받아들임으로써 성 정체성을 확립하고, 타인과 동등하게 나의 인격을 표현하고 인간의 품위를 존중받을 권리이다. 즉 성적 존재로서 인정받고 성적인 표현과 행동을 보장받을 권리로, 사랑하는 사람과 신체적·정신적으로 이중적 성 인식 없이 친밀감을 표현하고 함께 즐거움을 누릴 수 있는 권리다. 또한 국가나 타인의 간섭 없이 임신, 출산, 낙태에 대해 스스로 주체적으로 선택할 수 있는 권리다. 이에 따라서 누구나 성에 대한 가치와 태도·기술, 성 문화와 법률, 성 행동, 성 건강 등과 관련한 내용을 발달단계에 따라 적절하게 교육받을 수 있는 권리를 갖는다.

성적으로 침해받지 않을 권리는 성별이나 성적 지향을 이유로 차별받지 않을 권리, 성적으로 괴롭힘을 받지 않을 권리, 성적 표현이나 행동을 강요받지 않을 권리, 데이트 폭력·가정 폭력을 비롯한 성폭력 피해를 받지 않을 권리, 성매매나 성적 침해 등으로부터 안전하게 보호받을 권리 등을 아우른다. 이에 따라서 누구나 충분한 성교육을 통해 정보와 지식을 제공받을 권리가 있다.

성 인권 교육은 남녀가 함께 살아가야 하는 세상에서 좋은 인간관계를 맺기 위해 필요한 약속을 공유하는 교육으로, '윤리 교육'이자 '사회성 교육'이다. 성과 관련한 문제를 스스로 생각하고 판단하여 행동하되 다른 사람의 생각과 행동을 존중함으로써 행복할 수 있는 주체적인 권리를 배우는 교육이다. 자신과 다른 사람의 성을 평등하게 인지하고 존중할 수 있을 때 성 인권은 시작된다.

모든 인간은 성을 부끄럽거나 숨겨야 할 것이 아닌, 권리로 생각해야 하고 그 권리를 지켜 나감으로써 행복해져야 한다. 서로 간의 존중에서 시작해 배려, 사랑, 예절로 이어지는, 그야말로 인간다움에 관한 권리를 가져야 한다. 이러한 권리에 대한 교육이 바로 성 인권 교육인 것이다. 성 인권 교육에서 다루어야 할 주요 권리들을 정리해 보면 다음과 같다.

성적인 표현과 행동을 보장받을 권리

- 청소년기에 적절한 성적 표현과 행동을 할 수 있다.
- 자신의 몸을 있는 그대로 존중받고 표현할 수 있다.

성별을 이유로 차별받지 않을 권리

- 성별이 다르다는 이유로 차별받지 않아야 한다.

성적 지향을 이유로 차별받지 않을 권리

- 성적 지향이 다르다는 이유로 차별받지 않아야 한다.

성과 관련한 정보와 지식을 제공받을 권리

- 성에 대한 가치와 태도·기술, 성 문화와 법률, 성 행동, 성 건강 등과 관련한 내용을 발달 단계에 따라 적절하게 교육

받을 수 있어야 한다.

성폭력 피해를 받지 않을 권리

• 성적 수치심을 느낄 만한 말과 행동으로 피해 받지 않아야
한다.
• 자신의 의사와 다르게 성적인 표현을 하거나 행동을 하도
록 강요받지 않아야 한다.

성매매로부터 안전할 권리

• 인신매매, 성매매로부터 안전해야 한다.
• 다양한 형태의 성매매에 빠지지 않도록 올바른 정보를 제
공받아야 한다.

우리에게는 사회적으로 보장받아야 할 권리가 있는 만큼 사
회적 책임도 함께 따른다. 결국 나의 성 인권을 지키는 것은 다른
사람의 성 인권을 지킬 때 비로소 가능해진다. 나와 상대의 성 인
권이 보장되기 위해서는 서로를 이해하고 인정하는 데 필요한 것
들이 교육되어야 한다. 서로를 독립적인 성적 주체로서 존중하는
것이 성 인권의 시작점이다. 따라서 성평등 교육, 성폭력 예방 교
육과 반드시 함께 이루어져야 하는 것이 성 인권 교육이다.

2.　　　　성 인지 감수성과 스쿨 미투

　2017년 한 국책보고서에서 저출산의 원인을 여성이 너무 많이 배운 탓으로 돌려 논란이 된 일이 있다. 그 내용을 정리하면 '여성의 학력과 소득이 높아지는 현상은 비혼이나 늦은 결혼으로 이어져 저출산을 악화시키므로 해결책으로 여성의 불필요한 스펙 쌓기를 막아야 한다'는 것이었다. 이를 본 많은 여성들은 "결국 여자가 공부할 시간에 아이나 낳으라는 말인가?"라며 분개하였다. 국가의 정책 담당자가 임신과 출산을 비롯해 결혼과 연애의 자유까지 여성의 권리로서 존중하지 않는 전근대적인 사고를 가졌다는 사실에 여성뿐만 아니라 남성들 사이에서도 부정적인 여론이 컸다.

　학교에서 어떤 남성 교사가 나에게 아이들을 예뻐하는 것도 문제냐며 성희롱 예방 교육에 매우 불쾌감을 표시한 일이 있다.

권위적이고 가부장적인 문화가 남아 있는 학교에서는 성폭력, 성희롱 등을 저지르면서도 이것이 다른 사람의 권리를 침해하는 폭력임을 인식하지 못하는 경우가 많다. 초임 여교사에게 커피 심부름을 시키거나 술을 따르게 하고 노래방에서 블루스를 추기를 바라는 관리자들에게 인권 의식 및 성 인지 교육에 대한 감수성을 기대하기는 어렵다. 최근에는 교장이 초임 교감을 환영하는 회식 자리에서 교감을 부둥켜안는 등 부적절한 행동을 해 학교를 떠난 사례도 있었다. 교직 문화에서 권력을 가진 사람들은 자신의 행동이 학생들과 학교 구성원들에게 어느 정도의 불쾌감이나 수치심을 주는지 생각하지 못한다. 오히려 관리자보다 아이들에게 성폭력 예방 교육을 하는 것이 아이러니는 아닌가 하는 생각이 들 정도다.

최근 스쿨 미투가 일어나는 것도 이러한 맥락에서 이해할 수 있다. 교사들은 그동안 성적이나 외모, 능력에 따라서 서열이 매겨지는 학교의 수직적 문화의 꼭대기에 서서 스스로 권력을 휘둘렀다는 것을 인지하지 못하였다. 학교에서는 성 인지 감수성의 부족으로 인한 성차별이나 여성 혐오부터 성희롱이나 성추행까지도 수면 아래에서 일상처럼 일어나고 있었다. 2018년 서지현 검사가 촉발한 미투 운동으로 시작된 사회적 변화의 흐름에 힘입어 71개 학교에서 미투 운동이 터지면서 폭로가 쏟아졌다.

스쿨 미투를 보면서 동화『벌거벗은 임금님』이 떠올랐다. 임금님이 벌거벗었다는 말을 어느 누구도 꺼내지 못하는 상황에서 어떤 아이가 그 말을 내뱉음으로써 모든 진실이 밝혀지는 이야기 말이다. 학생들은 저마다 자신들이 겪은 폭력에 대해 목소리를 내기 시작했다. 어느 한 학교에서 강당에 아이들을 모아 놓고 "이성 교제를 주의해라, 학교 내에서 불건전한 이성 교제가 적발되면 벌점을 부과한다"고 으름장을 놓았다. 웅성웅성하던 아이들은 다음 날 "이성 교제는 청소년의 당연한 권리다. 학교는 성적 권리를 침해하지 말라!"라고 적힌 대자보를 붙였다. 교사들은 "학생은 학생답게 공부해야 한다", "다 너희들 잘되라고 하는 일상적인 조언이지 어떻게 인권 침해냐"고 반박하였다.

이런 경우는 애정으로 봐줄 수 있다 쳐 보자. 그런데 많은 학교에서 '어떻게 교사가 학생에게 이런 말이나 행동을 할 수 있을까'라는 반응이 나올 정도로 믿기 어려울 만한 폭로가 이어졌다.

아래 사례들은 인천 지역 스쿨 미투 운동에 참여한 사람들의 이야기를 모은 책인 『우리 목소리는 파도가 되어』와 교사 및 학생들의 인터뷰 등에서 인용한 것이다.

A여고

"여자가 좋은 대학 가서 뭐하니, 남자들은 자기보다 고학력인 여자 안 좋아해! 여대 정도 가면 시집도 잘 가고 딱 좋아."

"남자들이 성폭력하는 데는 여자도 잘못이 있다. 여자 몸을 보면 흥분할 수밖에 없다."

"난 예쁜 애들 보면 자꾸 시비 걸고 싶더라."

"여기가 무슨 집창촌이야?"

"남자 연예인들을 여자들이 꼬셔서 그런 거지, 그게 뭐 성범죄야! 페미들이 마녀사냥 하는 거야."

B여중

박장대소하는 여학생에게 "암컷이 웃음소리가 왜 이래. 짝짓기 전에는 조신하게 웃어야지."

"볼 것도 없는 것들이 몸은 가리고 난리야."

"여자가 아이를 안 낳아서 나라가 발전을 안 해."

"저런 애들이 나중에 나가서 몸 팔고 다닌다니까."

C여중

수업 시간에 앞머리 롤을 미처 빼지 못한 채 말고 있는 여학생에게 "머리 롤 빼라, 여자가 내 앞에서 예뻐 보이지 않으려고 하는 거 아주 기분 나쁘거든. 내가 남자로 안 보이니."

"떡볶이 질질 흘리지 마라! 창녀 같다."

"전쟁 나면 너희들 다 위안부로 가야 해."

D중

"여자는 남자를 만나서 결혼해야지."

"동성애 때문에 부대 내 강간이 발생하는 거야."

"섹시하게 발표해라, 좀 더 섹시하게 못하냐."

"쌔끈한 교복 입고 와."

"패딩 입고 올 때 지퍼를 내리고 와라, 속옷만 입었으면 내가 보기 좀 그렇잖아."

여학생들은 교사뿐만 아니라 남학생들의 혐오 표현이나 성차별의 대상이기도 했다. 성희롱이나 성차별적인 말이나 행동에 대해 항의하면 성 인지 감수성이 부족한 교사들은 가벼운 장난으로 여기거나 때로는 가해자를 두둔하는 태도를 보이기도 했다. "너에게 관심 있어서 그런 거야", "여자애들이 별거 아닌 거 가지고 예민하게 굴긴, 마음 넓은 남자들 너희들이 참아라", "난 여학생들이랑 말도 안 하고 뭘 하든 신경도 안 쓸 것이다"라며 문제를 피해자의 탓으로 돌렸다. 나아가 피해 입은 학생을 뭔가 문제 있는 학생으로 여기도록 따돌리거나 여학생들에게 치명적인 성적 루머('누구랑 잤다' 같은) 등을 퍼뜨려 2차 가해를 하는 일이 벌어졌다.

우리는 눈에 드러나는 성차별은 인식하더라도 눈에 보이지 않는 온정적 차별이나 근본적인 사회구조적 차별을 인식하지 못하는 경우가 많다. 성차별은 우리 사회 깊이 자리해 우리의 눈과 귀를 막고 무형의 형태로 핏속, 뼛속까지 스며들어 있다. 사람들은 이성적으로는 남자와 여자는 모든 면에서 동등한 권리를 가져야 한다고 이야기한다. 그러나 막상 자신을 둘러싼 구체적인 상황에서는 이야기가 달라진다. "그래도 외국과 달리 한국 사회에서는 아직 시기상조이므로 분위기 망치지 말고 여자가 맞춰 갈 필요가 있다"라고 생각하는 것이다. 이성적으로는 남녀가 평등하다고 생각하지만 정서적으로는 쉽게 받아들이지 않는다. "그래도 애는 여자가 키워야지", "남자니까 집안을 책임져야지", "사랑 고백은 남자가 해야지" 등 성 역할에 따른 고정관념은 여전히 만연하다. 겉으로는 사회적인 성 역할이나 미에 대한 기준 등이 결코 절대적이지 않다고 이야기하면서도 내면에서는 "남들이 하니까", "지금까지 그래 왔으니까" 하면서 암묵적으로 그것들을 인정하고 그 기준을 따르고 있다.

영화 〈서프러제트〉는 20세기 초 영국과 미국의 여성참정권 운동을 배경으로 한 영화다. 모드 와츠라는 그 시대의 평범한 여성 노동자가 성차별에 눈을 뜨며 행동에 나서는 내용이다. 그녀는 아내이자 엄마로 낮에는 작은 방직 공장에서 일을 하면서 차별에 대한 의식 없이 남들이 사는 대로 하루하루를 살아가던 중 우연한 기회에 여성의 참정권 시위에 참여하게 되었고, 그 속에서 여성의 현실을 바라보게 되면서 점차 자신이 처해 있는 삶에 대해 눈을 뜨기 시작한다. 그녀는 자신의 모든 시간을 할애해 가족들을 위해 일하지만 재산이나 아이는 모두 남편의 것이었다. 직장에서는 죽을 만큼 일해도 남자보다 적은 월급을 받았고 사장이 성폭행을 해도 오히려 해고될까 봐 아무 말도 하지 못하고 숨죽여 살아야 했다. 그녀는 자신을 비롯한 여성들의 이러한 현실을 비판적으로 바라보기 시작하면서 이를 바꾸려 한다. 이를 곁에서 보아 온 그녀의 남편은 "그냥 지금까지 살던 대로 살면 되지"라고 이야기한다.

그러나 그녀는 성차별과 인권 침해의 부당함을 인식하였기에 더이상 그렇게 살 수 없었다. '문제 해결의 첫걸음은 문제 인식'이라는 이야기가 있듯이 그 상황을 인지함에 따라서 다시 과거로 돌아갈 수 없는 것이다. 꼭 큰 사건이나 사고가 아니더라도, 일상생활에서 만나는 매우 작은 요소에서도 성 인권적인 침해를 발견하는 예민함, 즉 성 인지 감수성이 우리에게는 필요하다.

성 인지 감수성을 갖는다는 것은 '일상적 감각의 틀을 깨는 것'이다. 여성으로서, 남성으로서 '지금 눈앞에 일어나는 일들이 어떠한 권력이나 힘에 의한 것인가?' 하고 질문을 던지는 것이다. 남성과 여성 모두 자신이 어떤 존재인지 들여다보고 자신 안에 막혀 있던 지점이나 편견을 알아낼 수 있도록 스스로를 정의하고 꿰뚫어 볼 수 있는 힘을 길러야 한다. 내가 가진 습관과 신념을 돌아보고 나와 주변 사람들이 자신의 권리를 존중받고 있는지 아니면 침해당하고 있는지 알려는 노력, 세상에 대한 관심이 필요하다.

그러다 보면 꿈쩍하지 않던 통념이 어느 순간 깨진다. 그리고 막상 깨지고 나면, 통념이나 고정관념은 낡은 사고가 되어 버린다. 역사는 불편함을 딛고 나선형으로 앞으로 나아가며 진보한다. 현행 사회의 제도를 있는 그대로 받아들이지 않고 우리가 살아가야 할 사회를 더 나은 사회로 바꾸어 가는 데 사고와 행동을 집중해야 한다.

성 인지 감수성이 발달한 사람은 무엇이 불편한지를 찾아내는 능력이 뛰어나다. 인권은 우리의 인권 감수성이 발달한 만큼만 보장되듯이 성 인권은 우리의 성 인지 감수성이 발달한 만큼만 보장된다. 따라서 성 인권에 대한 자각을 높이고 남녀가 처한 환경을 돌아보기 위한 성 인지 감수성 훈련은 반드시 필요하다. 특히 자신의 성 정체성에 대해 새롭게 알아 가기 시작하는 십 대들에게는 이런 훈련이 무엇보다 중요하다. 성적 주체로서 성 인권에 대한 민감도를 높이는 것은 삶을 통찰하고 해석하는 데 꼭 필요한 열쇠다.

과거와 달리 성 인지 감수성이 높아진 학생들은 그동안의 불편함이 성 인권의 침해라고 인식하기 시작했다. 트위터의 'S여중여고 문제 공론화'라는 계정에서 여학생들을 향한 교사의 폭력적인 언행에 대한 폭로가 이어졌다. 교사들의 상습적인 성희롱, 성추행 및 차별에 대해서 재학생뿐만 아니라 졸업생들까지 제보를 하고 있으며, 많은 행태가 세상에 알려졌다.

생각 없이 살면 사는 대로 생각한다. 유대인 문제에 대한 비판적인 저술과 전체주의 연구로 유명한 독일 태생의 미국 정치철학자인 한나 아렌트Hannah Arendt는 "사유하지 않음, 이것이 바로 폭력이다"라고 하였다. 유대인들의 목숨을 앗아간 대부분의 사람들은 타고난 악마가 아닌 주변의 평범한 사람들이었다. 다만 그들은 인권에 대한 자각이 없었을 뿐이다. 내가 살고 있는 세상에 어떠한 성차별이 있는지, 그로 인해 어떠한 고통이 일어나고 있는지 알려고 하지 않을 때 우리는 그 순간부터 누군가에게 상처를 줄 수 있다. 자신의 무자각을 깨닫는 것이 중요하다. 하던 대로 하는 것이 아니라 자신이 어떤 상황에서 차별받고 폭력을 당하는지 고심하고 피해자들을 위해 무엇을 해야 할지를 생각할 수 있는 시간이 필요하다.

교육학자 마이클 애플Michael Apple은 "성 인지적 관점을 반영하지 않는 성교육은 지배 계급의 목소리, 즉 남성 중심적 가치만 반영하는 교육이 되고 만다"라며 교육자의 성평등 가치관을 강조했다. 백 세 시대를 살아가야 하는 우리는 성 인지 감수성을 높이기 위해 다시 새롭게 배울 수 있어야 한다. 특히 교사나 학부모의 성 인지 감수성은 교육을 통해 아이들에게 내면화됨에 따라 그들의 성 인권 인식 개선은 매우 중요하다고 볼 수 있다. 새로운 시대를 읽어 내지 못하는 것뿐만 아니라 자신의 무지를 인지하지 못하는 것도 잘못이 될 수 있다.

3.　동의도 거부도 나의 권리,
성적 자기결정권

　　지난 20세기에 여성에게 일어난 '성의 혁명'을 들라면 단연 피임 도구의 개발을 들 수 있다. 피임 도구는 여성이 임신의 공포로부터 벗어나 자신의 성적 가치관에 따라 자기 책임하에 상대방을 선택하고 자유롭게 성관계할 권리를 갖게 해 주었다. 이와 함께 자신이 원하지 않는 성적인 행동이나 임신, 출산 등을 강요받지 않고 스스로 선택하고 결정할 수 있는 권리가 주어졌다. 나아가서 임신을 조절함으로써 여성들이 출산과 육아에서 벗어나 사회적 신분 상승을 이루고 경제적 사회활동을 할 수 있게 되었다. 자신의 삶을 주체적으로 선택하고 조절하며 살아갈 수 있도록 성적 자기결정권을 행사할 수 있게 된 것이다

　　'성적 자기결정권'은 스스로 성적 주체로서 성적 관심이나 욕구를 인정하고 성에 관한 결정을 행사할 수 있는 권리다. 즉 개인

적인 성적 영역에 대한 모든 결정을 스스로 자율적으로 행하고 책임질 수 있는 권리다. 머리 모양이나 복장 등 나만의 생활 방식을 비롯해 나는 어떤 여성으로 성장할지 혹은 어떤 남성으로 성장할지, 이성 친구를 사귈지 동성 친구를 사귈지, 성관계를 할지, 결혼을 할지, 아이를 낳을지, 낳는다면 몇 명을 낳을지 등 인생 전반에 걸쳐 성적 영역에서 자기 선택을 할 수 있는 것이다. 이렇듯 누구나 자신의 존엄과 몸의 건강을 지킬 방법을 결정하는 힘을 갖는다.

또한 우리는 상대로부터 성적 침해를 당하지 않고 서로 간의 동의에 따라 성적 행동을 할 수 있는 권리가 있다. 누가 누구를 통제하거나 억압하지 않고 평등하게 각자를 존중하며 동의와 협의를 통해 선택하고 결정할 수 있는 권리다. 즉 모든 사람은 자신이 원하는 성적 행위에 대해 동의를 할 수 있듯이 또한 거부하고 반대할 수 있는 권리를 갖는다. 아무리 사소한 것일지라도 상대가 원하지 않는 성적 행위를 강요해서는 안 된다. 누구나 성적으로 자기결정을 할 수 있는 권리가 있기 때문이다. 부부나 연인 사이에도 강간죄가 성립되는 이유도 이들 사이에 성적 자기결정권의 침해가 있을 수 있기 때문이다.

성적 자기결정권을 인권의 하나로 보호해야 하는 이유는 뭘까? 이것이 개인의 근간을 이루는 핵심적 성 정체성의 확립에 영향을 미치는 가치이기 때문이다. 우리는 삶 속에서 자신의 성에 대해 알고 탐구하며 자신의 선호를 발현하는 등 성 정체성을 확립

했을 때 행복에 다가갈 수 있다.

그렇기에 법으로 보장되는 인권의 하나로, 사생활의 비밀과 자유를 근거로 한 성적 자기결정권이 있는 것이다. 선진국들은 성적 자기결정권을 누구도 침해할 수 없는 기본적인 인권으로 보장하며, 1995년 유엔 여성지위위원회에서는 성적 자기결정권을 '여성의 인권'에 포함시켰다.

십 대 또한 모두 '성적 존재'이므로 그들이 성적 주체로서 자기 자신을 긍정하고, 자신의 성적 욕구를 부정하지 않으며, 책임 있는 성 행동을 할 능력을 기를 수 있는 교육이 이루어져야 한다. 성교육을 통해 친밀한 관계에서 어떻게 관계를 맺으며 성적 결정을 해야 하는 상황에서 어떻게 조절하며 살아가야 할지에 대해 이야기해야 한다.

성적 자기결정권 수업 중에 아이들에게 "만약 성관계를 한다면 무엇이 필요할까?" 하고 물었다. 여학생이나 남학생 대부분은 첫 번째로 콘돔을 꼽았다. 그 외에도 냄새가 날지도 모르니 향수가 필요하다거나, 피부와 피부가 닿으면 아프니 오일이 필요하다고 했고, 분위기를 위해 초나 와인, 예쁜 속옷 등을 준비한다고도 하였다. 또한 여학생들은 주로 청결을 위한 물티슈, 휴지, 청결제, 제모용 면도기 등을 이야기하였다. 한 여학생은 사랑, 책임감, 대화가 필요하다고 하였다. 나는 무언가를 결정하려면 사전에 충분한 정보가 주어져야 한다고 말하면서 "여러분들이 필요하다는 것과 함께 가장 먼저 챙겨야 할 것은 성적 자기결정권"이라고 이야기하였다.

　남성은 성적 주체가 되고 여성은 성적 대상이 되는 성 문화에서 살고 있는 여학생들은 자신에게 성적 자기결정권이 있다는 인식이 부족하다. 사춘기가 되어 이성 교제를 하는 아이들 중에서도 먼저 고백하기보다 고백받기를 기다리거나, 성관계를 하는 이유도 "사랑을 확인하기 위해서"와 "거절을 하지 못해서"라고 말하는 등 주체적으로 관계를 결정하기보다 대상이 되는 경우가 많다. 특히 주로 또래보다 나이가 많은 오빠나 선배와의 지위 관계에서는 선물이나 데이트 비용 등 때문에 쉽게 거절의 의사 표현을 하지 못하는 경우도 있다. 여학생들은 "내 말을 들어주지 않으면 너와 헤어질 거야"라는 상대방의 말에 관계가 깨질 것을 우려하거나 상대의 욕구에 책임감을 느껴, 의사 표현을 하지 못하고 이끌려서 스킨십이나 성관계를 하는 등 성적 자기결정에 약한 경향을 보였다. 이러한 성 문화 속에서 여성이 자신에게 성적으로 자기결정을 할 수 있는 권리가 있다는 것을 알고 실천할 수 있다는 것은 매우 중요하다.

　성적 자기결정권의 존중은 나뿐만 아니라 상대의 권리를 존중하는 것이기도 하다. 여성과 남성 모두 상대에게 좋아하는 마음을 표현할 권리, 내가 하고 싶은 것이 무엇인지 말할 권리, 좋아하는 사람의 제의를 거절할 권리, 화내지 말라고 말할 권리, 원하지 않는 접촉을 거부할 권리, 싫어하는 것을 싫다고 말할 권리, 헤어지자고 말할 권리, 내게 도움을 줄 사람이나 정보를 찾아 나설 권리 등을 갖는다. 아무리 친밀한 관계에서라도, 성관계 중이라도 거절할 수 있는 권리가 있다는 것이다. 우리는 이러한 성적 자기결정권이 누구에게나 있다는 것을 알 때 자신의 감정과 생각을 제대로 전달할 수 있게 된다.

유엔 여성지위위원회에서는 낙태를 여성의 권리로 보고 24년 동안 꾸준히 '낙태 비범죄화와 그에 따른 처벌 조항을 삭제할 것'을 권고해 왔다. 한국에서는 2019년 헌법재판소가 형법상 낙태죄 조항에 대해 헌법불합치 판결을 내렸다. 낙태 문제 뒤에 숨은 불편한 진실 중 하나는 그동안 여성의 임신과 출산에 대한 성적 자기결정권이 보장되지 않았다는 것이다. 우리나라는 오랫동안 국가의 필요에 따라 산아 정책을 수립해 왔으며, 이런 상황에서 여성의 임신이나 출산, 그리고 모성이 국가의 기획 아래 있었다. "둘도 많다. 하나만 낳아 잘 기르자"나 "둘만 낳아 잘 기르자" 같은 구호들이 시대마다 내용을 달리하며 나타났다. 구호만으로 그치는 것이 아니라 1960년대에는 인구증가 억제 정책으로 낙태 시술비를 지원하거나 피임 도구를 무료로 지급하기도 했고, 한 자녀에게는 혜택을 준 데 반해 세 명을 낳으면 의료보험도 보장하지 않고 세금을 부과하는 등의 불이익을 주기도 하였다. 여성의 몸과 성을 재생산의 도구로 이용하고 임신이나 출산을 국가가 통제해 온 것이다. 그동안 법적으로는 낙태가 불법이었지만 사회적으로는 관습법에 따라 낙태를 용인하는 상황이 계속되었다.

그러나 2000년대에 들어 저출산 정책이 시행됨에 따라 낙태 관련 단속과 처벌이 강화되었다. 2009년 의사들이 '불법 낙태 근절 선언'을 하는가 하면 시술을 한 병원은 고발당했고, 낙태가 여성을 협박하는 수단이 되었으며, 낙태를 한 여성은 범죄자가 되었다. 말 그대로 여성의 성적 자기결정권이 무시된 것이다. 이러한 상황은 '낙태 논쟁'에 불을 붙였다. 그러나 '낙태 찬성'이냐 '낙태 반대'냐를 떠나 자신의 뱃속에 생명의 씨앗을 품은 여성으로서 낙태를 결정하는 것은 쉽지 않은 일임을 상기할 필요가 있다. 낙태를 할지 말지를 결정하는 데는 개인적인 건강권뿐만 아니라 아이를 키우는 환경의 요소도 영향을 미친다.

여성이 낙태를 전제로 한다는 것은 원하는 임신이 아닐 경우가 많다. 낙태를 죄로 본다면 낙태를 드러내기보다 숨겨야 되는 상황이 발생해 여성들이 올바른 조치를 받지 못하고 더 위험한 상황에 놓이게 된다. 따라서 이는 낙태를 줄이는 해결책이 아니다. 낙태가 불법이기에 의료보험 적용도 되지 않아 시술 비용은 부르는 대로 주어야 하고, 합병증이 생겨도 항의를 하지 못할뿐더러, 지속적인 의료 돌봄도 받지 못한다. 후유증으로 다시는 임신을 하지 못하게 되기도 하며 여성 혼자서 이 모든 것을 짊어져야 한다. 여성의 건강권에 심각한 문제가 발생하는 것이다.

또한 원하지 않는 임신 상황에서 출산을 선택하였어도 그 선택을 지지받기는 쉽지 않다. 아이를 키울 수 없는 환경, 비혼 부모에 대한 사회적 낙인, 출산·육아로 인한 경력 단절과 불안정한 노동 환경, 사교육비의 증가 같은 요인으로 인한 경제적 어려움 등을 고려해야 하기 때문이다. 여성의 성적 결정권이 없는 사회, 여성의 일자리가 보장되지 않는 사회, 임신이나 양육을 여성에게만 전담시키는 사회가 바로 낙태의 핵심적 근원이다. 여성의 임신과 출산, 낙태는 여성의 재생산 권리와 전혀 무관하지 않다. 여성의 삶은 몸의 경험과 재생산과 밀접하게 연관되어 있다. 자신의 몸에 대한 성적 결정권이 없다면 스스로의 삶을 선택하고 나아갈 수 없다. 우리 사회에 지금 필요한 것은 어떠한 선택을 하든 안전할 수 있는 권리를 보장하는 것이다. 더 나아가 이 과정에서 여성이 선택권을 행사하기 위한 기반이 갖추어져야 하며 비혼 부모에 대한 인식 개선, 경제적 지원, 아이를 함께 키우는 공동체 형성 등이 이루어져야 한다. 여성의 건강권과 자기결정권은 행복추구권 측면에서 안전한 낙태를 선택할 권리와 선택하지 않을 권리 모두를 포함하는 것이다.

저출산을 예방하고 싶다면 낙태죄로 출산율을 높일 것이 아니라, 여성의 임신이나 출산의 권리가 행사될 수 있는 환경을 마련해 주어야 한다. 우선 임신 여부를 선택할 수 있도록 지원이 이루어져야 한다. 그리고 건강하게 낙태할 권리를 보장하고, 아이를 낳는다는 선택을 했을 때는 비혼모라는 편견에서 벗어나 아이를 잘 키울 수 있도록 정부가 임신을 하는 순간부터 낳을 때까지 지속적이고 다각도로 접근하여 관리해 주어야 한다.

후배 교사가 들려준 이야기가 기억에 남는다. "저는 실제로 남자 친구와 만날 때 성적 자기결정권을 행사했어요. 연애 중에 보다 깊은 관계를 원했을 때, 제가 먼저 성관계에 대한 대화를 시작했어요. 사랑하는 사람과의 첫 관계인데 아무 준비 없이 갑작스럽게 후다닥 치르는 것이 싫어서 평생 좋은 기억으로 남는 첫날밤을 가지자고 했어요. 그래서 서로 성관계에 대한 생각을 나누면서 언제, 어디서, 어떻게 관계를 갖고 싶은지 의논했어요. 또 만약 아이가 생겼을 때는 어떻게 할 것인지, 피임은 어떤 방법으로 할 것인지에 대해서도 이야기했어요. 남자 친구는 약속을 지켜 주었고 심지어 같은 침대에서 자도 저의 결정을 존중해 주었어요. 저는 이 과정에서 제가 스스로를 소중히 여기는 경험과 상대가 저를 소중히 대하는 경험을 할 수 있었어요. 제가 가르치는 아이들도 이런 따뜻한 사랑의 경험을 하면 좋겠어요." 성적 자기결정권을 행사하는 데는 두 사람의 마음가짐과 노력이 필요함을 확인할 수 있는 대목이다. 성적 자기결정권은 우리가 지속적으로 획득해 나가야 하는 것이다.

고영건의 『인디언 기우제』에 따르면 "하나의 큰 사건이나 사고가 인생을 바꾸는 경우는 거의 없다". 살아가면서 겪는 하나하나의 경험과 선택들이 모여 한 사람의 성격과 삶을 결정짓게 된다. 어른들은 십 대들이 자신의 권리를 알고 하나하나씩 선택할 수 있는 경험을 할 수 있도록 해 주어야 한다. 색안경을 끼고 십 대의 성을 바라볼 것이 아니라 그들이 성적 자기결정권을 보장받으며 행복하게 지내는 동시에 자신의 선택에 대한 책임을 질 수 있도록 단단한 디딤돌을 놓아 주어야 한다.

4.   검정도 다채로울 수 있다, 다양성 존중

최근에 '세계문화다양성의 날' 행사가 있어서 지역의 한 축제에 다녀오게 되었다. 아프리카의 어린 소녀들이 보름달이 뜨면 즐겨 추는 춤 '만자니'나 몽고의 씨름 등 그동안 접하지 못했던 각 나라의 다양한 문화를 엿볼 수 있었다. 이날의 목적은 나라마다 각기 고유하고 독특하고 다양한 문화적 색깔을 가지고 있음을 알리는 것이었다. 말하자면 문화적 차이가 존중되고 유지될 수 있도록 '문화적 권리 선언'을 하는 날이었다. 나는 '문화적 권리'라는 생소한 말을 곱씹어 보면서 '여성들에게도 자신만의 색깔이 존중되고 유지될 권리가 있었나?' 생각해 보았다.

철학자 진은영은 『니체, 영원회귀와 차이의 철학』에서 자신의 욕망을 부정당하고 상대의 기준에 맞추는 모습에 대해 "사회가 요구하는 사회적 공통의 가치를 가지지 못했다는 이유로 여성, 흑인, 아동, 이주 노동자, 성적 소수자와 같은 현실적 존재들은 그들의 고유한 신체와 그들이 지닌 욕망 자체를 부정해 왔다"고 했다. 그동안 역사적으로 학교나 사회, 대중매체에서 성 윤리는 권력의 주체에 따라 좌우되어 왔다. 우리는 이러한 세상에 살면서 다양성을 받아들이기보다 정상과 비정상으로 이분법적으로 분류하는 데 더 익숙해졌다. 흔히 과학 교과서에서 보았던 멘델 Gregor Mendel의 유전법칙처럼 강낭콩을 우성과 열성으로 나누듯이 사람을 백인과 흑인, 남성과 여성, 이성애자와 동성애자로 자연스럽게 분류했다.

어느 한 단체가 다양성에 대한 인식을 조사한 결과 75퍼센트의 사람들이 다양성을 존중해야 한다고 답변하였다. 그러나 여전히 자신과 다른 특성이나 생각을 가진 사람들에게 가해지는 배타적인 시선이 만연하다. 많은 사람들이 다양성을 존중하려는 태도를 보이지만 막상 동성애자나 장애인, 여성 등의 약자나 나와 다른 구체적인 대상에게는 배타적인 태도를 보인다. 따라서 많은 경우 사회적인 통념이나 가치관에 부합되는 규범에 순응하는 것은 '정상', 그렇지 못한 것은 '비정상'으로 구별된다. 그리고 비정상이라 생각하는 것에 대해서는 차별과 억압, 혐오가 가해진다.

사회의 차별이나 억압을 피하기 위하여 여성이나 약자는 권력자가 바라는 관점에 따라 정상이라고 생각되는 태도를 형성해 왔다. 여성은 권력자, 즉 남성이 정상이라고 여겨 온 역할, 말하자면 성 고정관념을 조장하는 메시지를 전달받음에 따라 자기다움보다 여성다움을 추구하며 사회에 필요한 사람이 되고자 노력했다. 이러한 획일적이고 보편적인 여성성은 마치 모든 여성이 태어날 때부터 가지는 본질로 여겨졌다.

무엇이 '여성성'인가? 그것은 남성이 여성에게 요구하는 모습, 남성이 원하는 판타지다. 우리가 흔히 생각하는 여성성은 생물학적으로 결정된 본질이 아니다. 조선시대의 주인과 하인의 관계를 떠올려 보자. 그들은 어떠한 성향과 태도를 지니고 있을까? 주인 하면 당당하고 독립적이며 통제하는 모습을 떠올릴 것이다. 하인은 어떤가? 주인의 안색을 살피고 정성껏 돌보는 모습이 연상된다. 이렇듯 고정적인 관념이 지배하듯이 여성도 하인처럼 주인을 섬기듯 친절하게 남성을 돌보고, 정면충돌하기보다 자신을 희생해 가며 상대에게 맞추고 타협안을 찾으려는 평화적 자세를 배워 왔다. 속삭이는 목소리, 작은 웃음, 작은 걸음, 부끄러워하는 모습, 순종적인 모습 등이 여성다움이 되었다. 그리고 이러한 여성다움은 끊임없이 상대가 원하는 모습으로 재구성되었다.

여성이 자기다움이라고 생각했던 것들도 결국 여성다움과 맞닿아 있을 수 있다. 나는 한국 사회에서 여성이다. '엄마', '딸', '아내', '사십 대', '한국인', '황인종', '교사' 등과 같은 다양한 모습으로 살아간다. 자신을 구성하는 요소는 성별, 인종, 종교, 민족, 계층, 직업, 성적 지향, 결혼 여부, 연령 등에 따라 다양하다. 어느 위치에 있느냐에 따라서 나의 정의가 달라진다. 말하자면 자기다움은 혼자 이루는 것이 아니라 다른 사람과의 관계 속에서 이루어진다. 따라서 자기다움의 형성에 개인이 속해 있는 집단의 성 규범은 큰 영향을 끼친다.

사회가 요구하는 성 역할, 즉 소녀다움, 여성다움, 엄마다움에 맞추어 행동하고 그렇게 살아가다 보면 자신만의 독특한 색채나 욕구는 억압된다. 이러한 자기다움의 부정은 일상 속에서 흔하게 이루어진다. 흔히 얌전하고 조신하기를 기대받는 여자아이가 명랑하거나 활달하면 주변 사람들은 부정적인 반응을 보인다. 또한 거칠고 터프하기를 기대받는 남자아이가 조용하고 적극적이지 않을 때 사람들은 이를 비정상으로 분류한다. 이렇듯 여성답지 못한, 남성답지 못한 행동에는 '비정상'이라는 딱지가 붙는다.

사회가, 부모가, 교사가 기대하는 정상의 범주에 들기 위해서는 여성다움 아니면 남성다움 이외의 것은 희생되어야 한다. 여성인 나는 남성적인 면을 희생시키고 그러한 성격을 부정해야 했다. 성별 고정관념에 맞지 않는, 표준에서 벗어나는 여성의 역할은 비정상이기 때문이다. 나는 또한 남성 시각에서 정상이라고 생각되지 않는 것들을 가지고 있는 나 자신을 부정했다. 뚱뚱하고, 못생기고, 꾸미지 않고, 자기주장이 강하다고 스스로를 탓했다. 하물며 정상이라는 규범에 들기 위해 몸까지 바꿔 가면서 적응하려고 했다.

나는 한국에서 여성으로 나에게 요구하는 것들이 답답했다. 늘 맞지 않는 옷을 입은 것 같았다. 부모는 다른 집 딸들처럼 내가 자기주장을 내세우지 말고 순응하기를 바랐다. 남편은 다른 여자처럼 조신하게 집안 살림과 육아에만 전념하라고 하였고, 다른 사람들은 자식은 적어도 두 명은 낳아야 한다고 했다. 가족보다 나라는 존재를 먼저 내세울 때 나는 이기적인 여성이 되어 있었다.

나는 가족보다는 자신을 먼저 인식하고 스스로 성장하고자 하는 내가 비정상인가라는 의문에서 자유롭지 못했고 늘 두려웠다. 하지만 성 인권이 보장되는 나라들을 여행할 때면 자유로웠다. 그곳에서는 어디를 가도 있는 그대로의 나로서 환대받았다. 여성다운 사람으로 살기보다 오로지 나 자신으로 살 수 있어서 좋았다. 화장을 하지 않아도, 머리를 노랗게 염색하고 다녀도, 유행에 뒤처지지 않을까 옷에 대해 신경 쓰지 않아도 되었다. 갑갑했던 브래지어를 벗어 던지며 조여드는 삶에서 벗어나 해방감을 느낄 수 있었다. 과거 주변 사람들이 "한국은 답답해서 살 수가 없다"고 외국으로 이민을 가곤 할 때는 그들의 말을 이해하지 못했다. 하지만 점점 성장하면서 사회가 요구하는 여성의 성 규범에 대해 인식할수록 그들의 말을 이해하게 되었다. 여성다움의 틀에 나의 삶을 맞추려다 보니 현실이 답답했던 것이다. 중성적인 성격을 인정하거나 칭찬하지 않는 사회적 분위기 속에서 나는 낙오자가 되지 않기 위해 애쓰고 있었다.

사람들은 개인의 독특함을 실현하려는 '자기 지향성'을 추구하지만 자신이 속해 있는 집단에 속해 있는 사람들과 같아짐으로써 안정감을 느끼려는 '타인 지향적'인 성향을 갖는다. 즉 이 말을 성의 관점에서 살펴보면 우리 사회에서 주류가 되어 온 집단으로부터 벗어날 때 사람들은 두려움과 불안감을 느끼게 되고 그에 순응하려고 노력하게 된다는 것이다. 그동안 힘의 지배 아래 약자가 숨죽이며 살아남듯이 여성 또한 살아남기 위한 방편으로 지금의 여성성을 만들어 냈다. 처음에는 부정하고 거부했을지 모르지만 나중에는 똑같은 모양의 주물 틀을 스스로 만들어 내어 그 안에 걸어 들어갔다. 사회가 요구하고 인정하는 정상 범위에 들기위해 과거에는 전족을 차고 코르셋을 입었다면 현대에는 다이어트, 순결주의, 착한 여자라는 관념, 성형수술, 거식증, 히스테리, 신경증 등에 사로잡힌다. 사람들은 자신의 욕구대로 살지 못하다보니 매 순간 자기다움을 잃고 힘들어한다. 자신 안의 다양한 면을 부정하는 정도가 클수록 자기다움을 자연스럽고 긍정적으로 표현할 수 없게 된다. 이는 곧 정체성의 혼돈과 불안을 불러오고, 파괴적인 표현 방식을 선택하게 만든다. 자신이 불행하고 삶의 희생자가 되었다는 느낌을 갖게 만드는 것이다.

삶의 희생자라는 인식에서 벗어나려면 자신의 정체성을 찾고 다양함을 인정할 수 있어야 한다. 나는 성교육 시간에 '자신의 소중함'이라는 제목 아래 자신의 정체성을 이야기해 보는 수업을 하곤 한다. 아이들에게 자신의 모습, 성격, 취미, 선호, 관심사 등 다섯 가지 정보를 메모지에 적도록 한다. 그리고 자신에 대한 정보가 적힌 메모지를 몸에 붙이고 비슷한 정보를 가진 친구들을 찾아다니면서 인사를 하도록 한다. 활동 수업을 하고 난 후 한 아이는 수업 소감을 발표하면서 "저랑 한두 개는 똑같은 친구가 있었는데 저랑 모두 같은 친구는 한 명도 없다는 것이 너무 신기해요"라고 이야기했다. 누구나 자신만의 독특함을 가진다는 것을 깨달았다고 한다. 아이들은 이러한 자각을 통해 자신을 남녀를 넘어 다양한 사람 중 한 사람으로 인식하고 자기다운 모습을 찾아 간다. 취미, 선호, 관심사 등도 남성과 여성에 따라 나뉘는 것이 아니라 사람마다 다양하다는 것을 알게 된다. 그 과정에서 아이들은 '여자답게', '남자답게'라는 고정관념에서 벗어나 나다워지고자 한다.

또 성교육 시간에 메모지에 자신의 고민을 적고 칠판에 붙이는 시간을 가져 보기도 한다. 아이들은 다른 친구들의 고민을 보고 자신이 답할 수 있는 고민에는 답을 적어 준다. 사춘기 아이들은 자신과 타인을 비교하며 자신이 비정상은 아닌지 혼란스러워하는 경우가 많다. 그런 아이들이 이러한 활동을 통해 자신뿐만 아니라 친구들도 다양한 고민을 하고 있다는 것을 알게 된다. 자신의 몸에 나타나는 생리 현상이나 감정 등이 비정상이라고 생각했던 아이들은 이것이 자신만의 질병이나 고민이 아니라는 것을 알게 되면서 자신이 자연스러운 성장 과정 중에 있음을 확인한다. 이렇게 아이들은 서로를 이해할 수 있다. 우리는 사람이라는 공통점을 갖는다. 그리고 각자의 독특함 또한 가지고 있다. 자기의 정체성이 형성될 때 자기다움을 소중히 하는 것은 그래서 중요하다. 세상에 똑같은 지문이 없듯이 사람들은 각기 자신만의 정체성을 가지고 있다. 그리고 다양성을 이해한다는 것은 차이를 이유로 한 불공정과 불평등에 저항할 수 있다는 뜻이기도 하다.

앞에서 말한 축제에서 나는 아프리카나 동남아시아 문화의 각기 다른 우수성을 보면서 그동안 서구 중심의 주류 문화에 익숙했던 나의 고정관념이 깨지는 것을 경험했다. 축제에서 들었던 나이지리아의 전통 노래에는 다음과 같은 가사가 있다. "검정은 많은 색깔을 갖는다. 우리가 찾는 빛깔은 검정. 검정은 아주 다채롭다." 이렇듯 세상에는 수많은 색이 있다. 그리고 분홍색은 여성에게만 어울리고 파란색은 남성에게만 어울리는 것이 아니다. 성별은 사람이 좋아하는 색을 나누는 기준이 되지 않는다. 남자답게와 여자답게라는 성 고정관념에서 벗어나 서로의 다름을 인정하고 다양한 색깔을 볼 수 있는 눈을 갖는 것이 우리가 갖춰야 할 인간에 대한 예의일 것이다.

5.   편견에서 공감으로

우리는 〈인간극장〉 같은 다큐멘터리나 드라마에 나오는 슬프거나 힘든 주인공들을 보면 나도 모르게 눈물을 흘리거나 안타까워한다. 그 주인공의 마음에 전염되듯이 그 사람의 처지에 공감하기 때문이다. 공감은 다른 사람의 상황이나 기분을 함께 느낄 수 있는 것이다. 어떤 사람은 공감을 상대의 한쪽 신발을 신는 것과 같다고 하였다. 그 사람의 반쪽이 되어 상대가 떠올리거나 느끼는 생각, 감정, 몸의 반응 등을 아는 것이다. 다니엘 골먼Daniel Goleman은 『감성의 리더십』에서 "당신이 공감할 수 없고, 효과적인 인간관계를 가질 수 없다면, 당신이 얼마나 똑똑하더라도, 당신은 오래가지 못할 것이다"라고 하며, 인간관계에서 공감의 중요성에 대해 이야기하였다. 공감은 인간관계의 시작이자 끝일 정도로 우리의 삶을 좌우한다.

그러나 우리 사회에서 남녀 간의 공감은 좀처럼 쉽게 이루어지지 않는다. 그리고 이런 경향은 큰 사회문제로 떠오르고 있다. 학교에서 있었던 일이다. 학년 연구실에서 여러 명의 교사가 함께 교재 연구를 하던 중 피곤해하는 여자 교사에게 "남편이 밤에 어지간히 괴롭혔나 봐"라며 남자 교사가 말을 꺼냈다. 그 말을 들은 여교사는 그 자리에서 얼굴이 굳어져 아무 말도 하지 못했고 나머지 교사들은 함께 동조하며 농담을 주고받았다. 수치심을 느낀 여교사는 그다음 날 이 일을 성희롱으로 신고하였다. 이를 들은 남자 교사는 자신은 성희롱의 의도로 이야기한 것이 아니며 얼굴이 안돼 보여서 걱정해 준 것이라고 말하였다. 오히려 "농담 한 마디 한 걸 가지고 그 여교사가 좀 별난 거 아니냐?"라고 반응하였다.

남교사는 자신이 생각하는 성희롱에 대한 관념의 틀에서만 보다 보니 그녀가 느꼈을 감정에 공감하지 못했다. 하지만 그녀는 자신과 남편의 성적인 관계가 남들 입에 오르내리며 웃음거리가 되었다고 생각하였다. 이로 인해 성적 수치심과 굴욕감을 느꼈던 것이다. 그녀는 그 일에서 벗어나려고 해도 자꾸 분노와 짜증이 치밀고 수치심이 생겨 일상생활을 할 수 없다고 하였다. 가만히 있다가도, 수업을 하다가도, 잠을 자다가도 자신이 그 자리에서 아무런 대구도 하지 못하고 바보같이 앉아 있던 모습이 자꾸 떠올라서 아무것도 할 수 없게 되고, 사람들을 피해서 도망가고 싶은 마음이 든다고 하였다. 그녀는 결국 병가를 제출했다. 성적 피해는 단순히 마음에만 끼치는 것이 아니라 몸에도 기억된다.

이러한 비공감은 일상에서 수시로 일어난다. 어떤 남자 직원은 여성들이 성희롱이나 직장 내 업무 분류에 대해 이야기할 때 불만을 터트리는 이유를 이해하지 못했다. 사무실에서 커피를 타고, 회식 자리에서 술을 따르고, 복사일 같은 잡무를 하는 것에 대해 "그냥 하면 되지, 그게 뭐 어려운 일이라고 안 해?" 하면서, 여성들이 왜 그렇게 속상해하는지 이유를 알지 못했다. 장난으로 한 농담인데 성희롱이라고 한다며 불쾌감을 드러내기도 하였다. 출산 휴가를 가는 여성에게 남아 있는 사람이 일을 더 많이 해야 한다며 이기적이라고 비난하기도 하고, 출산 후 휴직이 길어지면 "혼자만 애 낳느냐"고 불만을 토로하기도 한다. 아이들 사이에서도 공감력이 부족한 경우가 너무나 많이 늘어나고 있다. 하루가 멀다 하고 기사화되는 성폭력 사건을 보면 가해 학생은 성 피해를 입은 친구가 자신으로 인해 어느 정도로 힘들었는지, 자신의 행동이 얼마나 큰 상처가 되었는지를 전혀 이해하지 못하고, 피해자가 오히려 즐겼다고 생각하기까지 한다. 상대방의 입장보다는 자신의 입장에서만 생각하고, 사건이 커지고 나서야 비로소 "몰랐어요. 그 정도로 힘든지……"라고 대답한다.

이렇듯 남녀 간에 공감이 잘 이루어지지 않는다면 그 이유는 무엇일까? 공감은 생각과 감정의 공유일 뿐 아니라 상대가 어떠한 눈으로 세상을 바라보고 판단하는지에 대한 존중이기도 하다. 따라서 상대방에 대한 고정관념이나 편견이 존재한다면 공감이 이루어지지 못할 수밖에 없다.

남녀는 서로 다른 행성에 산다는 말처럼 남성과 여성은 서로 분리된 세상에 서서 서로를 이해하지 못하고 있다. 우리는 흔히 "여자들은 이해 못 하는 남자의 행동", "여자 친구와는 이야기가 통하지 않아", "남편은 내가 무슨 이야기만 하면 말을 가로막아", "남자 친구랑 이야기하면 마치 벽을 보고 말하는 것 같아"라는 말들을 하곤 한다. 마치 같은 공간에 살지만 전혀 서로 다른 배경 속에서 동떨어진 경험을 하며 살아가는 것 같다. '남자는, 여자는 원래 그래' 하는 성 고정관념에 갇혀 서로에 대한 공감의 길을 잃어가고 있는 것이다.

외국의 한 여성 작가는 남성처럼 모습을 바꿔 남성의 삶을 살아 보기도 했다고 한다. 하루만이라도 남성과 여성이 서로 바꿔 살 수 있다면 이해의 폭이 넓어질 수 있을까? 안타깝게도 그럴 수 없을 것이다. 우리는 여성과 남성을 만드는 사회의 테두리 안에서 살아가기 때문이다. 즉 사회가 여성과 남성에게 요구하는 성 역할이나 성에 대한 기대치 자체가 다르므로 이 같은 사회적 관습이 계속 남아 있다면 둘 간의 거리가 계속 멀어지는 것은 자명한 일이다.

공감은 "네 사고의 틀에서 봤을 때 그럴 수도 있겠다"라고 느끼는 것이다. 우리나라처럼 남녀 구별과 성 고정관념이 강한 성 문화에서 전혀 다른 가치관을 가지고 있는 남녀가 서로에게 공감하는 것은 쉽지 않다. 성 인지 감수성이 없다면 더욱더 힘들다.

최근 학교 현장에서 성 인식 교육에 대한 열의를 가지고 있는 교사들이 성 인지적 관점의 교육을 하면서 우려했던 문제가 수면으로 드러난 경우가 있었다. 광주에서 남성 도덕 교사가 성 비위로 해임되는 사건이었다. 해당 교사는 성 윤리 수업에서 11분짜리 영화 〈억압받는 다수〉를 상영했는데, 중학교 1~2학년 학생들이 이 영화가 수치심을 불러일으켰다며 거부감을 보였다. 이 영화는 남성과 여성의 고정된 성 역할을 뒤집은 '미러링' 기법으로 여성 중심 사회에서 남성이 겪는 성 불평등을 다루고 있다. 학생들의 입장에서는 낯설 수 있다. 성 인지 관점의 수업에 대한 반응은 학생들의 성적 가치관이나 예민도에 따라 다양할 수밖에 없다. 때론 그동안 당연하게 여겨 온 관념이 깨지면서 불편함을 느낄 수도 있다. 이번 사건은 재심 끝에 최종적으로 성 비위가 아니라는 결론이 내려졌지만, 무엇보다 필요한 것은 한쪽에 치우치지 않고 서로의 입장을 충분히 듣고 공감하는 자세다. 이런 자세가 갖춰질 때 스쿨 미투로 촉발된 학교 내 성평등 교육이 후퇴하지 않고 한발 더 앞으로 나아갈 수 있을 것이다.

　　나와 다른 성, 다른 성 정체성을 가진 상대가 낯설 수도 있겠지만 그렇다고 거부감에 마음을 차단한다면 이해의 길을 포기하는 것이다. 공감이라는 것은 그 사람의 입장을 이해하는 것이지 나의 신념을 바꾸는 것이 아니다. 나와 상대방이 다른 사고방식을 가질 수 있다는 것을 인정하고 나의 사고방식을 이해받듯이 상대방의 사고방식도 이해하는 자세가 필요하다.

무엇보다 성교육을 하는 교사는 자신의 언행이 학생들에게 불쾌감을 불러일으킬까 조심스러울 수밖에 없다. 아무래도 성교육은 다들 피하고 싶어 하는 수업이 되었다. 기술 교사에서 가정 교사로 전과하여 성교육 수업을 하게 된 한 교사는 교사의 성적 가치관이 드러날 수밖에 없는 수업이라 많이 힘들다고 하였다. 교사가 성 고정관념을 가지면 자신도 모르게 성차별적인 언어나 행동을 내보일 수도 있다. 그러나 그것을 인정하는 것부터가 시작이다. 나는 수업하기 전에 학생들에게 이 점에 대해 미리 안내를 한다. 그리고 교사는 학생들도 성 인지 관점의 수업 중에 다양한 반응을 보일 수 있다는 것을 존중해야 한다. 나는 학생들이 수업 중에 자신이 보았거나 듣거나 느꼈던 불편한 사례나 장면이 있으면 언제든지 이야기를 해 달라고 한다. 교육의 의도나 수업 방식이 성평등 교육을 위한 공인된 자료에 바탕을 둔다고 하더라도, 적어도 피해자의 입장에서 공감하고 성 인지적 관점으로 바라볼 필요가 있는 것이다.

영화 〈E.T.〉의 포스터 장면을 떠올려 보자. 한 아이와 이티가 서로 검지를 맞대고 그들만의 교감을 표현한다. 만약 내가 낯선 외계인과 마주한다면 아이들처럼 아무런 선입견 없이 따뜻하게 교감하고 공감할 수 있을까? 아마 영화 속의 어른들처럼 두려운 존재라며 애써 내쫓으려 하지 않을까? 우리는 타인의 삶을 한 번도 살아 보지 못하기에 공감 능력이 무엇보다 필요하다. 공감할 때라야 우리는 서로 연결될 수 있다. 따라서 서로 공감하기 위해서는 직접 타인의 삶을 경험하지 못하더라도 상상력을 발휘하여 대리 경험해 보려는 노력을 기울여야 한다.

최근 남성들이 『82년생 김지영』을 읽으면서 여성의 삶에 공감하기 시작했다는 반응을 많이 보았다. "한가하게 커피나 마시고 부러운 게 뭐가 있어?"라고 혐오 발언을 했던 남성들이 여성들의 삶을 들여다보고 가정 내에서의 돌봄이나 집안일의 가치를 인정하기 시작했다. 여성이 하는 일을 사소하고 가볍게 생각했던 사고가 바뀌고 있다.

인간적인 공감은 자신의 마음을 열어 남과 소통할 줄 알 때 시작된다. 누군가에게 반응한다는 것, 그것이 연결의 시작이다. 철학자 강신주는 「타인의 고통에 반응할 수 있는 감수성을 그리며」라는 칼럼에서 나와 아무런 상관없는 사람의 고통을 나의 것으로 받아들이는 것이 다름 아닌 '반응'이라고 하였다. 타자의 아픔이 상상되고 나의 아픔이 되어야 한다. "힘들겠다. 아팠겠다……"며 함께 반응해 주는 것이 우리 공동체의 생존을 돕고 서로를 연결시킬 유일한 방법이다. 그 연결은 우리의 눈앞에 있는 사람을 이해하게 하고, 서로 깊은 인간관계를 맺게 해 준다. 남성의 아픔을, 여성의 아픔을, 서로의 처지를 들여다보고 서로 치유해 주어야 한다. 이러한 연결은 남성과 여성에 대한 편견이 사라지는 곳에서부터 시작될 것이다.

6.   "안아 봐도 되겠니?", 너와 나의 경계 지키기

　예전에 미국에 있는 가족들을 만나러 간 어떤 할머니가 성추행으로 경찰에 체포된 일이 있었다. 공항에 있는 백인 소녀가 너무 귀여워서 안아 보았는데 이를 본 소녀의 가족들이 황당해하며 신고를 한 것이다. 신문에서 본 그 기사가 너무 인상적이어서 10여 년이 지난 후에도 기억에 남아 있다. 그 당시만 해도 우리 사회에서는 손녀 같고 손자 같아서, 단지 귀여워서 길에서 생판 모르는 아이들을 만지기도 했다. 별 문제의식 없이 아이들의 생식기를 보여 주는 일도 허다했다. 그러나 사회적 인식이 변함에 따라 학교나 직장 등에서 이런 일들은 성추문으로 받아들여졌다. 이런 일들이 일어날 때마다 가해자들은 "딸 같아서 그랬다", "격려 차원에서 그랬다", "예뻐하려고 한 것이다"라며 해명하였다.

상대를 생각하지 않는 무례한 행동은 일상생활 속에서도 긴장감을 유발시키는 침범의 형태로 수시로 일어난다. 지하철에서 다리를 쩍 벌리고 앉거나, 손으로 찌르는 듯한 큰 몸동작을 하거나, 서 있을 때 발을 살짝 상대 쪽으로 밀어 넣는 행위 등을 하는 사람들은 자신이 상대방의 사적 영역을 침범한다는 것을 인식하지 못하거나 은연중에 타인의 영역을 침범함으로써 자신의 힘을 과시하고 지배력을 확보하려고도 한다. 타인의 영역을 침범하면서 경계를 존중하지 않는 모습은 학교의 아이들 사이에서도 흔히 목격된다. 장난이라면서 화장실을 훔쳐보기도 하고 몸을 툭툭 치거나 성희롱이나 성추행이 될 만한 행동으로 사람 간의 경계를 무시하는 경우를 쉽게 볼 수 있다.

인간을 포함해 모든 동물에게는 지켜야 할 안전거리라는 것이 있다. 운전을 할 때도 앞차와 뒤차 사이의 안전거리를 유지하듯이 사람 간에도 눈에 보이지 않는 사회적 약속이 있는 것이다. 미국의 인류학자 에드워드 홀Edward T. Hall은 사람 간의 거리를 네 가지로 나누었다. 바로 공간적 거리와 정서적 거리를 근거로 하여 '공적인 거리', '사회적 거리', '개인적 거리', '친밀함의 거리'를 제시하였다. 이와 같은 거리는 고정되어 있는 것이 아니라 인종이나 성별, 연령 등에 따라 조금씩 차이가 난다. 여성은 위험으로부터의 보호 심리로 인하여 남성보다 친밀함의 거리가 더 짧았다.

우선 '공적인 거리'는 공식 석상에서 강연할 때의 거리 정도로, 대개 4미터 이상 된다. 연설이나 강연을 하는 사람의 입장에서는 청중 모두를 한눈에 파악할 수 있는 거리다. 반면 '사회적 거리'는 좀 더 가까운 2~4미터 정도로, 손을 뻗어도 서로 닿지 않을 정도의 거리다. 직장에서 업무를 위해 유지하는 거리 정도이며 불특정 다수와 대화하기 편한 거리라고 할 수 있다. 그렇기에 직장에서 친밀감도 없는 관계인데 신체를 가까이 붙이거나 사적인 이야기를 할 때는 불편함을 느끼는 것이다. 이 정도 거리에서는 아무리 상사나 친한 동료여도 사적인 질문이나 스킨십을 허용하지 않기 때문에, 대화 내용 및 행동에 보다 정중한 격식 및 예의가 요구된다. 조금 더 가까운 '개인적 거리'는 거리나 일상생활 속에서 무언가 물어 보려고 다가오는 낯선 사람들과 두는 거리다. 약 120센티미터 정도로 손을 뻗으면 닿을 수 있는 거리지만 그 이상 더 가까이 오면 불편함을 느끼게 된다. 어느 정도의 친밀함과 함께 격식이 전제되어야 한다. 이 거리에서 좀 더 다가서고 싶다면, 먼저 가벼운 스킨십을 하거나 조용한 목소리로 이야기를 함으로써 친밀함의 거리를 허용하는지 여부를 확인해야 한다. 마지막으로 개인적 거리보다 더 가까운 것이 '친밀함의 거리'이다. 0~50센티미터 정도의 거리를 말하는데, 귓속말, 포옹, 키스 등을 하기 위한 거리로 배우자나 아이같이 아주 가까운 사람들만이 접근 가능한 거리다. 특히 사랑하는 사람끼리 누릴 수 있는 특권의 거리이기도 하다. 이 공간들의 경계 범위는 물리적·신체적·언어적 친밀도나 관계 유형 등에 따라 결정된다. 따라서 이성 간에는 아무리 동료나 선후배 사이라고 해도 이 거리를 함부로 침범해서는 안 된다.

누구나 깜빡이등도 없이 갑자기 뛰어드는 차에 가슴이 뛰고 놀랐던 적이 있을 것이다. 허락 없는 신체 접촉 시도, 신체 접촉 강요, 일방적인 감정 이해 요구 등 동의하지 않는 침범은 상대방에게 경계의 신호를 울린다. 개인의 사적 영역인 친밀함의 거리는 자기를 방어하기 위한 최소한의 공간이다. 갑자기 이 영역을 침범하면 본능적으로 긴장하거나 공포감을 느끼며 이 같은 상황에 효과적으로 대처하고 자신의 정체성을 보호하고자 마음과 몸이 응급 상태로 전환한다. 이러한 경계 침해가 폭력이다. 성적 권리를 존중하지 않는 성 인권 침해도 폭력이다. 성폭력은 상대방의 생각과 감정을 자신의 기준으로 판단하고 해석하거나, 상대를 위협하거나 통제하는 등 상대의 신체적인 경계뿐만 아니라 정서적 경계, 언어적 경계를 침해하는 것이다. 친밀하기 때문에 상대의 신체를 함부로 만져도 된다고 생각하는 것은 상대의 경계를 무시하고 존중하지 않는 성폭력이다.

'경계 교육'은 상대의 영역을 침해하지 않도록 하는 교육이다. 안전한 관계를 맺기 위해서는 경계를 존중해야 한다고 아이들에게 인지시킬 필요가 있다. 학교 교사들도 요즘 성희롱과 관련하여 계속 발생되는 스쿨 미투에 예민하다. 학생들은 신체적 접촉을 많이 하는 체육 활동 시간에 불편함을 느꼈다며 호소하는 경우가 많다. 종종 체육 활동을 하고 나면 "선생님이 허리와 엉덩이 사이 부분에 손을 대고 팔뚝 위를 만졌어요", "앞으로 가라고 허벅지에 손을 대서 기분이 이상했어요"라고 호소하며 나를 방문하는 경우가 있다. 체육 교사에게 이를 알리고 조치를 취할 것을 권고하면 "운동을 지도해야 하는데 어떻게 몸을 만지지 않고 하느냐?"며 아이들이 잘하든 못하든 손 하나 대지 않겠다고 항의성 발언을 하기도 한다. 때론 체육 교사들도 어떻게 해야 스쿨 미투에 해당되지 않느냐며 혼란스러워한다.

교사의 행동이 학생들에게 성희롱이라고 여겨지지 않게 하려면 먼저 아이들에게 물어봐야 한다. "학생들과 신체 접촉이 발생할 수밖에 없는 수업이면 수업이 대략 어떻게 진행될 것인지에 대해서 이야기하고 신체 접촉 부분에서는 어떻게 해야 할지 학생들에게 질문하고 함께 대안을 찾고 협의를 해 나가야 한다. 자신이 의도하지 않더라도 학생들이 그런 수치심을 느꼈다면 사과와 함께 다시는 이러한 일이 없도록 하겠다고 재발 방지를 약속하고 성적 존재로서 학생들의 권리를 인정해 주어야 한다.

경계 교육의 기본이자 성폭력의 기준은 동의 여부에 있다. 귓속말을 하거나 안거나 키스하는 등 사회적 경계를 넘어서는 행위를 하고 싶을 때는 반드시 동의를 구해야 한다. 아이의 몸을 살펴보고자 할 때도 설령 부모나 의사라도 "상처를 살펴봐도 되겠니?" 하고 상대의 허락을 구해야 하는 것이다. 아무리 친밀한 사이의 연인이나 부모 사이에도 안고자 한다면 "안아도 될까?"라고 언어적으로 동의를 구하거나 팔을 벌려 행동으로 동의를 구해야 한다. 손을 잡고자 한다면 손을 내민다거나, 키스를 하고 싶다면 얼굴을 다가간다든지 하는 등의 행동의 동의를 구하는 것이다. 또 허락 없이 경계를 침해당했다면 싫다고 거절할 수 있어야 한다. 내가 싫은 것에 대해선 확실히 "아니요"라고 표현할 수 있어야 한다. 그리고 상대가 "아니요"라고 하면 멈추고 상대의 의견이나 감정을 존중해 주어야 한다. 상대의 NO를 NO로 받아들이지 않을 때 폭력이 발생하는 것이다. 자신의 의사 표현이 수용되지 않은 경계 침해의 피해자는 주로 상대적으로 힘이 없는 약자이거나 어리거나 여성인 경우가 많다. 경계 존중 교육은 반드시 필요하며, 상대방이 어떠한 지위에 있든 침묵도 "노"이며 "예스만이 예스"라는 인식 교육이 함께 이루어져야 한다.

사회적 관계는 사람들이 살아가기 위해서 맺는 무언의 약속인 셈이다. 사회적 관계를 맺는 사람들은 암묵적인 예절과 존중을 지키고, 합의와 동의를 구해야 한다. 물론 내가 아무도 없는 곳에서 혼자 살아간다면 인권 침해나 불평등, 차별 같은 경계의 침해가 없을 것이다. 함께하는 사회이기에 나뿐만 아니라 다른 사람의 인권과 경계를 지켜 주어야 한다. 따라서 성 인권에 있어서 근본적인 요소는 '경계 지키기'로서 '나와 타인'의 관계에서의 '상호작용'이다. 그렇기에 성 인권은 '서로 간의 상호작용과 성적 자기 결정의 존중'으로 표현될 수 있다.

3장

성 고정관념 점검하기

|

내 안에 있는
성 인식을 바꾸다

1. 　　성은 학습되어 왔다

요즘 성 인지 감수성이 높아진 부모들이 성 고정관념이 가득한 동화에 대해 문제점을 제기하는 일이 많아지고 있다. 출판계에서는 이러한 시대의 흐름에 맞게 다양화, 융통성, 여성의 인권을 고려하고 성 고정관념에 대항하는 대안 동화를 출판하고 있다. 『윌리엄의 인형』이라는 동화는 아버지와 할머니가 생각하는 각기 다른 성 역할에 대한 내용을 담고 있다. 어느 날 아버지는 자신의 어머니가 아들에게 인형을 가지고 놀도록 하는 모습을 보았다. 화가 난 아버지는 "윌리엄은 남자아이예요. 왜 윌리엄에게 인형이 필요해요?" 하며 할머니에게 소리쳤다. 할머니는 당황하지 않고 미소 지으며 "윌리엄은 너처럼 아버지가 될 때를 위해서, 꼭 껴안아 주고, 흔들어 재워 주고, 공원으로 데려갈 인형이 필요해"라고 대답한다.

과연 아버지는 타고나는 것일까, 만들어지는 것일까? 그리고 성은 타고나는 것일까, 만들어지는 것일까?

나는 성교육을 시작하던 초기에는 생물학적 성, 말하자면 타고난 성sex에 집중했다. 몸의 생리적 반응을 다루는 의학을 배웠던 터라 생물학적 성이 주효하게 다가왔다. 그 당시에 보았던 책들도 남성과 여성은 호르몬으로 인해 다르다고 이야기하는 진화론적인 책들이 많았다.

생물학적 성은 성염색체(X, Y)에 의해 결정된다. 성염색체에 따라 사람은 태어나면서 여성과 남성으로 구별되며, 이는 시간이 지나도 변하지 않는 성이다. 사춘기에 이르면 여성과 남성은 호르몬에 따라 2차 성징을 맞는다. 사춘기는 아이에서 어른으로 넘어가는 시기로, 생물학적 영향력이 커져서 남녀 구분이 분명해진다. 학교에서 사춘기 즈음의 남자아이들을 보면 1년 사이에 키가 훌쩍 크고 근육이 생기고 수염이 나면서 어엿한 남성의 모습을 보인다. 사춘기의 여자아이 또한 키도 크고 가슴이 나오고 허리가 들어가면서 여성의 모습을 보인다. 이 시기에는 밖으로 보이는 신체의 변화를 겪을 뿐만 아니라 여성은 월경으로, 남성은 사정으로 생식의 능력을 가지게 된다. 생명을 만들 수 있는 몸으로의 변화가 시작되는 것이다. 그렇게 아이는 신체적으로 여성이 되고 남성이 된다.

남성과 여성이 어떻게 결정되는지와 관련해 다양한 생물학적 연구가 이루어졌다. 여성과 남성을 결정짓는 성호르몬과 관련한 한 실험 이야기를 해 보자. 수컷 새끼 쥐를 거세해 남성 호르몬인 테스토스테론이 작용하지 못하게 하고 암컷 새끼 쥐에게서는 여성 호르몬 에스트로겐을 제거했더니 수컷 쥐는 암컷처럼 행동했고 암컷 쥐는 수컷처럼 행동했다. 사람의 경우도 호르몬의 영향을 받아 남성은 테스토스테론 수치가 떨어지면 눈물을 흘리거나 소극적인 성향을 보이고 남성 호르몬에 노출이 많이 된 여성은 진취적이고 적극적인 모습을 보였다. 이렇게 호르몬에 의해 남녀 간의 차이가 나타난다. 또 남성과 여성의 차이를 과학적으로 증명한 실험 결과가 있다. 아기 때 남자아이들은 모빌에 집중하는 반면, 여자아이들은 사람 얼굴에 더 큰 반응을 보였다. 남자아이는 청력이 여자아이보다 둔감하고 미술 시간에도 차가운 색조의 크레용을 여섯 개 이하로 사용하였다. 이와 달리 여자아이는 청력에 민감하고 따뜻한 색조 크레용을 열 가지 이상 사용했다. 이러한 연구 결과 학자들은 남녀의 발달 순서나 영역이 다르니 분리학습을 하자고 주장하기도 했다. 대표적으로 가정의학자 레너드 삭스Leonard Sax는 『뉴욕 타임스』에 기고한 글에서 남녀가 생물학적으로 다르니 학습법도 다르게 해야 한다고 주장하였다.

일반적으로 남녀의 역할도 태어나면서부터 결정되는 것으로 간주되어 왔다. 이러한 생각은 남성과 여성의 생물학적 차이가 남성성과 여성성을 결정하고, 이에 따라 남성과 여성의 성 역할이 다르게 주어진다고 보는 보수적인 생물학적 본질주의를 바탕으로 한다.

그러나 타고난 성이 고정된다 하더라도 사회적 성은 어떠한 환경에서 누구에 의해 양육되느냐에 따라 달라진다. 나는 딸을 낳으면서 어떻게 하면 잘 키울 수 있을까 많이 고민하였다. 엄마로서 양성평등을 공부하고 교육해 왔기에 소위 여성성과 남성성의 좋은 점들을 갖춘 양성적인 아이로 키우고 싶었다. 아이의 이름도 중성적으로 지었고, 집안의 인테리어나 옷차림, 장난감도 성별 고정관념에 얽매이지 않고 골고루 갖추었다. 그러나 로봇과 블록, 인형 중에서 아이는 로봇에는 눈길조차 주지 않고 인형에만 관심을 보이며 엄마가 된 양 돌보았다. 옷도 푸른색 계열이나 초록색 계열의 옷을 사 주어도 분홍색이나 노란색을 골라 입었다. 아이는 나의 의도와 달리 양성적이기보다 여성적인 성향으로 키워지고 있었다. 여성이 되어 가는 아이를 보면서 '결국 생물학적 본질주의자의 손을 들어 주어야 하나'라는 생각이 들었다. 성별에 따라 타고나는 성향이 있는 것처럼 느껴졌다.

그런데 아이는 초등학교에 들어가면서 여성적인 모습에서 벗어나 중성적으로 변화하기 시작했다. 아이는 유치원 때까지 아이를 돌봐 주셨던 이모와 많은 시간을 보냈지만 초등학교 때부터 내가 직접 아이를 돌보게 되자 나의 교육 방향의 영향을 받아 달라지기 시작했다. 항상 길게 늘어뜨린 머리에 분홍색 원피스 같은 단정한 옷차림을 했던 아이는 점차 회색이나 청색 바지를 입고 짧은 머리를 하였다. 아이는 자신이 주체가 되어 선택을 해 가면서 독특한 여성성과 남성성을 함께 갖춘 양성적인 성격이 되어

갔다.

아이는 왜 이렇게 변화된 걸까? 내가 간과했던 것이 있었다. 내가 직장에 나가느라 아침부터 퇴근 시간까지 아이를 돌봐 주셨던 분은 여자는 여자다워야 한다는 성별 고정관념이 강한 분이었다. 아이는 유치원 때까지 엄마인 나보다 그분과 함께 더 많은 시간을 보냈다. 아이는 친구들이나 주변 사람을 보면서 자신의 성 역할을 학습했던 것이다. 초등학교 1학년 아이들이 그림을 그릴 때면 남자아이들이 다양한 색깔을 쓰는 것을 볼 수 있다. 남자아이들은 어두운 그림을 그린다는 통념과 달리 아직 성 고정관념에 물들지 않은 이 시기의 남자아이들은 다양하고 화려한 색을 쓰는 것이다.

이렇듯 사람은 생물학적 성을 가지고 태어나지만 성장 환경에 따라 다양한 특성을 갖는다. 아이들의 사회인지 발달은 예상보다 훨씬 빨리 시작되는데 베티 레파촐리Betty M. Repacholi와 앨리슨 고프닉Alison Gopnik에 의하면 아직 말도 제대로 하지 못하는 18개월 아이들조차 다른 사람의 입장을 생각해 보고 반응에 따라 자신이 여성인지 남성인지를 인식하고 따라 한다고 한다. 아이들이 소꿉놀이를 하는 것을 보면 부모의 평상시 생활 모습을 알 수 있다. 특히 감수성이 예민한 어린 나이에는 부모나 주변 사람들의 행동이나 말, 생각 등을 그대로 따라 한다. 특히 사춘기가 되면 신체적으로도 아이에서 남성과 여성으로 성장하듯이 사회적으로도 본격적으로 남성과 여성의 성 역할을 내면화한다. 부모와의 관계나 경험은 다른 사람과 세상을 보는 관점이나 기본적인 태도, 성적 가치관 형성의 기초가 된다. 남자아이는 사내답다는 이야기를 들을 때, 여자아이는 여자답다는 이야기를 들을 때 기분이 좋아지는 반면, 남자에게 계집애 같다느니 여자에게 선머슴 같다느니 하는 말을 하게 되면 모욕감을 느낄 것이다. 주변 사람들로부터 인정받기 위해서 사회에서 인정하는 가치관과 태도를 내면화하는 것이다. 예를 들어 '남자는 능력, 여자는 외모'라는 고정관념에 사로잡힌 사회에서 자란 아이들은 이러한 가치관을 자연스럽게 습득한다. 아이들은 아주 어렸을 때부터 자신의 성을 인식하고 그에 따라 역할을 모방한다. 태어나는 순간부터 남성다움과 여성다움을 기대하는 사회에서는 남성은 남성으로 키워지고 여성은 여성으로 키워지는 것이다.

여자아이와 남자아이는 그렇게 만들어진다. 사람은 동물과 달리 성장 기간이 길다. 16~17세가 되어야 어른으로서 완전해지기 시작하기에 사회에서 요구하는 역할을 긴 시간 동안 배우게 된다. 그동안의 경험, 인간관계, 자라는 환경, 사회 분위기 등은 성장하는 아이들에게 큰 영향을 미친다.

문화는 사람들의 가치관에 따라 변한다. 과거 중세 유럽에서 긴 머리에 분홍색 옷을 입고 하이힐을 신었던 사람은 여성이 아닌 남성이었던 것처럼 역사적으로 여성과 남성에 대한 기준은 일정하지 않고 변화되어 왔다. '자리가 사람을 만든다'는 말이 있듯이 특정 역할이 주어지면 알게 모르게 우리는 그 역할에 맞는 행동을 하게 된다. 사람은 사회 속에서 성장하기에 개인에게 요구되는 어떠한 생각이나 가치 등은 사회의 영향을 받을 수밖에 없다. 사회적 성의 기준은 늘 변화해 왔고, 성역할 또한 변화할 가능성을 내포하고 있으며, 지금도 변화 중이다. 성은 하나로 정체되어 있는 것이 아니라 사회 문화적 변화에 따라 꾸준히 변한다는 것을 기억할 필요가 있다.

시몬 드 보부아르Simone de Beauvoir는 "여성은 태어나는 것이 아니라 만들어진다"고 했다. 아직도 존재하고 있는 중국의 모계사회 부족인 모이족에서는 남성과 여성에게 요구되는 모습과 역할이 지금의 우리와 반대다. 여성은 가정을 책임져야 하고, 남성은 가족이나 아이를 돌보는 역할을 한다. 이러한 진취적인 여성성과 가정적인 남성성이 요구되는 사회 속에서 여성은 보다 주도적인 모습을 보였고 남성은 보다 평화적인 모습을 보였다. 또 성차별과 성폭력 없이 남성과 여성이 조화롭게 공존하는 모습을 보였다.

교육학자들은 미국의 남녀 분리 수업에 대해 반대해 왔고 지금은 남녀 공동 수업을 하고 있다. 미국의 민간 정책연구소 센추리재단의 리처드 칼렌버그Richard Kahlenberg는 서로의 차이점을 아는 것도 공부라며 "남녀 학생을 분리할 경우 분명 잃는 게 있다. 종교, 인종 등 어떤 이유로든 학생을 분리해 가르쳐서 성적이 조금 좋아지게 할 순 있겠지만, 민주주의에서는 이러한 차이들에 관대한 시민을 기르는 것 또한 중요하다"고 비판했다. 이런 점에 주목하여, 이미 선진국에서는 성에 대해 이야기할 때 생물학적, 의학적 용도 이외의 경우에는 생물학적 성인 '섹스Sex'라는 말 대신에 '젠더Gender'라는 말을 쓰는 것으로 일반화되어 있다. 젠더라는 말은 우리가 사용하는 남녀의 구분 기준이 사회 문화적인 것임을 의미한다.

아직도 성은 타고나는 것인지 성장 과정을 통해 만들어지는 것인지에 대한 의견이 분분하다. 닭이 먼저인지 달걀이 먼저인지를 따지기 쉽지 않듯이 남녀 간의 차이는 영원한 난제다. 지능의 발달에 대해서도 유전자가 우선이냐 교육적 환경이 우선이냐를 따질 수 없듯이 성에서도 무엇이 먼저인지를 논하기는 쉽지 않다. 그러나 분명한 것은 생물학적 차이는 있지만 많은 시간 동안 남녀의 행동 차이가 사회화에 의해 만들어진다는 것이다.

성평등을 인식한 엄마들은 이러한 성 문화를 개선하기 위해 여자아이들에게 진취적인 여성상을 보여 주고 싶어 하지만 만화나 드라마 등에 나오는 여성 캐릭터를 보면서 불편함을 호소하는 경우가 많다. 아이들이 좋아하는 만화 속의 주인공들은 거의 모두가 남자 캐릭터이고 여자는 주로 다른 사람을 돌보거나 보호받아야 하는 존재나 조연의 역할에 머물뿐더러 여차하면 문제를 유발하고 삐지는 방식의 부정적인 모습으로 표현된다. 그래서 육아 커뮤니티 사이트에서는 아이들에게 성평등 관점에서 만든 영상 매체를 보여 주고자 하는 엄마들이 그동안의 동화나 애니메이션을 다시 각색해서 만든 책이나 영상을 공유하는 일이 잦다.

최근에는 사회적 인식이 바뀌면서 여성 슈퍼 히어로를 주인공으로 하거나 성 고정관념에서 벗어난 여성의 활약을 담은 영화나 드라마도 증가하는 추세다. 현실에서도 마찬가지다. 2014년 일곱 살의 소녀 샬롯 벤자민Charlotte Benjamin은 성 역할에서 벗어나 자기다움을 찾는 소녀로 세상에 알려졌다. 벤자민은 레고사 앞으로 편지를 보내며 "여자 레고 인형은 직업이 없거나 집에만 머물러 있다"고 적었다. 편지를 받은 레고사는 아이의 의견을 반영하여 '여성 과학자 시리즈'를 제작하여 큰 인기를 끌었다. 최근에 실사화된 영화 〈알라딘〉에서는 공주와 알라딘이 결혼하며 끝나는 기존 애니메이션과 달리 성 고정관념을 깨고 술탄의 아들이 아닌 딸이 술탄의 후계자가 되면서 막을 내린다. 성평등 의식이 확산됨에 따라 다양한 매체에서 여성 캐릭터들이 기존에 남자 주인공이 보호해 줘야 하는 사랑하는 연인에서 벗어나 자신의 인생을 스스로 결정하고 선택해 가는 주도적인 캐릭터로 등장하고 있다.

의학적이거나 심리학적인 단편만으로 인간을 이해할 수는 없다. 우리는 그 사람이 살아가고 있는 환경도 크게 고려해야 한다. 그동안 성 역할은 거대한 세상의 흐름에 맞추어 변화되어 왔다. 앞으로 문화적인 성, 젠더에 대한 인식과 함께 성 역할이 계속 변할 것이라면, 그 성 역할의 기준은 보다 더 많은 사람의 존엄성이 지켜지는 방향으로, 즉 성 인권이 보다 보장되는 방향으로 바뀌어야 할 것이다.

2.　　　여성에겐 언어가 없다

나는 여행할 때 그 지역의 대표적인 미술관이나 박물관을 둘러보는 것을 좋아한다. 그곳에서는 그 사람들의 사회, 역사, 문화를 한눈에 보고 이해할 수 있기 때문이다. 그런데 이곳저곳 방문하는 장소가 늘수록 전시물들을 볼 때 불편한 마음이 커졌다. 그곳들에는 남성의 역사만 있고 여성의 역사는 흔적을 찾을 수 없었다. 간혹 있다면 잔다르크처럼 마녀로 몰려 화형당한 전쟁 영웅의 흔적이나 예술이라는 이름으로 그림이나 조각들에 등장하는 벌거벗은 모델들의 모습이다. 작품들을 보면서 이것들은 과연 누구에게 예술일까라는 생각을 하지 않을 수 없었다. 문화 속에 배어 있는 성차별과 인종차별에 반대하는 퍼포먼스를 선보여 온 게릴라걸스Guerrilla Girls는 『게릴라걸스의 서양 미술사』에서 현대 미술관 안의 누드 작품의 85퍼센트는 여성의 벗겨진 몸을 그린 것이라고 하였다. 그 당시 사회의 주류였던 왕족과 귀족 남성들의 취향과 시선에 맞춰 여성들은 성적 소비의 대상이 되었다. 여성 작가들의 작품은 어디에 있을까 찾아보았지만 유명하다는 미술관에서조차 여성 작가의 작품 비율은 고작 5퍼센트로, 후미진 곳에 가끔 한두 개씩 전시되어 있었다. 그런 드문 그림 중에는 여성 최초의 로마 아카데미 회원이었던 아르테미시아 젠틸레스키Artemisia Gentileschi의 「수산나와 두 장로」가 있다. 이 그림은 수산나가 스승으로부터 성폭력을 당하는 상황을 표현한 것이다. 그 그림 속 두 남자는 여자를 희롱하고 있고 여자는 알 듯 모를 듯 가볍게 거절하고 있다. 최근 X선 검사를 통해 초본인 밑그림을 살펴보니 수산나는 두 장로의 성희롱에 잔뜩 일그러진 수치심 가득한 얼굴을 하고 있고 과격하게 손길을 뿌리치며 분노하는 몸짓을 보이고 있다. 결국 최종적으로는 작가가 애초에 의도했던 방향과는 다른 그림이 나온 것인데, 남성 작가나 대중들의 시선을 살피며 작업을 해야 했던 여성 작가는 자신의 그림에서조차 감정을 그대로 표현할 수 없었던 것이다.

왜 우리가 기억하는 위대한 여성 미술가는 드물까? 여성은 미술에 재능이 없었던 것일까? 정치 철학자 질 들뢰즈Gilles Deleuze와 정신의학자 펠릭스 가타리Félix Guattari는 『천 개의 고원』에서 "다수는 상대적으로 큰 양을 의미하는 것이 아니라 (…) 표준의 결정을 의미한다. 지배의 상태가 다수성을 의미한다"고 하였다. 비록 소수라 할지라도 그 사회와 문화에 큰 영향을 끼칠 수 있는 사람들의 기준이 다수의 기준이 되는 것이다. 세상은 힘 있는 자, 가진 자, 권위를 누리는 자, 더 나아가서 남성, 비장애인, 백인 중심으로 돌아갔다. 그렇기에 그들의 시선에서 역사가 정의되어 왔다. 과거에 여성은 가정에만 머물렀고 이름 없는 사람들이었다. 정치적이고 공적인 활동을 할 수 없기에 그림이나 글을 남편이나 애인 이름으로 또는 가상의 남자 이름으로 발표하곤 했으니 역사적으로 여성의 이름은 기록되지 않았다. 역사는 정복자들에 의해 쓰였다고 역사학자들이 말하듯이 사회적 영향력이 없는 여성들은 사적인 영역에서 소리 없이 소비되고 있었다.

미국에서는 여성이 노예보다 뒤늦게 투표권을 얻었고, 「프랑스 인권선언」에서는 권리를 누려야 할 국민이 남성에 국한되어 있었다. 그 시대의 철학자들 또한 인권은 남성에게만 주어졌다고 생각했다. 인권의 중요성을 천명하며 "아프리카의 미개인도 천부인권을 가지고 있다"고 주장한 계몽주의자 장 자크 루소Jean Jacques Rousseau도 별반 다르지 않았다. 그는 "여성은 인권이 없으며 정치나 교육에 참여시킬 필요가 없다"고 믿었다. 임마누엘 칸트 Immanuel Kant 또한 여성들이 감정적이고 지력이 없어서 정치나 중요한 일을 하지 못한다고 했다. 최고의 지성이라 일컬어지는 철학자들조차 여성의 인권은 안중에도 없었던 것이다. 기독교, 불교, 힌두교 등 종교에서도 여자가 신이 된 경우는 없었고 오히려 여성은 불경의 존재에 가까워 배척되고 천대받았다. 여성은 성적 대상화되었고 성적 타락의 원인으로 지목되었다. 죄 없는 여성들

백만 명 이상이 마녀라는 이름으로 뜨거운 불 위에서 죽임을 당한 사건은 당시 여성의 사회적 지위와 함께 여성이 국가의 영역에서 얼마나 배제되어 왔는지를 여실히 보여 준다.

누구나 보고 싶어 하는 것만 보듯이 사회를 지배하는 사람들은 자신의 공적인 영역의 지배를 정당화할 수 있는 것들만 보려 했다. '남자는 바깥일, 여자는 집안일'이라는 질서를 지키고 싶었던 역사가들은 여성들의 정치적인 활동 영역에서 그녀들의 이름을 지웠다. 약자의 일은 사소한 것으로 치부되듯이 남성적인 시선에서 여성은 늘 사적이고 사소한 존재로 여겨졌다. 최근까지도 여성 정치인들은 공적인 존재이기보다 아내·엄마로서의 역할, 외모와 옷차림 등 '사적인' 영역을 기준으로 평가받았다. 또한 우리의 기본적인 욕구를 충족시켜 주는 사적인 영역의 일들이야말로 공적인 삶을 살아갈 수 있게 해 주는, 사회의 재생산을 위해 반드시 필요한 일들임에도 여성이 담당하는 집안일은 하찮게 취급되었다. 여성들이 주로 담당하는 먹고, 자고, 싸는 것과 관련된 집안일은 노예나 짐승들이 하는 일들로 평가절하되었다. 강자들은 여성이 공적 영역에서 얼마나 남성에 비해 뒤쳐지고 열등한지, 그래서 왜 지배받기에 합당한 존재인지만을 설명하려 했다.

공적 영역에 서지 못했던 여성들은 침묵할 수밖에 없었다. 백인 중심의 사회에서 흑인의 역사가 써지지 않았듯이 남성 중심의 사회에서 여성의 역사는 중요하지 않았다. 인도 출신의 여성 문학비평가인 가야트리 스피박Gayatri Spivak은 『서발턴은 말할 수 있는가?』에서 "여성에겐 언어가 없다"고 말하고 있다. 하위주체를 의미하는 '서발턴subaltern'은 여성, 노동자, 이주민, 동성애자처럼 사회에서 배제된 사람들을 일컫는 말이다. 그녀는 이 책에서 여성이 왜 계속해서 침묵당하게 되었고 역사에 기록되지 않았는지에 대해 이야기한다. 여성들의 문제가 사람들의 귀에까지 도달하지 못하고 사회화·문제화되지 못함에 따라 여성들은 구조적인 침묵을 강요받고 있다는 것이다. 그 결과 남성이 여성에 대해 쓴 기록들 속에는 아무리 찾아봐도 진짜 여성은 없다. 그 기록들은 "여자는 예뻐야 해", "여자는 순종적이어야 해"처럼 남성들이 원하는 여성들의 모습만을 여성들에게 전하고 있다. 여자다움에 대한 이데올로기와 프레임을 통해 사람들의 가치관을 통치해 온 것이다.

최근까지 여성은 이름도 없고 자신을 변호해 줄 언어도 없는 사회적 유령으로 지냈다. 여성들은 불과 백여 년 전까지만 해도 자신의 목소리를 대변해 줄 정치인을 뽑을 수 있는 투표권도 가지지 못했다. 지금은 당연히 보장되는 투표권이지만 그 당시에는 그 투표권을 쟁취하기 위해 여성들이 수많은 관중들 앞에서 달리는 마차에 뛰어들며 자신의 목숨까지 바쳐야 했다. 이러한 노력에도 불구하고 전 세계에서 여성 투표권이 가장 먼저 확보된 시기는 1893년(뉴질랜드)이었고 우리나라는 1948년부터 여성 참정권이 보장되기 시작했다. 사우디아라비아에서는 최근 2015년에서야 유엔의 압박에 의하여 여성의 투표권을 보장했을 정도다. 특히 여성을 보호해야 한다는 관념이 큰 사회일수록 보호라는 이름하에 여성을 문화, 경제, 사회의 중심에서 배제해 왔다. 고등학교 때 세계 명작 소설들을 읽으면서 놀라웠던 점은 참정권을 갖기 전까지 여성에게는 경제권도 없었다는 것이다. 직업이나 돈을 가질 수도 없었기에 여성들이 선택할 수 있는 것은 결혼 아니면 성매매뿐이었다. 결혼은 생존을 위한 선택이었고 따라서 오로지 잘사는 남자를 만나는 것이 유일한 목표가 되는 경우가 많았다.

남성 중심의 역사에서 수많은 여성들이 남성과 동등한 권리를 얻기 위해 정치적으로 나서며 여성의 목소리는 조금씩 언어화되었다. 하지만 여성의 이름도, 참정권도 없던 시절에 비하면 나아지긴 했지만, 지금도 여전히 사회, 문화, 경제 등의 공적인 영역뿐만 아니라 가정, 시댁 등의 사적인 영역에서도 여성의 주체적 권리에 대한 인식은 부족하다.

역사학자 아르노 페터스Arno Peters는 그동안의 세계 지도는 객관적으로 그려진 것이 아니라 제작자의 의도와 관점이 투영된 정치적 도구라고 인식하고 새롭게 지도를 제작하였다. 그는 "어째서 유럽은 늘 위쪽에, 아프리카는 아래쪽에 위치해 있는가에 의문을 제기하고 백인 중심의 세계지도와 달리 부유한 나라와 가난한 나라 사이에 존재하는 깊은 거리를 이해하는 데 도움이 되는 지도를 그리고자 했다." 그동안 보이지 않고 소외되었던 사람들의 관점에서 세상을 다시 보기 시작한 것이다. 이와 마찬가지로 성 인권의 영역에서도 나의 관점뿐만 아니라 타자의 관점을 헤아리는 일이 필요하다. 남성은 여성의 관점에서 여성은 남성의 관점에서 일상에 의문을 가지고 우리가 전에 생각해 보지 못했던 것들을 곱씹어 봐야 한다. 그동안 자신의 인식에는 누구의 시각이 투영되었는지, 이로 인해 어떠한 성차별이 있었는지 깨닫고 이러한 현실을 개선할 수 있도록 노력을 더해 가야 한다.

성교육을 하다 보면 여성의 생식기인 자궁에 대해서 이야기하곤 한다. '아들 자[子]'와 '집 궁[宮]'이라는 한자로 이루어진 '자궁'이라는 단어의 의미를 풀어 보면 '아들이 사는 집'인데, 아이들은 왜 이 말에 아들을 뜻하는 단어는 있지만 딸을 뜻하는 단어는 없냐고 묻는다. 이런 이야기를 들으면 그동안 사람의 대표는 아들이었다는 것을 깨닫게 된다. 아이들에게 "그럼 자궁의 이름을 무엇으로 바꿀까?" 하고 물어보았다. 어떤 아이들은 '인궁', '아기집', '포궁' 등을 제안하기도 하였고, 어떤 아이들은 '아들 자'를 '사람 자[者]'로 바꾸자는 이야기도 하였다. 우리 일상생활 속에서 성차별은 너무나 당연시되기에 소풍 가서 공들여 보물찾기를 하는 것처럼 우리는 그동안의 관점을 뒤집어서 보고 또 볼 필요가 있다.

세상이 누구의 기준으로 흘러가고 있는지 들여다보는 성찰의 시간이 필요하다. 객관성은 누가 만들어 놓은 것인지, 가부장제에서 여성에게 주어진 역할은 누가 부여했는지 성 인권의 관점에서 살펴보아야 한다. 남성적인 시각으로만 보면 절대 변화할 수 없다. 주체적 자아로서의 여성의 시각이 우리 삶의 곳곳으로 확장되어야 하는 이유다.

3.　　학교가 미래의 걸림돌?

　한 고등학교 가정통신문을 보니 양성평등 교육을 위해 지켜야 할 내용들이 적혀 있었다. "고정관념이나 편견을 드러내기 쉬운 '여자답지 못하게', '남자답지 못하게'라는 말을 하지 말고" "딸에게는 적극적으로 운동과 놀이를 할 수 있는 기회를 제공"하라고 안내하고 있었다. '최근에는 학교에서도 양성평등을 위해서 적극적으로 노력하고 있구나'라고 생각했지만 아쉽게도 가정통신문 맨 위에 있는 이 여학교의 교훈 때문에 실망하고 말았다. 교훈은 "참되고, 착하고, 아름다운 여성"이었다. 단어 그 자체로 본다면 좋은 덕성이지만 성 인지 감수성의 관점에서 살펴보면 교훈 하나에도 무의식적 의도가 숨어 있지 않을까 하는 생각이 들었다.

　그 숨은 의도는 성차별적인 요소다. 교훈이 가리키는 참되고, 착하고, 아름다운 여성은 '여학생다운 여성'이다. 여학교의 교훈이나 교육 목표 등을 보면 많은 학교에서 순결이 가장 많이 언급된다. 사회가 여성에게 요구하는 전형적인 '여성다움', 조용하고 수동적이고 외모를 중시하는, 삶의 주체이기보다 남성의 대상이 되는 여성상을 강조하는 것이다. 과연 남학교에서도 순결을 강조하고 '참된 남성, 착한 남성, 아름다운 남성'을 교훈으로 삼을까? 아마도 남학교에서는 이러한 교훈은 절대로 사용하지 않을 것이다. 이와 달리 남학교에서는 '성실', '책임', '창조', '협동' 등 여학교보다 주체적이고 건설적인 의미를 담은 교훈을 더 많이 사용한다. 이러한 교훈들이 우리에게 너무나 익숙해서 아무도 신경을 쓰지 않지만, 가정에서뿐만 아니라 학교에서도 사회가 정해 놓은 성 역할이 무의식적으로 아이들에게 파고들고 있다. 이러한 무의식 속의 성 역할들은 여학생들이 주체적인 사람으로 서는 것을 막아서고 있다.

2018년 서울시 여성가족재단에서 "학교 생활 중 성차별적인 말을 듣거나 행동을 경험한 적이 있는가"라는 설문을 한 결과 초·중·고등학교 학생 86.7퍼센트가 성차별 언어나 행동을 경험했다고 대답했고, 여성의 경우 87.8퍼센트가, 남성의 경우 82.5퍼센트가 "있다"고 답했다. 설문 결과처럼 학교는 오히려 규범과 훈육이라는 이름으로 성 역할을 강화하는 역할을 해 왔다. 학교를 보면 우리 사회가 여성과 남성을 어떻게 대하는지를 금방 알 수 있다. 교과서에서 남성은 사회에서 전문직이나 고위직에 올라 중요하고 생산적이며 공적인 활동을 하는 반면 여성은 가사노동이나 육아 등을 담당하면서 쇼핑이나 장을 보는 소비적인 역할을 하는 것으로 묘사된다. 또 교사의 가치 및 태도, 학교 풍토 등은 규범이 되어 전통적인 성 역할을 은연중에 강요하여 왔다. 초등학교에서 중학교를 거쳐 본격적으로 어른의 삶을 준비하는 고등학교로 넘어가면 그 정도는 더 심해진다.

어떤 남자 고등학교 학급의 급훈이 "여자는 얼굴이 권력이고 남자는 성적이 권력이다"이다. 단적으로 사회가 남녀에게 기대하는 것을 드러낸다. 남학생은 강하고, 활동적이며, 주도적인 남성으로 성장해서 장차 가족을 먹여 살려야 하며, 예비 사회인으로서 노력하는 자세, 자신감, 책임감, 경쟁의식 등을 갖추어야 한다. 진로 교육에서도 상대적으로 '직업의식', '지도력', '논리적 사고'같이 사회생활에 필요한 요소들은 주로 남학생에게 더 많이 강조된다. 여성보다 남성에게 사회적 능력을 기대하는 정도가 더 큰 것이다.

여학생은 얼굴이 예쁘면 좋고 적당히 공부하면 된다고 여겨진다. 예비 사회인으로서의 능력보다는 외모와 친절하고 부드러우며 순종적인 특성이 강조된다. 소위 "공부를 못해도 결혼만 잘하면 된다"라는 관념이다. 또 깔끔하거나 교사의 지시에 잘 따르는 등 비지적인 측면에 대해 칭찬을 받는 경향이 더 높다. 아이나 약자를 돌보거나 다른 사람의 마음을 읽고 배려하고 비위를 맞추는 것과 관련된 도덕성 함양 등이 여학생에게 더 강조된다.

학교가 남학생에게 남성다움을 요구하고, 여학생에게 여성다움을 요구함으로써 학생들은 주체적이고 독립적인 인간으로 살아갈 수 있는 역량을 개발하지 못하고 있다. 이러한 경향은 아이들의 학습 태도에서도 볼 수 있다. 남학생이 적극적으로 손을 들며 자신의 의견을 주장하는 것과 달리 여성다움을 요구받는 여학생들은 자신이 알고 있는 것에 대해 적극적으로 발표하기를 꺼린다. 여학생들은 적극적이고 주도적일수록 여성다움이라는 규범에서 벗어남에 따라 질책의 대상이 되고 잘난 척하는 사람이 된다.

이와 같은 사실은 교사의 양성평등 의식에 대해 조사한 한 연구 결과에서도 나타났다. 학교가 제시하는 교육 목표인 직업의식, 민주시민 의식, 가정생활에 대한 태도, 사회생활 능력, 도덕적 품성의 함양, 지도력, 창조력, 논리력 등을 학교 수업이나 일상생활에서 누구에게 더 강조하는지를 알아보았다. 이러한 물음에 70~90퍼센트의 교사는 학생의 성별과 상관없이 같은 교육 목표를 제시하며 차등화하지 않는다고 하였다. 그러나 막상 조사 결과 많은 교사들이 남학생과 여학생에게 다른 측면을 강조하고 있었다. 이러한 차별적인 성 의식은 여교사보다 남교사에게서 두드러지게 나타났다. 앞에서 이야기한 여성가족재단의 설문조사에서도 성차별의 개선이 필요하다고 생각되는 부분으로 '교사의 말과 행동'이 34.5퍼센트로 가장 많이 언급되었다. 그다음으로는 '학교의 교칙'이나 '학생의 말과 행동', '교과 내용', '진로 지도'였다.

남성적인 것에 대한 선호는 성차별로 이어진다. 줄리아 우드 Julia Wood는『젠더에 갇힌 삶』에서 "남자 같은 여성은 사회적으로 어느 정도 수용되는 반면 그에 비해 여성다운 남성, 남성성을 획득하지 못한 남성은 수용되지 않는다"라고 말했다. 여학교에서 남자 같은 여학생은 여학생들 사이에서 인기를 얻는 반면 여자 같은 남학생은 쉽게 받아들여지지 않고 왕따나 폭력에 쉽게 노출된다. 이러한 모습들은 남성성이라 분류된 요소들이 여성성이라 분류된 요소들보다 더 가치 있다고 여겨지고 있음을 나타내 준다. 예를 들어 '이성적과 감성적', '적극적과 소극적', '독립적과 의존적', '강함과 약함'과 같은 대조적인 측면을 두고 '이성적', '적극적', '독립적', '강함' 등에는 높은 가치를 부여하고 '감성적', '소극적', '의존적', '약함' 등에는 낮은 가치를 부여한다. 전자는 공적인 영역의 인재로 키워져야 하는 사람들에게 필요한 가치들이고, 후자는 가정 내에서 일할 사람들에게 필요한 가치들로 여겨진 것이다. 이러한 남녀의 성차별을 계급적으로 인식한 사람이 카를 마르크스Karl Marx였다. 그는 남성과 여성의 지배 구조를 두고 남성은 부르주아, 여성은 프롤레타리아에 비유하였다. 남성과 여성은 평등한 선상에 있는 것이 아니라 위계적인 계급을 이룬다는 것이다. 남성 중심 문화에서는 많은 경우에 성별에 따라 더 확고한 계급적 차이가 나타난다.

　이러한 남성과 여성의 계급화는 학생들의 진로에도 영향을 미친다. 남성성에 후한 가치를 쳐주고 여성성의 가치를 절하시키는 사회적 경향은 나아가 남성을 임금노동에, 여성을 가사노동에 종사하게 한다. 이는 여성을 경제적으로 불균형한 관계에 놓이게 하고 결국에는 종속적인 위치에 놓이게 하는 데 기여한다. 단적인 예로 남성이 일하는 영역보다 주로 여성이 일하는 돌봄이나 교육, 복지 분야의 임금이 상대적으로 낮은 현상을 들 수 있다.

한 방송 프로그램에서 고등학생 1천 명을 대상으로 양성성 테스트를 실시했다. 그 결과 양성성이 높을수록 학급을 이끌어 가는 리더 역할을 두 배 이상 많이 했고, 성취 동기와 자신감, 창의력 점수가 높았다. 그리고 정직하고 약속을 잘 지키는 등 신뢰도가 높아서 교사와 또래 친구들에게 인기가 높았다. 여자아이일수록 또래보다 더 강인하고 적극적인 반면, 남자아이는 또래에 비해 감수성이 예민하고 소극적이라는 사실을 알 수 있었다. 이러한 아이들은 남녀를 떠나 부드러우면서도 동시에 강인한, 순종적이면서도 동시에 주체적인 특징을 두루 다 가지고 있었다. 다양하고 복합적인 정서를 잘 이해하고 표현할 수 있으며 자신의 성이 가진 강점뿐만 아니라 이성이 가진 장점까지도 모두 갖춘 사람이라고 할 수 있다.

2016년 스위스 다보스 세계경제포럼에서 발표된 의미 있는 보고서 『일자리의 미래』에 따르면 "올해 초등학교에 입학하는 전 세계 7세 어린이의 약 65퍼센트는 지금 존재하지 않는 일자리에서 일하게 될 것이다." 그리고 그 일자리는 성별에 의해 먼저 결정되는 것이 아니라 역량과 적성에 따라 결정될 것이다. 그 자리에는 그 일을 좋아하고 그 일에 적성과 능력을 갖춘 '누군가'만이 있을 뿐이다. 즉 미래에 요구되는 인재는 여성적인 역할과 남성적인 역할을 모두 갖춘 사람이라는 것이다. 스웨덴 아이들은 양성성을 키우기 위해 어릴 때부터 성 역할에 대한 고정관념 없이 남자도 감정을 표현할 수 있고, 여자도 터프할 수 있다는 열린 교육을 받으며 자란다. 한 예로 수업 시간에 "활동적인, 포용력 있는, 코믹한, 적극적인, 자기만족적인, 자존감 높은, 자신 있는, 확신 있는, 아름다운, 독립심 있는, 명확한, 신중한, 깨끗한……" 등 다양한 성격 카드에 대해 이야기하는 시간을 갖는다. 직업인으로 살아가기 위해 어떠한 것들이 필요한지 카드를 뽑아 보라고 하면 아이들은 소위 우리가 얘기하는 여성적인 요소와 남성적인 요소를 모두 고른다. 스웨덴은 이러한 열린 교육을 통해 성별로 차이를 규정하기보다는 개인의 역량을 최대한 발휘할 수 있도록 함으로써 학생들에게 주도적인 삶을 살도록 도움을 주고 있다.

성 역할에 맞게 자라기를 기대하는 것은 학생들이 자신의 미래를 선택하는 데 치명적인 걸림돌이 될 수 있다. 일과 결혼, 자녀 양육과 관련된 문화적 기대가 변화하면서 성 역할에도 많은 변화가 일어나고 있다. 사회가 변화함에 따라 가장 빠르게 변화하는 곳이 기업이고 가장 늦게 변화하는 곳이 학교라고 한다. 현재를 학습하고 미래를 살아갈 아이들에게 올바른 성 역할 교육은 인생에서 매우 중요한 영향을 미친다. 학생들을 가르치는 사람들은 무의식적으로 해 왔던 행동들을 생각해 보자. 어른들의 성 인지

의식이 깨어 있을 때 아이들에게도 성별 고정관념에서 벗어나 성차별 없이 관계와 소통을 이어갈 수 있는 길이 열릴 것이다.

4.　　　성 고정관념이라는 가면

처음 자동차를 배울 때는 브레이크 신경 쓰랴 백미러 보랴 허둥지둥하기 십상이다. 멈출 때나 출발할 때나 어떻게 해야 하는지 생각하느라 정신이 없다. 당연히 익숙하지 않아서 당황하여 종종 사고도 일으킨다. 하지만 익숙해지면 의식하지 않아도 우리 몸이 알아서 시동을 켜고 음악을 들으면서도 운전을 할 수 있게 된다. 고정관념도 마찬가지다. 경험과 지식을 통해 알게 된 것들은 알게 모르게 우리 뇌 속에 고착되어 자신의 생각으로 정착된다. 단지 생각하는 것에 그치는 것이 아니라 듣고 보는 몸의 반응까지 무의식 속에 뭉쳐져 있다. 특히 사회가 성별에 따라 다르게 기대하는 행동 양식, 태도, 성격 등의 성 고정관념은 관습처럼 무의식적으로 학습되고 가치관으로 확립된다.

우리는 왜 고정관념을 가지는가? 고정관념을 가지면 현실에 빠르게 적응할 수 있다. 어떤 사람에 대한 몇 가지의 정보만이 주어졌을 때 사람들은 대체로 이러한 성향의 사람들은 "어떻다"라며 미리 대략적인 그림을 그려 낼 수 있다. 우리는 자연스럽게 사회의 기준이나 가치관, 태도 등 사회 관념에 대한 신념 체계를 습득하게 되고 이를 통해 문화에 대한 확고한 시냅스가 연결되어 뇌 속에 남게 된다. 인간의 경험은 아무래도 제한될 수밖에 없기에 우리는 고정관념에 의지하여 판단하는 경우가 많다. 예를 들어 한 부모 가정에서 자란 남자와 연애를 처음 했는데 그 상대가 자기중심적이고 폭력적인 남자였다면 그 귀결은 어떻게 될까? 한 부모 가정에서 자란 아이들은 대부분 문제가 있다는 고정관념이 생길 수 있는 것이다. 지나치게 단순화되고 과장, 왜곡되었지만 고정관념은 이렇듯 자신도 모른 채 그 집단의 개인들의 차이를 전혀 고려하지 않고 부정적으로 판단하게 만든다.

그리고 고정관념은 세대를 이어 언어로 전달되어 왔다. 우리는 살아가면서 언어의 힘을 여실히 느낀다. 사람들은 언어를 통해 사회화되고 변화된다. 속담이 사람의 무의식을 구성하는 것도 마찬가지다. "여자 셋이 모이면 접시가 깨진다"라는 말은 강하고 활동적인 남성상과 연약하고 수동적인 여성상이라는 인식을 바탕으로 여자들의 대화를 가벼운 수다로 치부하는 말이다. "남자는 태어나 세 번 운다" 같은 속담은 성차별적이고 성 억압적인 메시지를 포함한다. 속담은 진실인 양 확고한 지식이 되어 성 고정관념으로 이어졌다.

성 고정관념은 책, 라디오, TV, 인터넷 등의 대중매체를 통해서도 세뇌에 가깝게 전달된다. 이러한 문제를 살펴보기 위해 1985년 미국의 여성 만화가 엘리슨 벡델Alison Bechdel은 남성 중심 영화가 얼마나 많은지 계량할 수 있는 영화 성평등 테스트를 만들었다. 이 벡델 테스트를 통과하려면 영화 속에서 "이름을 가진 여자가 두 명 이상 나올 것", "이들이 서로 대화할 것", "대화 내용에 남자와 관련된 것이 아닌 다른 내용이 있을 것" 등의 세 가지 기준을 만족해야 한다. 얼핏 보면 통과하기 쉬울 것 같지만 천만 관객을 동원한 최근의 영화들도 이 테스트에 통과되지 못했다. 젠더 개념을 반영한 최소한의 테스트조차 통과하지 못할 정도로 여성의 존재는 찾아볼 수 없었다.

광고에 등장하는 사람들을 생각해 보자. 세탁기같이 가정과 관련된 상품 광고에서는 가사를 담당하는 여성이 주로 등장하고 자동차나 컴퓨터 등 사회생활에 필요한 상품을 광고할 때는 전문직 역할의 남성이 등장한다. 드라마 속에서도 갈등을 유발하는 주체는 여성이며, 해결 주체는 남성인 경우가 허다하다. 자기 삶의 주인으로 주체적으로 살아가기보다 남성에게 사랑받는 것이 여성의 길이라는 인식을 보여 준다. 또 남성이 자기만의 길을 찾아 성취감을 가지고 열정적으로 일하는 모습으로 등장하는 것도 남성에 대한 성 고정관념을 보여 주는 것이다. 마찬가지로 동화 속에 등장하는 남녀의 모습도 보호받는 여성과 지켜 주어야 하는 남성이라는 성 고정관념을 강화하는 역할을 한다.

종종 인터넷에서 궁금한 것을 물어보면 다른 이용자들이 답변해 주는 지식인 코너를 유심히 본다. 유독 성적인 궁금증과 관련된 글들이 많은데, 성 고정관념이 밴 정확하지 않은 지식이 마치 사실인 것처럼 서술되고 있었다. 이러한 성 고정관념에 사로잡힌 사람들은 "여자들이 객관적으로 능력이 부족한 건 사실이지 않나요?", "여자들은 자기 외모 치장 외에는 관심이 없죠", "남자는 치마만 두르면 다 성관계를 하고 싶어 하지 않나요?", "남자는 다 동물이라고 했어요", "여자는 관계를 추구하고 남자는 소유를 추구한다" 같은 편협한 지식에 의거한 말들을 통해 남성이나 여성의 모습을 고정화한다.

일부분의 일을 전체로 해석함으로써 남성의 궁극적 여성 지배나 성 욕구를 정당화하고 여성의 가치를 절하하는 이분법은 이러한 편견이 정상인 듯 착각하게 만든다. 나는 이러한 글들이 다른 사이트로 퍼 날라지기 시작한다면 사실인지 아닌지 확인되지도 못한 채 당연히 사실이 되어 돌아다닐 생각을 하니 마음이 급해졌다. 성을 배우는 시작점에 있는 초등학교 3학년 아이들만 해도 대중매체의 가치에 익숙해져 성 고정관념에 사로잡힌 채 쉽사리 자신의 생각을 바꾸지 않는 경향을 보인다.

상식이라고 불리는 성 고정관념은 어디서 생겨났는가? 진짜로 주변의 남성들과 여성들을 관찰한 결과인가? 아니면 수천 년의 인류 역사 동안 쌓여 온 편견인가? 고정관념은 한마디로 생각의 틀이다. 사람이 어떤 대상이나 사건을 해석하는 방식이다. 사람들은 자신이 갖고 있는 생각이 자신의 것이라고 하지만 가만히 들여다보자. 과연 그러한 생각이 오로지 주변의 영향 없이 독창적으로 만들어진 걸까? 분명 아닐 것이다. 고정관념은 그것을 전파하고 싶었던 사람들의 의도를 담고 있다. 주로 성 고정관념은 역사적으로 남성 중심적인 관점에서 생산되어 전해져 왔다.

그동안 과학의 발달과 민주적 이성의 고찰에 따라 남성 중심의 성 고정관념들은 편견과 오해였다는 것이 드러났다. 그 깨달음은 '사회적 약자들을 향해서 우리가 잘못된 생각을 너무 많이 갖고 있는 것이 아닌가' 하는 자성의 목소리로 이어졌다. 편견에 관한 연구의 권위자인 찰스 스탱거Charles Stangor는 고정관념이 맞는지에 대해 논의하기보다 그것이 전체의 문제인지 개인의 문제인지를 봐야 한다고 하였다. "여자들은 일을 못해!"라는 이유로 승진에서 떨어진 직장 여성이 있다면 '일반적으로 여성들의 업무 성과가 남성들보다 낮은가'가 아니라, '그 떨어진 직장 여성의 업무 성과가 동료 남성 직원들보다 낮은가'를 살펴봐야 한다는 것이다. 성 고정관념으로 자신을 규정하다 보면 자신의 타고난 잠재력을 키우지 못하고 정서적으로나 사회적, 경제적으로나 자신의 행복과 삶의 질을 저해시킨다. 고정관념이 무서운 것은 고정관념을 갖게 되는 것만으로도 객관적인 성취나 능력을 저해시킬 수 있기 때문이다.

성 고정관념은 이렇듯 종종 나쁜 쪽으로 우리의 생각을 왜곡시킨다. "여성은 감성적이기에 정치에 적합하지 않다", "남성은 돌봄 능력이 약하므로 간호사는 어울리지 않는다" 같은 고정관념은 직업과 관련된 성차별로 이어진다. 이러한 고정관념이 팽배할 때 사회적인 영역에서 성차별 행동이 만연하고 성차별적 제도가 만들어지며, 이로 인하여 피해를 입는 사람들이 생겨나게 된다. 그 결과 많은 사람들은 현실 속 여성과 남성이 그럴 것이라고 믿게 되며 많은 여성과 남성들은 사람들이 요구하는 자신과 실제 자신이 다르다는 이유로 내적 갈등에 시달리기도 한다. 특히 고정관념에 반하는 사람들, 말하자면 여성성에 위배된다고 생각되는 여성 CEO, 성적으로 개방적인 여성, 남성 가정주부, 동성애자 등 기타 성 역할에 불일치하는 사람들은 가장 큰 피해를 받을 수밖에 없다.

또한 "엄마는 희생해야 한다", "남자는 가정을 책임져야 한다", "여자는 순종해야 한다", "남자는 리드해야 한다" 등 각자에게 주어진 역할에 대해 부담을 지우는 잘못된 고정관념은 인생의 압박으로 다가온다. 물론 "어머니는 희생하는 존재다", "여성은 육아를 잘한다" 등의 긍정적이고 보상적인 고정관념들도 있다. 고정관념이라고 해서 무조건 부정적인 것만 있는 것은 아니다. 그러나 긍정적인 고정관념 또한 그 사람이 그렇게 행동하게 만드는 사회적 압박으로 작용한다. 이에 따라 성 역할 고정화, 외모지상주의 강화, 성차별적 언어 표현 확산 등의 문제가 발생하는 것이다.

성교육 시간에 아이들과 성 고정관념을 하나씩 깨는 수업을 한다. 아이들에게 우선 자신이 생각하는 성 고정관념을 적어 보게 한다. 그리고 "여자는 예뻐야 한다", "남자는 힘이 세야 한다", "집안일은 여자가 해야 한다", "돈은 남자가 벌어야 한다" 같은 생각들을 놓고 과연 "이 말들이 진실일까?"라고 아이들에게 묻는다. 그리고 고정관념을 깨기 위해 우리 사회가 어떻게 변화해야 하는지 물으면 아이들은 "여자도 직장을 다닐 수 있도록 남편이 집안일을 같이해요", "남자들도 요리나 청소를 배워야 해요" 등 남녀 구분 없이 평등하게 생활할 수 있는 아이디어를 낸다.

인권의 중요성이 부각되고 민주 사회가 발전하면서 성 고정관념은 바뀌어 가고 있다. 무엇보다 이러한 성 고정관념들이 어떠한 성에게 유리하거나 불리하지 않은지, 성차별을 양산하지 않는지 섬세하게 성찰하는 사람들이 늘어나고 있다. 그리고 무조건적 평등을 주장하는 것이 아니라 여성과 남성의 차이를 고려한 평등을 이야기하는 데로까지 나아가고 있다. "여자는 ~이다. 남자는 ~이다"라는 성 고정관념의 사고의 틀을 버렸을 때 우리는 자유로워질 수 있다. '적극적이다'와 같은 특성은 이제 남성에게만 해당되지 않는다. '감성적이다'와 같은 특성도 여성에게만 해당되지 않는다. 이러한 특성들은 어떠한 성별에게만 요구되는 특성이 아니라 현실을 살아가는 우리 모두에게 요구되는 것들이다. 남성과 여성은 성 고정관념이라는 가면을 벗고, 서로 다른 성을 두고 그려 놓았던 환상과 현실이 어떻게 다른지에 대해 서로 마주보고 자신의 이야기를 할 수 있어야 한다. 우리를 둘러싼 수많은 성별 고정관념을 살펴보고, 이를 바꾸고, 남녀 간의 갈등을 줄여 나가며 보다 조화롭고 행복한 관계를 이룰 수 있어야 한다. 역사는 성장하고 발전하여 왔다. 성찰적 사고를 통해 지금껏 고정관념이 되었거나 당연하다고 생각했던 것들에 대해 비판적으로 의심하는 것이 삶의 혁신으로 이어지는 출발이 될 것이다.

5.　　　　성적 수치심으로부터 자유로워지기

　　초경을 시작했을 때나 나이가 들었을 때나 생리대를 사러 가게에 갈 때는 늘 머뭇거리게 되는 사람들이 많다. 그들은 혹시나 계산하는 점원이 남자일까 봐 밖에서 살펴보고 여자임을 확인하고 나서야 들어간다. 생리대는 그 안에 무엇이 들어 있는지 보이지 않는 검은 봉지 안에 넣어 줘야 안심이 된다. 지금도 고학년 아이들이나 교사들이 생리대를 가지러 나에게 올 때면 누가 볼세라 잡아채듯이 얼른 주머니나 품에 넣는다. 생리는 사춘기가 되면서 여자라면 누구나 경험하는 자연스러운 몸의 현상 중 하나다. 12세경에 시작하여 50세경까지 매달 한 번씩 몸에서 요구르트 한 병 정도의 피가 나오는 숭고한 현상이다. 그런데 누구나 겪는 생리 현상을 왜 부정적이고 부끄럽게 여겨야 하는 걸까?

남성에게 월경은 낯설고 거추장스럽고 불편한 것이다. 남성들은 '더럽다', '불결하다' 등의 표현을 쓰며 월경을 터부시하고 꺼려왔다. 월경혈을 '죽음에 이르는 독극물'이라고 표현하기도 했으며, 호주의 어떤 부족에서는 월경혈로 남자를 죽일 수 있다고 믿었다. 네팔에서는 생리하는 기간 동안은 부정 탄다며 여성을 집밖에서 자게 하고 성폭행이나 동사에 이르도록 내버려 두는 등 생리하는 여성은 예로부터 천대를 받아 왔다. 우리나라에서도 여성의 생리 현상은 더럽고 불결하게 여겨져 남에게 보여서는 안 되는 것으로 터부시되어 왔다. 과학을 통해 월경이 생명에 꼭 필요한 과정이라는 점이 규명된 오늘날에도 부정적인 인식은 여전하다. 여성의 성은 입에 담아서는 안 되는 불경스러운 것이다.

이렇듯 여성의 성과 관련된 경험을 수치스러운 일로 간주하는 인식은 '성'이라는 말을 수면 위로 드러내지 못하게 만들었다. 여성이라면 사춘기가 되면서부터 폐경기가 될 때까지 누구나 경험하게 되는 월경을 이름 그대로 부르지 못하고 '그날'이나 '마법'같이 대체어로 부르는가 하면 입에 담는 것조차 부정하기도 했다. 또 여성은 생리로 인한 불편함을 불평하지 못하도록 사회화되어 왔다. 우리나라에서는 생리 때문에 힘들어하는 여성을 위한 여성 보건휴가가 1950년부터 생겼지만 직장 내에서 사용되는 경우는 드물다. 생리통으로 인해 불편함에도 불구하고 주로 결재권자가 남성인 회사에서 여성들은 생리휴가를 당당하게 사용하지 못하고 있다. 생리에 대한 인식이 부재한 남성들은 생리를 단 하루 하는 줄 알기도 하는데 이런 관리자에게 생리휴가에 대한 말을 꺼내기란 수치스럽고 민망할 수밖에 없다.

가정에서도 월경은 역시나 긍정적이기보다 부정적으로 인식되었다. 아이가 초경이 왔다는 이야기를 들은 엄마들은 아이에게 괜찮다고 이야기해 주며 초경 파티를 하자고 말은 하지만 걱정스럽고 당황한 내색을 감추지 못한다. 이런 반응들을 보면 초경 자체가 불편함으로 다가온다는 것을 알 수 있다. 나는 지금처럼 초경 파티도 없이 "다른 사람들 눈에 띄지 않게 알아서 처리하라"는 당부와 함께 "이제는 아이를 낳을 몸이 되었으니 몸조심하라"는 말을 들으며 초경을 시작했다. 나의 엄마는 내가 생리통으로 힘들어할 때 "여자로 태어난 게 죄야" 하시면서 안타까워했다. 엄마는 여성으로 태어나서 달마다 힘들게 겪어야 하는 생리와 경제적 능력 없이 주체적이지 못한 상태로 남편의 비위를 맞추면서 살아야 하는 여성으로서의 자신을 거부하고 싶어 했다. 엄마에게 여성이 된다는 것은 기쁨이기보다 할 수만 있다면 거부하고 싶은 부정적인 일이었다. 이렇듯 여성으로서의 자신에 대한 혐오는 아이를 키우거나 돌보는 엄마나 교사들도 비껴갈 수 없다. 주변에서 보이는 여성에 대한 부정적인 시선은 자신에 대한 부정에까지 이른다. 여성에 대한 혐오는 자신을 비난하고 못마땅해하고 수치스러워하는 자기혐오로 이어져 대물림되어 온 것이다.

수업 중에 여자로 태어나서 좋은 점, 남자로 태어나서 좋은 점에 대해 발표하는 시간을 가졌다. 남학생들과 여학생들의 경험은 현저히 달랐다. 여학생은 사춘기가 **빠를수록** 자신에 대한 만족도가 낮았고 반대로 남학생은 사춘기가 **빠를수록** 자기만족도가 높았다. 여학생들은 생리를 하기 시작하면서 급격하게 자존감 지수가 떨어지고 자기혐오의 절정을 겪는다. 저학년 때는 자신에 대한 긍정적인 이미지를 가졌던 아이들이 사춘기가 되면서 성에 대해 부정적인 인식을 갖게 되는 것이다. 여자아이들은 가슴이 나오고 초경을 시작해 놀림의 대상이 되어도 아무 말도 하지 못하고 수치스러워한다. 생리에 대한 혐오가 밴 남학생들이 생리대를 칠판에 걸어 놓거나 생리대를 흔들며 수치심을 불러일으키는 사건을 벌이기도 한다.

여성을 비하하는 사회구조는 자신이 여성이라는 사실을 수치로 받아들이게 만든다. 일본의 사회학자 우에노 치즈코上野千鶴子는 『여성 혐오를 혐오한다』에서 남성 중심 사회에서 여성에 대한 멸시의 구조는 여성 혐오를 일으켰고 그 혐오는 여성에게는 자기혐오로 나타났다고 하였다. 또 여성의 사회적 지위가 낮은 남성 중심의 가부장적 사회일수록 여성 혐오가 심하다고 하였다. 여성의 성적인 욕구나 생리 현상은 혐오의 대상이 되며, 이런 여성 혐오는 멸시, 차별, 폭력, 심지어 살해까지로 이어진다.

어떤 여성은 미러링 방법으로 만약 남성이 생리를 했다면 어땠을지 상상해 보자고 했다. 그리고 "남성이 월경을 했다면 지금과는 반대로 월경이 신성시되었을 것이다"라고 하였다. '생리를 하는 자만이 세계를 지배할 수 있다'라거나 '생리를 하는 사람만이 신에게서 선택을 받을 것'이라고 이야기했을 것이라고 하였다. 과연 여성 혐오는 극복될 수 있을까? 여성 혐오는 여성 자신을 긍정하는 것으로부터 시작된다. 여성들은 '여성의 어떤 신체 부위도 경시의 대상이 아니다'라는 명제 아래 성적인 존재로서 자신의 성을, 자신의 역할을 긍정함으로써 성에 대한 혐오나 수치심을 없애기 위해 노력해야 한다.

성교육의 첫 시간은 성에 대한 부정적인 시각을 긍정적인 시각으로 바꾸는 것을 목표로 한다. 아이들에게 '성' 하면 무엇이 떠오르는지 물으면 긍정적인 단어보다 일명 '변태', '저질', '섹스' 등 부정적인 뉘앙스를 담은 단어들이 튀어나온다. '성'이라 생각하는 단어를 떠올리게 한 후 좋은 성과 나쁜 성을 분류하도록 해 보면 좋은 성으로는 '사랑', '우정', '데이트', '생명', '출산' 등을 들고, 나쁜 성으로는 '음란물', '성희롱', '성추행', '성 상품화', '성매매', '성폭력' 등을 든다. 이 단계가 끝나면 본격적으로 아이들에게 성에 대한 고정관념을 깨는 질문을 한다. "우리가 태어나서 죽을 때까지 좋은 성과 함께 지내야 행복해질 수 있는데 왜 우리는 성을 긍정적으로 보기보다 부정적으로 보게 될까?" 하고 질문을 던진다. 아이들은 그동안 주변에서 성을 부정적으로 인식하는 것이 당연했기에 질문에 당황한 듯 "그러게요?" 하면서 성에 대한 자신의 가치관에 대해 의심하기 시작한다.

다음에는 각 시대에 따라 성을 어떻게 바라보았는지 그리고 왜 그렇게 바라보았는지 이야기해 준다. 고대, 중세, 현대로 이어지는 성의 역사를 이야기해 주면서 성을 바라보는 기준은 사회마다 다르다는 것을 인식시킨다. 성을 바라보는 관점은 그 시대를 관통하는 지배적 관념, 즉 그 사회를 주도했던 종교나 정치 등에 의하여 달라졌다는 것이다. 성을 숭배했던 고대를 지나 중세 시대에는 남성과 여성 모두 성을 죄악시했다. 그리고 제2차 세계대전을 일으켰던 독일같이 독재 정권이 지배하는 나라일수록, 성적으로 행복할 권리와 성 인권을 보장받지 못하는 사회일수록 성에 대해 부정적이다. 그 이유는 그런 사회에서는 개인의 행복보다는 집단의 이익이 더 중요시되기 때문이다.

성은 스킨십, 연애, 섹스, 임신, 출산 등 사랑을 할 줄 아는 성숙한 어른 사이에서 사랑을 표현하는 방식을 아우르는 개념으로, 우리가 살아가면서 행복감을 느끼는 데 중요한 요소다. 아이들에게 자신이 이와 같은 사랑의 표현을 준비하는 시기에 있음을 알려 주고, 부정적 성보다 긍정적 성을 떠올리도록 이야기를 전환하자 아이들의 반응도 달라졌다. 그전에는 성에 대한 이야기만 나오면 여학생들은 수치스러워하고 남학생들은 소란스러워했다면, 성에 대한 관념이 바뀌자 여학생들은 당당하고 적극적으로, 남학생들은 진지하고 탐구적으로 수업에 참여하였다.

성에 대해 긍정적으로 바라본 다음에는 자신의 몸에 대해 긍정하는 시간을 갖는다. 종이에 자신의 몸을 그리고 그림 가운데 이름을 적게 한다. 그 이름은 엄마, 아빠가 사랑으로 자신을 낳아 지어 준 이름으로, 아이들은 자신의 몸에 이 이름을 적음으로써 자신이 세상에 하나밖에 없는 소중한 존재라는 것을 깨닫는다. 그리고 머리부터 발끝까지, 각 신체의 명칭을 적는 시간을 갖는다. 아이들은 긍정적인 성 관념을 이야기하고 나서는 자신의 생식기 이름인 고환, 음경, 포궁, 질, 음순을 적고 입 밖으로 꺼내는 것을 불편해하지 않는다. 그다음에는 그 각 기관들이 하는 일들을 알려 주고 고마움을 표현하도록 한다. 그동안 자신의 생식기가 무슨 일을 하는지도 모르고 명칭을 입에 담기도 어려워했던 아이들은 그 이름들을 언어로 표현하고 고마워함으로써 자신의 몸을 긍정적이고 사랑스럽게 바라볼 수 있게 된다. 생식기의 이름을 정확히 말하는 것은 부끄러운 일이 아니라 자신에 대한 긍정의 시작이다. 아이들은 이런 활동들을 통해 자신의 신체뿐만 아니라 타인의 신체 또한 소중하다는 사실을 알게 됨으로써 자기혐오는 물론 타인에 대한 혐오에서도 벗어날 수 있다.

우리는 자신이 통제하지 못하는 상황에서 자기혐오에 빠진다. 그렇다면 내가 선택할 수 있고 통제 가능한 삶을 산다면 나를 지킬 수 있을 것이다. 우에노 치즈코는 "있는 그대로의 자신을 받아들이라"고 하였다. 남성, 여성의 역할을 떠나 있는 그대로 자신의 성을 받아들이고 신체를 받아들이고 사람으로서 자신이 소중하다는 것을 알게 될 때 성에 대한 수치심으로 자신을 학대하거나 혐오할 이유가 사라진다. 어느새 인이 박혀 버린 여성으로서의, 남성으로서의 삶을 버리는 것이 쉽지는 않겠지만 자신을 조여 왔던 부정적인 성적 수치심을 똑바로 바라보는 성찰의 시간은 필요하다. 그런 시간을 많이 가질수록 우리는 자신의 성을 긍정적으로 받아들임으로써 점차 자유로워질 수 있을 것이다.

4장

성차별에서 성평등으로

|

인간다움을 인식하다

1.   피부로 느끼는 성차별

아이들에게 가장 싫어하는 교사를 뽑으라고 하면 어떤 교사를 뽑을까? 1위는 차별하는 교사다. 차별받아 기분 좋을 사람은 아무도 없기 때문이다. 차별을 받으면 자신이 부족하고 존중받지 못한다는 비참한 느낌을 갖는다. 하루는 초등학교 6학년 남자아이가 화가 났는지 상담을 하러 왔다. "담임 선생님이 여자애들과 차별해서 좀 화가 났어요." 이야기를 들어 보니 담임교사가 청소시간에 책상 같은 무거운 물건은 모두 남자아이들한테만 옮기라고 하고 아이가 남녀 차별이라고 항의하자 "차별이 아니라 남녀의 신체적 차이를 고려한 거야"라고 답했다고 한다. 아이는 성차별을 당한 것일까? 아니면 담임교사가 성 차이를 고려한 것일까?

성 차이를 인정하는 것과 성차별은 어떤 차이가 있을까? 성 차이란 남성과 여성이 서로 다름을 의미하는 말로 이를 인정하는 것은 각자 성별에 따라 다른 특징을 갖는다는 것을 전제하는 것이다. 예를 들어 여성은 아이를 낳지만 남성은 낳을 수 없으며, 어른이 되면 대부분의 남성은 여성보다 힘이 세다. 남성과 여성이 가진 생물학적인 특징은 다를 수밖에 없다. 하지만 성 차이 논쟁은 때로 남성과 여성은 신체적으로나 정서적으로 본질적인 차이가 있으므로 서로 하는 일이 다르다는 논리로 귀결되기도 한다. 이러한 논리는 여성이 하는 일과 남성이 하는 일에 대한 당위성을 부여한다. 생물학적으로 여성은 집안 살림을 잘하고 아이를 잘 돌보므로 집안일을 하는 것이 정상이라고 생각하고, 남성은 사회적인 일을 하는 것이 정상이라고 생각하는 것이다. 이런 논리에 따라 남성과 여성은 사회가 요구하는 각자의 역할을 하지 못하는 경우에 비정상으로 분류된다.

임신이나 출산 같은 생물학적 성 차이를 고려하는 것이 아니라 남자의 일, 여자의 일이라는 식으로 사회적 가치와 의미를 부여함으로써 남성과 여성을 공정하게 대우하지 않는 것이 성차별이다. 이는 태도, 신념, 정책, 법, 행동 등 여러 가지 측면에서 여성과 남성을 구별함으로써 각기 겪게 되는 모든 종류의 규제와 차별 그리고 불평등 상황을 의미한다. "힘든 일은 남자가 해", "남자는 집안일을 해서는 안 돼" 같은 말에서 드러나듯이 남녀가 직업 선택이나 임금 등에서 불평등한 대우를 받는 것을 말한다. 가장 보편적으로 받아들여지고 있는 성차별의 개념은 유엔이 정한 '여성차별철폐협약'의 정의다. 이 협약 제1조에 따르면 성차별은 "정치적, 경제적, 사회적, 문화적, 시민적 또는 기타 분야에서 결혼 여부에 관계없이 남녀 등의 기초 위에서 인권과 기본적 자유를 인식, 향유 또는 행사하는 것을 저해하거나 무효화하는 효과 또는 목적을 가지는 성에 근거한 모든 구별, 배제 또는 제한"을 의미한다. 여기서 말하는 성차별은 의도적이거나 비의도적으로 남성과 여성을 다르게 대하는 것 그리고 더 나아가 여성에게 불리한 영향을 끼치는 대우까지를 포함하는 것이다.

생물학적 특성을 고려하지 않는 것 또한 성차별이 될 수 있다. 이런 성차별은 곳곳에서 볼 수 있다. 지하철의 손잡이만 해도 키가 작은 여성인 나로서는 너무나 높아서 힘겹게 잡아야 한다. 휴게소 공중화장실의 경우도 여성과 남성의 배설 처리 시간이 다름에도 칸 수를 똑같이 만들어 여성들은 길게 줄을 서야 한다. 이렇듯 성 차이를 고려하지 않은 일상 속의 정책들은 성차별로 이어진다.

"성차별은 남녀의 기본적인 신체 조건이 다르기 때문에 발생하는 당연한 현상이다"라고 말하는 사람들이 적지 않다. 정말 성차별의 원인은 생물학적, 신체적 차이일까? 중세 시대에는 뜨개질이 대단히 인기를 얻었고 상업적으로 활성화되었다. 남성들은 이 분야의 대가가 되고 싶어 뜨개질 훈련에 수년을 바치는 것을 당연히 여길 정도로 뜨개질을 전문적인 영역으로 인정하였다. 영국의 산업화로 인하여 편직 기계가 발명되면서 손뜨개질에 대한 수요가 줄었고 뜨개질의 가치는 하락하여 여성을 위한 취미로 전락했다. 반면에 요리 분야에서는 남성 요리사가 나오면서 셰프라는 직업이 전문직으로 가치를 인정받았다. 동일한 일이나 활동도 남성이 하느냐 여성이 하느냐에 따라 그 가치는 달라졌다. 남성이 하는 일은 전문적이고 가치 있는 일로 인식되는 반면 여성이 하는 일은 비전문적이고 가치가 낮은 일로 인식된다. 이러한 인식의 차이는 경제적·사회적 성차별로 이어졌다. 사회적인 힘이나 위세가 낮은 교사나 간호사 등의 직업은 여성에게 적합한 것으로 인식되어 임금 수준도 낮다. 일상생활에서도 남성이 이야기하는 것은 토론으로 인식되는 반면 여성이 이야기하는 것은 아무 소용 없는 수다가 된다. 여성의 쇼핑은 개인의 사치이고 남성의 쇼핑은 사회적으로 필요한 자기 계발이다. 그리고 인식은 곧 차별이 된다.

이러한 성차별은 IMF 구제 금융 시기에 극명하게 드러났다. 불황 시 회사에서 가장 먼저 감원된 사람은 기혼 여성이었고 그 다음으로는 미혼 여성이었다. 반면 기혼 남성의 감원은 적었다. 이는 가정에서의 생계 책임자가 남성이며, 기혼 여성은 감원되면 집으로 돌아가 가사 전담자의 역할을 하면 된다는 인식이 우리 사회 전반에 깔려 있다는 점을 잘 말해 준다. 남성의 일과 여성의 일을 분리하여 내재화하고 있는 것이다. 나 역시 남편과 함께 직장을 다니지만 육아와 가사는 여성 몫이라는 성 역할에 대한 기대에서 벗어날 수 없었다. 임신은 여성만 할 수 있지만 육아는 남성과 여성 모두 할 수 있는 것임에도 육아는 여성의 일이라는 인식이 독박 육아를 하게 만든다. 여성이 경제적 활동을 하든 하지 않든 가정일은 모두 여성의 몫이라는 인식이 팽배하다.

성차별은 단순히 개인적인 문제가 아니다. 남녀가 함께 살아가는 사회 속에서 누구나 겪는 구조적인 문제다. 성차별이 발생하는 이면에는 남녀가 본질적으로 달라 각자에게 적합한 사회적 역할이 있다는 성 역할 고정관념이 깔려 있다. 이러한 고정관념에서 야기된 여성에 대한 부정적 평가는 성 편견과 성차별의 문제를 일으킨다.

회사에서 많은 남성들이 제기하는 불만은 힘든 일이 있을 때 여성들은 쏙 빠진다는 것이다. 예를 들면 사무실에서 생수통은 남성에게만 갈게 한다고 불만을 표시한다. 그러나 여성이 무거운 생수통을 들었을 때 어떤 평가를 내릴까? "역시! 개념 있는 여자야"라고 이야기했을까? 아마도 "이 팔뚝 좀 봐, 여자도 아니야"라고 평가했을 것이다. 이런 편견 어린 말을 듣더라도 여성이 자신이 할 수 있는 일을 하겠다고 생수통을 갈려 해도 들기에 무거운 경우가 많다. 성 차이가 성차별이 되지 않도록 여성들이 들 수 있는 크기로 생수통을 만들었으면 어땠을까? 기꺼이 들었을 것이다. 요즘 나는 차를 탈 때 문을 열어 주는 등의 레이디 퍼스트를 거부한다. 남성, 여성을 떠나 서로 도움을 요구할 때 도와주며 각자 자신들의 역량에서 할 수 있는 것은 하는 태도가 필요하다.

모성 신화에서 비롯된, 양육과 집안일 모두 여성의 일이라는 인식이 국가정책과 함께 변화된 사례가 있다. 덴마크에서는 아이를 키우는 일은 부부가 공동 책임이라는 인식을 바탕으로 부부가 서로 번갈아 육아휴직을 할 수 있는 제도를 시행함으로써 남녀가 함께 일하며 성장할 수 있는 사회를 만들었다. 생물학적 차이가 차별이 되지는 않았는지, 개인의 선입견이나 오랜 관습이 차별을 만들어 내진 않았는지 생각해 보자. 왜 우리는 육아와 집안일은 여성이 해야 한다고 생각했는가? 남성이 육아나 집안일을 하지 못하는 이유가 있나? 남성만 집안의 경제를 책임져야만 하는가? 이렇게 하나씩 뒤집어 보면 그 안에는 그동안 뿌리 깊게 숨겨져 왔던 신화가 자리하고 있다는 것을 알 수 있게 된다. 무의식적인 차별적 언행은 가정과 학교에서부터 바로잡아야 한다.

2018년도에 여성부에서 교과서의 성차별적 표현 개선 방안으로 '바꾸면 쓸모 있는 성평등 교과서'라는 이름의 공모를 진행하였다. 초·중·고등학교 교과서, 학습지, 유아용 교재 등 각종 교육 자료에서 성차별 표현을 찾아 성평등하게 바꾸는 것이다. 나도 아이들과 함께 교과서에서 남녀 차별적 요소를 찾아보기로 하였다. 아이들은 자신이 본 교과서에서 다양한 성차별적 요소를 찾아냈다. "그림 속에서 남자는 주로 태권도를 하고 여자는 무용을 해요. 누구나 할 수 있는 것으로 그림을 바꾸었으면 좋겠어요." "그림 속에서 무거운 물건을 들거나 청소 시간에 마포 걸레질을 하는 건 남자들인데 여자들도 같이 들거나 미는 그림으로 바꿨으면 좋겠어요." "사회 교과서를 보면 남자는 주로 회사에서 생산하고, 여자는 가정에서 주로 소비만 하는 것으로 그려지는데 바꾸면 좋겠어요." 아이들은 성차별을 무의식적으로 전달할 수 있는 내용이나 그림을 다양성을 반영하는 방향으로 바꾸자는 의견을 많이 냈다. 이렇듯 신체적 차이가 성차별로 이어지지 않도록 하기 위해서 불편함을 이유로 사회가 미루는 문제들을 인식해 나가며, 성별을 떠나 누구나가 독립적인 주체로서 개선 방안을 실천할 수 있어야 한다.

스웨덴은 숨겨진 신화를 인식할 수 있도록 1998년 교육법을 개정하여 모든 학교에서 반드시 성평등 교육을 실시하도록 규정하였다. 스웨덴 사회통합 및 평등부 장관이었던 뉘암코 사부니 Nyamko Sabuni는 "성교육은 성평등 관점에서 매우 중요하며, 이는 성폭력과 성희롱을 근절하고 예방할 수 있는 좋은 방법이다. 성교육을 생물학의 일부분으로 생각하는 것은 근시안적이며, 반드시 성교육은 성평등의 관점에서 통합적으로 다루어질 필요가 있다"고 말하며 모든 교육과정에 성평등 관점을 반영하였다.

스웨덴에서는 이와 같은 정책으로 교과과정 속에 녹아 있던 성 고정관념이나 성차별적 내용이 점차 줄어들었다. 성 역할에서 벗어나 개인의 다양한 능력과 흥미를 발견하고 계발할 수 있는 내용들로 교과과정이 재구성되었다. 또 학습 영역에서의 개선이 이루어졌을 뿐만 아니라 성평등한 학교를 위한 다양한 제도도 만들어졌다. 성평등한 학교가 단순하게 서류상에만 존재하는 것이 아니라 실생활에서 실현될 수 있도록 교사, 학생, 관리자, 학부모가 모여 한 달에 한 번 이상 토론의 시간을 가지도록 하였다. 이들 모임에서는 교육 자료나, 학습 내용, 교육 환경, 수업 시 교사나 학생들의 언행 등을 두루 살펴보고, 성평등한 관점에서 어느 누구에게 불편함은 없었는지 파악하여 잘못된 부분이 재발되지 않도록 조치를 취하면서 성차별을 개선해 나갔다.

내 딸아이는 가정에서 누구와 비교당하지 않고 차별당하지 않고 자라다 보니 성평등 같은 인권 분야에 대한 감수성이 높고 공정성에도 민감하다. 아이는 중학교에 올라가자 교복에 대해 불만을 토로했다. 왜 교복들이 다 이렇게 불편한지 모르겠다고 하면서 여름에는 꽉 끼고 허리가 들어가는 여자 셔츠 대신 남자 셔츠를 사서 입었고 겨울에는 남자 바지 교복을 하나 더 구입하여 입었다. 이를 본 남자 교사가 "여자가 왜 바지 교복을 입느냐, 당장 치마로 갈아입어라"고 혼을 냈다. 딸아이는 교칙에 여자는 바지를 입지 말라는 말이 없는데 왜 여자는 바지를 못 입게 하냐며 문제를 제기하였고 그 후 겨울에 여학생들 사이에서도 바지 교복을 입는 일이 늘어났다고 하였다.

성차별을 받고 자란 나의 세대는 공기처럼 성차별이 익숙하여 민감성이 떨어지지만 차별받지 않고 자란 젊은 세대들은 이 부분에 예민하다. 젊은 세대들은 여성이라는 이유로, 약자라는 이유로 일상에서 성폭력을 당했던 경험에 대해 '드러내고 말하기' 시작했다. 최근 미투 운동을 이끈 세대는 이십 대, 삼십 대였다. 그녀들은 1980~90년대 생으로, 이때 한국 사회는 경제적으로 나아지고 있었고 평균 자녀 수도 한두 명으로 줄어들어 여성도 대학을 가고 경제력을 갖추어야 한다는 인식이 확산되었다. 따라서 젊은 세대들은 제도적으로도 남녀평등이 어느 정도 이루어진 사회에서 차별을 덜 받고 자랐으며. 여성들은 상대적으로 높은 교육열에 힘입어 알파걸이라는 독려를 받으며 컸다. 그러나 우리 사회에서 성차별은 여전히 만연하다. 십 대나 이십 대들은 가정에서는 차별받지 않다가 학교나 사회에서 차별을 받자 민감하게 반응하였고 미투로 사회를 변화시키고 있다. 인터넷에서 익명성이 보장되기 때문에 활발한 활동이 가능하기도 하지만 어릴 때부터 어렴풋하게 성평등적이고 인권 의식이 강한 외국의 문화나 환경을 접해 온 그들은 기성세대보다 성차별에 대해 훨씬 더 민감하다. 성차별적인 도덕성과 윤리에 익숙한 사십 대, 오십 대 여성의 침묵과 달리 이십 대, 삼십 대 여성들이 목소리를 내고 있는 이유다.

그녀들이 받아 왔던 교육과 문 밖에서 맞닥뜨린 현실의 간극은 엄청나다. 현실은 이전 세대와 비교하여 전혀 변화하지 않았다. 여전히 여성들은 아무리 좋은 성적으로 대학을 졸업해도 남성 동기들에게 취업에서 밀리고 사회에서 여성이라는 신분은 걸림돌이 되기 일쑤다. 직장에서는 취업과 승진에서 소외되고, 연애에서 이어지는 결혼, 임신, 육아는 경력의 발목을 잡고 있다. 그렇기에 그녀들은 자신들의 목소리를 내기 시작했다. 신문의 한 기사에서 "4050 여성들이 '만연한 불합리'를 피부처럼 느끼고 살았다면, 우리 세대(젊은 세대)는 스스로 고민해 볼 계기가 좀 더 있었다"라고 이야기한 것을 보았다. 그녀들은 자신들이나 타인들의 문제를 단순히 한 개인의 일로 보기보다 우리 모두의 일로 여기고 사회의 문제로 인식하는 감수성을 가졌다. 이들이 보여 줄 연대의 힘이 어디까지 확장될지 기대를 갖고 지켜보고 싶다.

2.   성적 불평등이
소년 소녀들의 삶에 끼치는 영향

대학 입학을 앞둔 고등학생들에게 다음과 같은 질문들을 던져 보았다. "전교 1등을 한 여학생과 남학생이 있다. 이들의 미래는 어떻게 펼쳐질까?", "어떤 전공을 선택할까?", "어떤 직업을 가지게 될까?", "결혼해서 누가 더 직장에서 성공할 수 있을까?", "누가 더 가족을 잘 돌볼까?" 또 이 외에도 아이들에게 20년 후에 자기 이력서에 무엇이 적히게 될지 적어 보도록 하였다. 그 이력서에는 사회 경력에 들어갈 수 있는 기본 요소들인 학력, 자격증, 외국어 능력, 직장에서의 이력 등과 가정 경력에 들어갈 수 있는 기본 요소들인 결혼, 출산 및 자녀 양육(출산 시기와 자녀의 수도 포함), 부모님 봉양, 재산 증식, 가족 활동 및 역할 분담 등을 기록하게 했다. 또 학력을 기록하는 부분에는 구체적인 학교의 이름과 전공 학과를 명시하도록 했다.

아이들은 우리가 흔히 생각하는 성 고정관념이 투영된 답을 내놓았다. 성 고정관념은 진로 선택에도 영향을 주는 것이다. 남학생들은 주로 판·검사, 의사, PD 등을 선호하였고 직업인으로서의 미래를 꿈꿀 수 있는 이력서를 만들었다. 그와 달리 여학생들은 대학 교수, 교사, 약사, 의사 등의 교육 계통이나 돌봄 분야를 선호하였고 출산과 자녀 양육 등의 가정 활동과 관련된 이력서를 만들었다. 특히 결혼과 출산을 하지 않겠다는 여학생의 경우에는 사회 경력에 들어갈 수 있는 영역에 집중하였다.

직장에서는 채용 시에 여성을 배제시키거나 능력보다는 외모를 기준으로 여성을 선발하기도 한다. 공채 등을 통해 같은 조건으로 직장에 들어갔어도 여성에게는 남성 직원을 보조하는 역할과 지위가 주어져 승진의 기회가 별로 없고 남성 직원에게는 승진의 기회가 많이 주어진다. 이러한 사회적 분위기는 일과 진로에 대한 기대 및 선택과 같이 사회인으로서 성장하는 초기 단계에 갖게 되는 인식에도 차별적인 영향을 미친다. 이러한 성 역할 고정관념 및 사회화로 인하여 여성들은 남성들이 주로 종사하는 고소득 전문직에 종사하지 못하거나 사업가나 관리자로 진출하는 것을 방해받는다. 더 심각한 문제는 이러한 사회적 인식을 여성이 내면화하고, 주변의 기대에 맞춰 진로를 계획하거나 더 낮은 진로 포부를 갖는다는 데 있다. 여성들의 경우 직업을 갖기를 희망하긴 하지만 자신의 능력을 과소평가한다. 가장 기본적으로 여성들은 여성에 맞는 일이 있다는 인식에 둘러싸여 있으며 국회의원이나 정치인, 사회운동가 등의 직업을 선택하려고 하면 "편하게 살지 왜 힘든 일을 하려고 하냐"는 제한에 직면한다. "여자가 아이 키우기 좋은 교사나 공무원 하면 좋을 텐데" 같은 말에서도 볼 수 있듯이, 기존의 틀에서 벗어나는 진로에 도전할 때 여성은 심한 사회적 압력에 맞닥뜨린다.

이러한 사회적 압력은 자존감, 효능감, 전공 선택, 진로 결정 등에 영향을 미쳐 직업과 전반적인 삶을 좌우한다. 학생들에게 "남자가 할일과 여자가 할 일이 따로 있는가?"라고 질문하면 고정관념을 가지고 대답하는 학생들이 많고, 학년이 올라가면 갈수록 고정관념이 강화된다. 고등학교에서는 과반수 이상이 "그렇다"고 대답하였으며 이런 대답은 여학생보다 남학생에게 더 많이 나타났다. 게다가 남성들끼리의 동맹은 능력 있어 보이는 여성들을 권력에서 배제하기도 하며 최근에는 아예 여성들이 자신의 영역으로 들어오는 것 자체를 꺼리는 '펜스룰'까지 적용하는 남성들이 늘고 있다. 여성은 이러한 험난한 길을 뚫고 경쟁에서 살아남는다 하더라도 또 하나의 거대한 벽에 부딪힌다.

임신, 출산, 육아 등에 묶인 여성들이 직업의식과 업무에 대한 책임감이 부족하다는 편견은 여성을 가로막는 유리 천장을 만드는 주요한 요인으로 작용했다. 미국에서 한 실험을 하였다. 똑같은 이력서를 하나는 존이라는 이름으로, 다른 하나는 제니퍼라는 이름으로 여러 대학의 연구실에 제출하였다. 모든 연구실에서는 존을 더 유능하다고 판단하여 높은 월급을 주겠다고 하며 선호하였다. 이 실험은 능력을 판단하는 기준이 객관적인 실력이 아닌 성별에 있다는 것을 보여 주었다. 이렇듯 인사 담당자 대부분이 성별을 중요하게 고려하는 것이 오늘날의 현실이다. 여성의 임신, 출산, 육아는 필수적으로 수행해야 하는 역할로 인식되고 있으며. 이는 여성들에게 일과 가정 중에 하나를 선택하도록 강요한다. 가부장적 문화를 가지고 있는 일본의 도쿄의과대에서 2011년부터 8년간 신입생을 선발할 때 여성 수험생들의 점수를 조작하거나 높은 점수임에도 불합격시킨 일이 드러났다. 이 또한 여성은 결혼이나 출산 등으로 인한 이직률이 높다는 게 이유였다.

실제로 한 신문에서 1960년대에 고려대학교를 졸업한 남녀가 현재 어떠한 모습으로 살아가고 있는지 추적해 보는 기획을 했다. 남성들은 대부분 경제적으로나 사회적으로 성공해 사회를 움직일 수 있는 관리자급에 있는 반면 여성들은 가정주부이거나 교사, 학원 강사, 비정규직 업무를 하고 있는 경우가 많았다. 여성은 남성보다 더 좋은 성적으로 졸업하였어도 직장을 구하지 못하고 그 능력을 제대로 발휘하지 못했다. 직장에 다니다가도 임신, 출산 등으로 직장을 그만두어 경력이 단절되다 보니 아이를 키우고 나중에 직장을 가지려고 했을 때 임시직에 그쳐야 했다. 지금의 상황도 그때와 별반 다르지 않을 것이다.

심리학자 댄 킨들런Dan Kindlon은 2006년에 출간한『알파걸: 새로운 여자의 탄생』에서 이러한 여성의 현실을 말하고 있다. 최고를 의미하는 그리스 문자의 첫 글자 '알파(α)'에서 이름을 따온 알파걸들은 어려서부터 부모의 관심과 지원 속에 성적이나 운동, 리더십 등 모든 면에서 남성보다 더 뛰어난 여성으로 자란다. 하지만 십 대와 이십 대에서는 알파걸들이 나오지만 삼십 대에서는 사라진다는 것이다. 알파걸들이 사라지는 이유는 무엇일까? 남녀에게 바람직한 행동이라고 고정관념화된 사회적 기준이 영향을 미치는 것이다. 여성의 삶을 규정하는 고정관념은 진로의 과정, 연애, 결혼, 출산, 육아 및 가사와 맞물려 인생을 결정하는 중요한 선택지에 영향을 미친다. 학교에서는 대학 진학 지도 시 여학생에게는 인문계, 남학생에게는 자연계나 공업계에 대한 정보를 더 많이 제공한다. 또 남학생들은 학생회 임원이나 학교 대표로 나서리라는 기대를 받는 경우가 더 많고 이에 대한 정보도 더 많이 제공받는다. 부모들 또한 아이의 진로를 선택해야 할 때 아들은 주로 돈을 벌어 가정을 책임질 수 있는 일을 하기를 원하는 반면, 딸에게는 이중적인 메시지를 전한다. 딸에게는 좋은 성적으로 자신이 하고 싶은 일을 하면서 인생을 살 것을 독려하는 한편, 결혼하면 엄마가 아이를 길러야 하므로 직장 다니면서 아이를 키우기 쉬운 직종을 선택하기를 요구하기도 한다. 진로 지도에 있어 예전보다 개방적인 태도가 강해졌지만, 여전히 깊은 무의식에는 아들은 장차 가정을 먹여 살려야 하는 생계 책임자이며, 딸은 장차 가정에서 살림과 육아를 담당하는 돌봄 책임자로 보는 시각이 깊게 자리하고 있는 것이다.

나아가 여성은 가정과 일터에서 엄마이자 아내이자 직장인으로서 막대한 역할 압력을 받는다. 가정과 일터는 우리가 살아가는 데 가장 중요한 두 영역이다. 성별에 관계없이 두 가지 영역에서 적절한 역할을 해야 함에도 불구하고, 여전히 여성에게만 일터와 가정에서의 역할이 동시에 강조된다. 반면 남성에게는 일터에서의 역할만 강조된다. 남성은 가정에서 역할을 안 해도 그만이며, 조금이라도 하면 좋은 남성 이미지를 가지게 된다. 여성에게 가해지는 이러한 이중적 압력은 여성의 직장 내 승진을 가로막는 보이지 않는 장벽인 유리 천장 현상을 지속시킨다.

이러한 인식은 2015~2016년 통계청과 고용노동부의 자료에 고스란히 나타났다. 우리 사회의 경제활동 영역에서 유리 천장은 실재하고 있었다. 남성에 비해 여성의 경제활동 참가율 및 취업률은 여전히 낮았고, 남성의 정규직 비율(73.6퍼센트)에 비하여 여성의 정규직 비율(59퍼센트)도 낮았을 뿐만 아니라 정규직 내에서도 여성의 소득은 남성의 68퍼센트에 그쳤다. 또한 종사하는 회사 규모에서도 차이가 나타났으며 근속 연수에서도 뚜렷한 차이가 나타났다. 우리나라 여성의 경제활동 참가율은 55퍼센트로 OECD 국가 중 최하위 수준이다. 대부분의 국가에서 대졸 여성의 취업률이 80퍼센트를 상회하는 반면 우리는 고학력 여성의 경제활동률이 특히 낮아서 54퍼센트에 불과한 실정이다. 보이지 않는 유리 천장이 현실로 입증된 것이다.

이러한 사회적 현상으로 인하여 최근 한국의 이십 대 여성 페미니스트들 사이에서는 소위 비연애, 비섹스, 비혼, 비출산을 일컫는 4B를 추구하는 비율이 늘어나고 있다. 당장 내 주변의 딸이나 그 친구들도 하던 연애를 중단하고 결혼도 하지 않겠다고 선언하곤 한다. 여성으로서 존중받지 못하는 사회에서 데이트나 결혼을 꿈꿀 수 없기 때문이다. 여성들은 데이트 폭력을 당하느니 연애를 끊겠다고 선언하고, 성적 대상이 되는 섹스를 하기보다는 성적 욕구를 스스로 해결하며, 여성에게 여러 가지 역할을 요구하는 가부장적 문화에 대항해 결혼과 출산을 거부한다. 여성에게 무거운 짐을 지우는 사회적, 경제적 불균형은 사랑도 결혼도 출산도 못 하도록 한다.

여성 권한 척도에서 상위권을 차지하고 있는 나라들은 삶의 질을 나타내는 소득분배 균형, 반부패 지수, 행복 지수에 이르기까지 역시 최고 수준을 보이고 있다. 한국의 현실은 어떤가? 한국 또한 대학 진학과 사법고시 및 교원임용고시를 비롯한 각종 자격고시에서 여성 합격률이 높아지는 추세다. 사회 각 분야에서 여성이 우수한 성적을 올리고 있고 사회, 경제 그리고 정치에 이르기까지 여성들의 참여 비율은 상승하고 있다. 그러나 그러한 현상은 과거에 비해 좀 더 나아졌다는 것을 보여 줄 뿐이고 남녀 간의 격차는 많이 줄어들었으나 여전히 크다. 여성은 여전히 남성과 경쟁해야 하는 분야보다 경쟁하지 않는 쪽으로 진로를 선택하는 경우가 많고 여성이 공적인 영역에 진출하는 기회 또한 낮다.

성으로 인하여 차별받지 않음으로써 자신의 잠재적 가능성을 성장시킬 수 있는 권리 또한 성 인권의 하나다. 백 미터 달리기 시합에서 똑같이 출발한다고 해도 어떤 사람은 모래주머니를 차고 달려야 한다면 불공정한 경기다. 기회조차 보장되지 않고 소득도 보장되지 않는다면 어느 누가 임신과 출산이라는 모래주머니를 달고 뛰려고 하겠는가! 공정한 사회를 바란다면 눈앞의 것 너머를 바라볼 필요가 있다. 성 고정관념이 학생들의 능력과 인식을 제한하지 않도록 가정과 학교에서 노력해야 한다. 성별에 따라 진로나 성취의 기대 수준을 한정하지 말고 더 폭넓은 기회를 제공해야 한다. 무엇보다 자신의 능력과 역할에 대해 유연하게 사고하도록 이끌어 주는 것이 중요할 것이다. 또한 학생들에게 기회 균등을 보장해 줄 뿐만 아니라 그들이 자신의 진로에서 어떠한 것이 걸림돌이 되는지 찾아보고 해결할 수 있도록 사회의 전 구성원이 함께 고민해 봐야 한다.

3. 혐오 사회에 갇힌 사람들

살인 사건이 일어났다. 23세의 젊은 여성이 강남역 근처의 어느 화장실에서 죽은 채 발견되었다. 사건을 수사하던 경찰은 검거된 범인이 조현병을 앓고 있다고 발표했다. 사건은 그 화장실에 우연히 있었던 여성이 사고를 당한 일로 처리되었다. 범인은 평소 여자들로부터 무시를 당해서 피해자를 죽였으며 피해자와는 모르는 사이라고 진술했다. 그는 그날 화장실에 들어오는 남성 여섯 명은 그냥 보내고 여성이 들어오자 살해를 저질렀다. 다른 누구도 아닌 자신보다 약한 여성이 등장하기를 기다려 선별하여 살해한 행동은 우연이라기보다 의도적 목적이 담긴 것으로, '여성 혐오'가 바로 이 사건의 발단이었다. 이 사건이 일어난 후 강남역 10번 출구 앞은 국화와 포스트잇으로 덮이기 시작했다. 강남역에 모인 여성들은 여성이라는 이유만으로 언제 어디서 누구라도 살해당할 수 있는 사회 속에 우리가 살고 있다고 외쳤다.

여성 혐오는 우리 일상의 수면 아래 늘 존재해 왔다. 과거에는 아침에 택시를 타면 기사가 혼잣말로 "아침부터 재수 없게 첫 손님이 여자네"라며 얹잖아했다. 우리는 우리도 모르게 차별이 담긴 특정한 기준들을 적용했다. 그리고 사회 곳곳의 여성 비하는 여성 혐오를 불러왔다. '혐오'는 특정 대상을 아무 이유 없이 차별하고 억압하는 것을 의미한다. 강남역 사건은 단지 그동안 꾸역꾸역 눌려 있던 상흔이 수면 위로 드러난 것이었다.

여성에 대한 남성의 폭력을 개인의 질병, 분노, 심리적 장애라는 불가항력으로 설명하는 동안 여성들은 활동의 영역을 축소하고 자신을 검열했으며 선택의 폭을 좁혀 왔다.

여성에 대한 폭력은 개인적인 문제가 아니라 남성보다 낮은 여성이라는 계급에 대한 집단적 상해이다. 폭력을 개인의 문제로 치부하는 사회에서 모든 여성은 폭력의 피해자라는 주장은 이에 근거한다. 2014년 한국성폭력상담소와 한국여성민우회가 조사한 스토킹 상담 사례 240건 중 상해, 살인미수, 납치, 감금 등의 강력 범죄는 51건으로 21퍼센트를 차지한다. 이 같은 수치는 여성들이 더 이상 참고 있을 수만은 없다는 것을 단적으로 보여 준다.

요즘 우리 사회에서는 '혐오 사회'라고 불러야 마땅할 정도로 누군가의 존재 자체를 부정하고 존중하지 않는 행동을 흔히 보게 된다. 교실에서 거리낌 없이 느금마(엄마 혹은 여자를 비하), 게이(동성애 비하), 애자(장애인 비하), 창녀, 걸레 같은 단어가 튀어

나온다. 특히 사회에 쓸모없다고 생각되는 사람들을 가리켜 하찮은 느낌의 벌레를 뜻하는 '충'을 넣어 맘충, 급식충으로 비하하는 혐오 표현이 광범위하게 쓰인다. 지하철에서 우는 아이를 달래는 엄마에게 "감당도 못 할 거면서 왜 애는 낳아서 민폐를 끼치지"라고 하거나, 자신의 일을 다 하고 카페에서 여유 있게 커피 한 잔 마시려고 하는 여성에게 "생각 없이 남편 등골 빼 먹는 아줌마"라고 하거나 "역시 맘충이 문제"라고 반응하기도 한다.

그저 단순히 소수의 언행에서 끝나는 것이 아니라 2015년 15세 이상 35세 미만의 남녀를 조사한 결과 혐오 표현에 공감하는 남학생들이 66.7퍼센트나 되었으며 어른들의 사고를 그대로 받아들여 여성 비하적인 댓글까지 단 경험도 있다고 하였다. 설문에 답한 사람들은 앞으로 여성 혐오가 더 심각해질 것이라고 과반수 이상이 대답하였다.

한 여성이 지하철에서 자신의 애완견의 배설물을 치우지 않아 네티즌들 사이에서 개똥녀라고 불리며 사회생활이 힘들 정도로 시달린 사건이 있었다. 김치녀, 된장녀 같은 말은 이미 너무나 익숙하게 우리 일상에 들어와 있다. 물론 일부 사회적인 규범을 벗어나는 몰개념적인 행동을 하는 사람들도 있다. 불쾌감을 일으키거나 문제를 일으키는 행동을 하는 사람은 어느 집단이나 존재한다. 그러나 우리 사회는 도덕적 규범에 어긋난다고 생각되는 이러한 행동을 한 사람을 비난하는 과정에서 개인의 행동을 여성이라는 집단 전체의 행동으로 간주하고 모든 여성을 잠재적 '혐오'

의 대상자로 전락시켜 버린다. 강도나 살인, 성폭력을 저지르는 남성들을 집단화하는 언어는 찾아볼 수 없지만 사회적 약자에 대한 혐오 표현은 우리 일상에 깊이 침투해 있다. 자신의 우월성을 드러내고자 수가 적거나 힘이 약한 사람들의 외모나 행동, 생각이 자신과 조금 다르다고 생각되면 극혐이라는 말까지 동원하며 무시하고 비하한다. 이러한 사회 분위기 속에서 여성의 50퍼센트 이상이 혐오 표현만으로도 일상생활에서 불안을 느낀다고 하며, 심한 경우 죽음까지 각오해야 한다.

어떤 남성들은 강남역의 추모 행렬에 줄을 선 여성들을 보면서 "나는 내 아내, 어머니, 딸을 좋아하고 있는데 남성들이 여성을 혐오한다는 건 말도 안 된다"고 말한다. 그러나 한편으로는 자신과 관계없는 여성에 대해서는 가볍게 여기고 무시하며 대상화한다. 이는 함부로 대하는 것에 그치지 않고 침묵시키는 것을 포함한다. 사회학자 앨런 G. 존슨Allan G. Johnson은 "여성 혐오란 여성을 여성이란 이유로 혐오하는 문화적 태도"라며 "여성 혐오란 성적 편견과 이데올로기의 중심이자, 남성 중심 사회에서의 여성에 대한 억압의 중요한 기초이다. 여성 증오는 그들에게 그들 자신의 몸에 대한 느낌을 가르치는, 농담에서부터 자기만족적인 여성에게 가하는 폭력으로서의 포르노그래피까지 매우 다양한 방식으로 나타난다"라고 말하였다.

혐오! 그것을 단지 일부 사람들의 언행에서만 보이는 추악한 짓으로 규정하고 지나쳐서는 안 된다. 그것을 만들고 키워 낸 배경에 대해 살펴보아야 혐오를 지울 수 있다. 여성 혐오는 여성에 대한 불평등과 차별에서 나온다. 따라서 혐오는 오늘날 일부 남성들이 여성을 싫어하고 증오하는 순간적인 태도만을 일컫는 것이 아니다. 여성 혐오는 여성을 멸시하고 비하하는 것일 뿐 아니라 여성을 열등한 존재나 위험한 존재, 타락한 성적인 존재, 더러운 존재 등으로 전락시키는 것이다. 여성들의 월경 등 생리적인 현상에 대한 멸시에서부터 시작하여 여성 비하적인 농담이나 여성의 몸에 대한 성적 대상화 등 우리를 둘러싼 여성 혐오는 보다 더 넓은 범주에서 강자·약자의 논리와 억압적인 차별이 작용하는 사회적 현상이다.

혐오는 사회적으로 학습되어 온 다른 것, 낯선 것, 싫은 것, 옳지 않은 것을 무조건적으로 거부하는 순간 발생한다. 자신은 옳고 상대는 그르다는 생각은 편견을 가져오고 편견은 차별과 혐오를, 폭력을 불러일으킨다. 그 이면에는 여성에겐 어쩔 수 없이 여성의 역할이 있다고 여기는 인식, 사회가 정한 규범에 위반하는 여성은 여성답지 못하기에 처벌과 비난의 대상이 된다는 인식, 여성은 남성에게 존경을 보내고 복종해야 한다는 인식, 남성이라면 적어도 여성보다는 더 많은 자격과 권한을 가져야 한다는 인식이 깔려 있다. 그야말로 여성은 남성보다 덜 중요한 존재라는 사고의 체계가 여성 혐오의 배경이 된다.

여성 혐오는 약자에 대한 혐오다. 개인의 사고방식을 존중하지 않고 집단을 중요시하는 분위기에서 다르다는 것은 폭력의 빌미가 된다. 가해자들은 자신 안에 있는 폭력의 정체성을 집단의 이름을 빌려 약자에 대한 혐오의 얼굴로 드러낸다. 이렇듯 잘못된 소속감은 맹목적 혐오와 편 가르기로 이어진다.

폭력의 종국적 목적은 통제이고, 그 목적은 공포를 통해 쉽게 달성될 수 있다. 특히 사회적 이슈가 있을 때 만만한 소수자 집단을 골라잡아 이들을 비난하며 그들에 대해 부정적인 일반화를 시도하는 것이 단적인 예다. 일명 '희생양 만들기'다. 자신이 혐오하는 대상이 사라졌으면 하는 마음이 폭력이 되고 심하면 증오 범죄로, 살해로 이어지는 일들이 끊이지 않고 있다.

이러한 혐오는 남성들 사이에서도 나타난다. 자신 안에 있는 여성성을 부정당하고 여성적인 것을 혐오하는 남성들은 실제 차별이나 증오 범죄를 저지른다. 우월의식이 있는 남성들은 자신들이 2등 시민인 여성처럼 되는 것에 반발한다. 한 예로 남성에게 모욕감을 주기 위해 여자 옷을 입히는 경우가 있다. 호주의 한 감옥에서는 2013년 바이크 갱단을 처벌하기 위해 죄수들에게 분홍색 죄수복을 입게 하였으며, 2007년 태국에서는 상관에 복종하지 않는 경찰에게 헬로키티가 그려진 분홍색 완장을 차게 했다고 한다. 우리만 해도 여자들은 바지를 입어도 되지만 남자들은 치마를 입으면 안 되며, 여자아이는 자동차 장난감을 가지고 놀아도 되지만 남자아이는 여자 인형을 가지고 놀면 안 된다는 인식이 크다. 아이들은 여자처럼 굴면 격이 떨어진다는 것을 배운다. 또한 남성들은 여성들보다 동성애를 혐오할 정도로 싫어하는 경우가 많다. 게이를 상대로 하는 폭력 사건만 봐도 알 수 있다. 여성적인 남성에 대한 경멸감은 특히 심하다. 같은 동성애자여도 레즈비언에 대해서는 관대한 이유이기도 하다. 또한 최근의 경제적 불안으로 인해 남성들은 여성의 사회 진출을 자신들에 대한 도전이라고 받아들인다. 힘의 저하를 우려한 남성들은 '여성 혐오'를 통해 커져 가는 여성들의 목소리에 불쾌감을 드러낸다.

이러한 사회적 현상과 관련해『시사인』에서 이십 대 남성들에 관한 기사를 실은 적이 있다. 기사는 이십 대 남성이 사회적으로 차별받는다고 느끼는 이유에 대해 분석해 놓았다. 이십 대는 직업, 연애, 결혼 등을 준비해야 하는 시기다. 남녀 분업의 파괴, 일자리 감소, 장기 경기 침체 등의 구조적인 문제가 이들의 의식에 영향을 준다. 현재 그들은 부모보다 경제적으로 더 낮은 생활을 하고, 기회가 점점 줄어드는 저성장 사회에 살고 있다. 또 이십 대 남성들은 교육·입시·취업에서 또래 여성들을 따라잡을 수 없다는 패배감을 느낀다. 실제로 과거와 달리 이십 대 여성들은 2010년을 기점으로 이십 대 남성들보다 많은 분야에서 성과를 보이고 있는 것으로 나타났다. 이러한 일련의 상황들은 남성들이 보호받지 못하고 있다는 생각으로 이어진다. 그리고 가장 첨예한 부분이 군대 문제다.

최근 아들의 군대 입대를 앞두고 있는 한 남성은 "요즘 여자애들이 성차별이라고 하는데 오히려 아들이 차별을 받는 불리한 세상인 걸요"라고 불만을 토로했다. 아들은 한창 공부해야 하는 중요한 시기에 아무런 보상도 없이 험한 군대를 가야 하는데, 그 시간에 여성은 먼저 취업해서 빨리 자리를 잡는다는 것이다. 이십대 아들을 키우는 엄마도 이십 대 남학생들과 같은 목소리를 내며 자신의 아들이 사회적 약자라고 생각하였다. 그녀는 요즘 젊은이들이 많이 선호하는 공무원 시험에서 군대로 인하여 남녀가 같은 출발선에 서지 못한다고 생각한다.

이러한 배경에는 자존감이 무너진 상태에서 경험하는 군대의 억압적·폭력적 환경, 취직에 대한 불안감, 여성 배려 정책이 특권적이며 공정성을 해친다는 생각이 자리하고 있다. 남성이 뛰어나지만 권력이 남성을 차별하기 때문에 자신들이 약자라는 인식 또한 크다. 이런 생각을 가진 사람들은 여성할당제는 불의와 불공정의 상징이며, 여성은 이런 제도를 통해 남성들의 자리를 빼앗고, 따라서 남성들의 기회와 권력이 축소되고 있다고 주장한다. 순종적이지도 않고 이미 자신보다 더 많은 것을 누리는 여성들이 의무는 수행하지 않은 채 보호를 받으며 권리까지 누리려 한다는 것이다. 따라서 이러한 규범에서 벗어난 여성들은 혐오해도 된다는 분위기가 팽배하다.

점차 사회는 새로운 남성성을 요구하고 있지만 가부장적 맨박스에 갇혀 있는 남성은 자신의 열등감과 상처를 더 이상 과거처럼 자신을 찬양하지 않는 여성에 대한 혐오와 폭력으로 표출하고자 한다. 이는 경제적으로 무능한 남편일수록 가정 폭력을 많이 저지른다는 사실에서도 알 수 있다.

정지우는 『분노사회』에서 가부장제에서는 여성이 남성의 소유물이었는데 현대에 들어서 여성이 독립된 개체로 인정되기 시작하면서 자신의 몫을 가져간다고 생각하는 남성들이 느끼는 상대적 박탈감과 허탈감이 증오를 불러일으킨다고 하였다. 사회학자 앤서니 기든스Anthony Giddens는 "현대사회에서 남성 폭력이 가부장제적 지배의 연장선상이라기보다는 가부장제적 해체로 인한 불안정감과 부적합성으로부터 원인한다"는 점을 매우 설득력 있게 제시한다. 여성이 그전보다 더 많은 것을 요구한다고 생각하는 인식은 남성들에게 불안감을 불러일으켰다. 사회는 변화하지만 남성에 대한 전통적 이미지는 그대로 남아 있어, 남성의 지위 하락에 두려움을 느낀 남성들이 남성다움의 존재를 확인시키기 위한 수단으로, 통제를 하기 위한 수단으로 폭력을 행하는 경향이 있다. 따라서 남성의 기득권 고수와 여성의 사회 진출은 충돌을 빚었다. 남성들은 자신의 영역을 빼앗겼다고 생각하고 여성들은 차별받아 온 현실에서 벗어나 더욱더 평등해지기를 원한다.

그러나 여성의 진출은 기존에 기울어진 것들의 균형을 맞추는 과정이다. 그 균형을 역차별이라고 이야기해선 안 된다. 인권이 누구에게나 보장되는 보편적 권리이듯이 성 인권도 마찬가지다. 현재 여성이 차별을 받고 있는데 남녀에게 똑같은 조건을 강요하는 것은 외려 성차별적 결과를 초래한다. 기울어진 운동장을 바로잡을 때까지 한정적으로 할당제 등의 적극적 차별 조치가 시행될 필요가 있다.

우리는 혐오와 증오에 어떻게 맞서야 할까? 요즘 바뀌고 있는 초등학교 운동회 이야기를 먼저 해 보자. 즐거워야 할 축제가 아이들에게 경쟁을 유발한다는 문제의식이 생기면서 요즘에는 많은 학교에서 청군과 백군으로 편을 가르기보다 함께 즐기는 문화가 자리 잡고 있다. 예전에는 단지 홀수 반과 짝수 반을 기준으로 청군과 백군을 나누었을 뿐인데, 아이들은 서로 적이 되어 상대를 비방하는 응원가를 부르고 때론 싸움을 하기도 했다. 친했던 아이들도 청군과 백군으로 나뉘면서부터는 서로가 적이 된다. 두 집단이 경쟁을 거듭하면서 갈등과 편견이 생겨났다. 하지만 함께 힘을 모아야 하는 공동 목표가 생기자 아이들은 더 이상 내 편과 상대편을 구별하여 싸우지 않으며 서로를 '우리'라고 부른다.

혐오와 증오에 맞서기 위해서는 일상적, 사회제도적 차원에서 남녀 모두가 함께 불평등과 차별에 맞서야 한다. 독일에서는 1980년대부터 인종이나 성별 등의 이유로 소수자에게 차별과 폭력 등을 행사하는 것을 '혐오 범죄'라고 부르기 시작했으며, 2017년부터 혐오 발언인 '헤이트 스피치hate speech'를 영혼의 살인으로 규정하고 있다. 단 한마디의 혐오 발언이 개인과 집단의 삶을 파괴할 수도 있으므로 이를 규제하는 것이다. 우리도 여성 혐오는 성차별이라는 것을 인식하고 혐오 발언을 하지 못하도록 학교 규칙이나 사회 규칙으로 규정해 두어야 한다. 그리고 남성들은 자신 안에 어떠한 여성 혐오가 있는지 들여다보고 개선해야 한다. 어떤 누구에게도 혐오받을 만한 마땅한 이유 같은 것은 없다.

우리가 혐오해야 할 상대는 여성이나 남성이 아니다. 남녀가 잘 지낼 수 없도록 만든 사회구조에서 혐오의 원인을 찾아야 한다. 군대에 대한 혐오를 여성 혐오로 풀 것이 아니라 보다 나은 개인으로 성장할 수 있는 군대 문화를 만들어야 한다. 자신의 고통을 약자의 탓으로 돌릴 것이 아니라 권력을 가진 기성세대에게 보다 나은 성숙한 군대를 만들 것을 요구해야 하는 것이다.

4.   성 역할이 낳은 폭력의 일상화

새 학기 초에 초등학교 1학년 선생님들이 가장 골치 아파하는 일 중 하나가 아이들이 수업 시간에 집중하지 못하고 산만한 행동을 하거나 복도 등에서 뛰어다니는 것이다. 어떤 교사는 사소한 일에도 분노를 보이며 온갖 일에 다 간섭하는 아이들을 보면서 주의력결핍 과잉행동장애ADHD가 아닌지 의심스럽다고 상담을 청하기도 했다. 그런데 이상한 건 그런 아이들이 열이면 열 모두 남자아이라는 것이다. 또 높은 난간에서 뛰어 내리는 등 119를 불러야 하는 안전사고도 남자아이들이 월등히 많이 일으킨다. 아이들의 무모하다시피 한 행동 때문에 교사들이 가슴을 쓸어내리는 일이 한두 번이 아니다. 흔히 사회는 남성의 공격성을 호르몬 탓으로 이야기하여 왔다. 남자아이들은 태어날 때부터 여자와 다르다는 것이다. 과연 남자아이들에게서 공격성이 많이 나타나는 이유는 무엇일까? 유전적 이유나 남성 호르몬 때문일까, 아니면 사회에서 남성다움을 요구받기에 공격적인 행동을 보여도 너그럽게 용인받아서일까?

남녀가 보이는 사회적 행동 중 가장 많은 사람들이 그 차이를 공감하는 부분이 공격성일 것이다. 테스토스테론은 여성에게도 조금 분비되지만 기본적으로는 남성 호르몬이다. 그동안 테스토스테론은 사춘기 남자아이들에게서 나타나는 수염이나 근육 등의 발달과 성적 에너지 및 공격성의 증가 등에 관여하는 것으로 알려져 왔다. 그러나 스위스 취리히대학과 영국 런던대학의 연구진들은 과학 전문지 『네이처』에서 테스토스테론이 공격성을 유발한다는 일반적인 믿음이 도전받고 있으며, 테스토스테론은 공격성보다는 오히려 경쟁하고 성공하고 싶어 하는, 지위 상승을 추구하는 행동을 조성한다고 밝혔다. 물론 동물의 세계를 보더라도 수컷이 공격적인 것은 사실이다. 그러나 암컷을 폭력적으로 탐하는 일은 없다. 수컷의 공격성은 암컷에 대한 직접적인 지배를 목적으로 진화한 것이 아니라 경쟁 상대인 수컷을 지배하고 그 지배력은 암컷이 느끼는 매력을 강화한다.

2017년 영국 왕립학회 과학도서상을 수상한 과학사학 교수 코델리아 파인Cordelia Fine은 『테스토스테론 렉스』에서 테스토스테론은 남성성을 만드는 것이 아니라 소위 남자의 일, 즉 적극적이고 주도적이고 경쟁적인 일을 하는 행위를 하면 테스토스테론이 분비되는 것이라고 말한다. 가령 "너 해고야"라고 외치는 순간 그 이야기를 듣는 여성의 테스토스테론 수치가 확 올라간다고 한다. 호르몬이 남성성을 만드는 게 아니라 사회에서 남성적이라고 인식되는 행동이 호르몬을 분비시킨다는 것이다. 남성 호르몬이 어느 정도 영향을 주는 것은 사실이지만 모든 공격적인 행동에 영향을 주는 것은 아니다. 위의 연구에 참여한 취리히대학의 에른스트 페르Ernst Fehr 박사는 "테스토스테론이 공격성을 유발한다는 것은 전통적으로 이어져 온 가설이지만, 인간 사회는 이보다 훨씬 더 복잡하다"라며 생물학적 요인과 함께 문화적인 요인이 많은 영향을 준다고 말한다.

전문가들의 연구 결과들은 일관적으로 남성이 여성에 비해 신체적으로 공격적이라고 말한다. 공격성에서의 성차는 남녀 특성에 관한 어떠한 결과들보다도 일관적이며 인간의 탄생 시기부터 성인기에 이르는 인생의 전 단계에서 관찰되고 있다. 남아들은 여아들에 비해 서로 밀고, 당기고, 때리고, 뒤엉키고, 구르는 등 보다 자주 거칠고 파괴적인 행동을 하는 것으로 나타났다. 이런 모습은 여러 문화권에서도 동일하게 나타난다. 여섯 개의 문화권에서 3~11세의 아동들을 대상으로 한 연구에서 남아들은 여아들에 비해 보다 공격적인 것으로 밝혀졌다. 따라서 남성들은 여성들보다 더 자주 공격적인 행동을 하는 것으로 보인다. 거의 모든 나라에서 남성의 범죄율은 여성 범죄율의 여덟 배에 이른다. 앞에서 이야기하였다시피 역사적으로도 남성은 여성보다 더 공격성을 용인받아 왔다는 것을 알 수 있다.

어느 날 초등학교 2학년 남학생이 또래 친구를 때리고 여자아이들의 신체를 만지는 등 성추행을 한 일이 생겼다. 그 아이는 상담 중에 "아버지가 남자는 때리고 맞으면서 크는 것이라고 했다"고 말했다. 부모가 아이에게 폭력이나 공격성에 관대한 태도를 보인 것이다. 우리는 남성의 공격성을 용인하는 것이 잘못된 성 역할 고정관념에 따른 훈육 방법이 아닌지 생각해 볼 필요가 있다. 그동안 남성성과 관련된 공격성은 다양한 방식으로 남자아이들의 사고방식에 주입되었다. 남자아이들은 어릴 때부터 가정이나 학교에서 상대와 겨루거나 싸우는 등의 행동이 남성적인 활동이라고 배우며 로봇이나 칼 같은 전쟁놀이 장난감을 쉽게 접한다. 아이들은 남성으로서의 성 역할을 강제받으며 스포츠와 군복무에 대비해야 한다는 압박감도 받는다. 이에 조직적·위계적 관계 등을 습득하면서 더욱더 공격성이 증가하는 것이다.

이러한 사회적 압력에 남성들 또한 힘들어한다. 댄 킨들런은 『무엇이 내 아들을 그토록 힘들게 하는가』에서 우리 사회는 오랜 시간 동안 소년들의 감정에 고무줄을 칭칭 매어 두는 방식으로 문제를 방치해 왔다고 이야기한다. 남성이라면 지적이어야 하고 뭐든지 주도적으로 이끌어야 하며 성취를 해야 한다고 주변으로부터 압박받는다. 남성들은 여성보다 우월해야 한다는 강박관념에 자신이 책임감 있는 남자, 주도적인 남자, 대범한 남자임을 확인시키기 위해서 자신의 감정이나 욕구, 개성을 희생한다. 또 이로 인하여 아무에게도 도움을 받지 않고도 모든 일을 스스로 해 내야 한다는 생각에 불안감, 두려움, 외로움 등이 생기지만 이 감정들을 발현하지 못하고 무의식 아래 꽁꽁 묶어 두는 것이다.

남성에게 감정은 위험한 것이고 남성답지 못한 것이다. 하지만 꽁꽁 묶어 두었던 감정은 점점 커져 어느 순간 갑작스레 터지는 때가 오고 만다. 주로 순종적이던 아들들이 분노나 폭력으로 자신의 감정을 표출하곤 한다. 즉 '남성다워야 한다'는 명제가 자신과 들어맞지 않을 때 자신을 가치가 없는 존재로 판단하고 수치심을 느끼거나 그런 감정을 분노나 폭력으로 표출한다. 사회가 마련한 남성다움의 규범에 들어가야 한다고 생각하면서 그 규범에 부합하지 않는 자신을 인정하지 못하고, 이에 자신의 능력을 지나치게 과장하면서까지 턱없는 우월감을 갖기도 한다. 정작 현실로 돌아와 보면 이상과 현실의 차이가 너무나 커서 한없는 열등의식을 갖게 된다. 길을 몰라도 절대 다른 사람에게 묻지 않듯 남성성을 지향하는 사람들은 나약함을 드러내길 극도로 꺼린다. 그리고 여성화되는 일은 무엇이든 부정한다. 그들에게 여성화되는 것은 영향력과 권위, 자존감을 잃는 일이다. 남성성을 잃으면 안 된다는 거대한 중압감을 갖는 것이다.

슐라미스 파이어스톤Shulamith Firestone은 『성의 변증법』에서 소년들이 성장 과정에서 상처 입고, 지배당하고, 자신을 보호할 수 없는 힘없는 여성에 대한 거부의 방안으로 상처 입히고, 지배하고, 힘 있고, 보호할 수 있는 강한 남성이 되는 길을 택하려 한다고 말한다. 최근 정신과 전문의 정혜신 박사의 조사 결과를 보면, 직장 남성을 짓누르는 최대 스트레스 요인은 '가장으로서의 의무감', '기업 내 조직 구조조정으로 인한 실직의 두려움', '일에 대한 만족이나 성취감이 없는 것' 등이다. 많은 남성들이 책임감이나 성취 같은 남성적 요소로 힘들어한다는 것을 알 수 있다. 그런 점에서 폭력의 일상화에는 두 가지가 연관되어 있다고 볼 수 있다. 각 사회 내에서 성의 관계를 배열시키는 고정된 남녀 성 역할 구조, 그리고 남성들 간의 공동체적 강화가 '남성 지배적 폭력 현상'을 체계적으로 재생산해 내는 것이다.

아이들도 어른 남성의 관점이 깔린 소위 '사나이 마초의 세계' 또는 '강박적 남성성'을 학습하고 있다. 이렇듯 남성성에 대한 과잉 인식이 팽배하다 보니 청소년들의 성범죄는 다른 범죄보다도 증가율이 높다. 그들은 또래 여자 친구들을 상대로 툭툭 치듯이 성희롱이나 성추행을 하는 행동을 장난이라고 생각한다. 주변의 압력이나 친구들에게 소외되지 않을까 두려운 마음은 친구들이 관심 있어 하는 성과 관련해 자신의 힘을 과시하고 싶게 만든다. 이런 일들은 주로 순간적이고 우발적인 충동에 의하여 일어난다. 범죄 연령 또한 계속 낮아지고 있다. 범죄 유형도 가벼운 추행부터 시작해서 강간 미수, 강간 등으로 점차 강도가 심해지고 있다. 특히 주목할 만한 것은 집단화 경향이 심하다는 점이다. 2005년 대검찰청 범죄 분석에 따르면 성폭행 사건에서 성인은 주로 단독 범죄를 저지르는 반면 청소년들의 약 51퍼센트가 집단 성폭행을 저질렀다. 이런 경향을 보면 청소년들은 또래에게 남성성을 확인받고 싶어 한다는 것을 알 수 있다.

결국 공격성을 남성성과 동일시하는 태도는 남성들을 가해자로 만들었다. 잘못된 성 인식은 성폭행을 사소하게 치부하고 합리화하며, 더 나아가 범죄에 관대한 사회를 만든다. 남성다움과 여성다움의 사회적 강요는 성차별을 유발하고, 더 나아가 성폭력을 야기한다. 정당한 이유가 있으면 폭력을 사용해도 된다는 응보적, 처벌적 정의를 내세우며 아내를 구타하는 가정 폭력도 빈번하게 일어난다. 연인이나 부부 등 친밀한 관계에서 일어나는 폭행의 정도도 더욱 심해지고 있다. 남성의 성 역할에 대한 고정관념을 가진 사회는 성범죄자를 제대로 처벌하지 않는다. 이로 인해 결국 여성이나 아이들이 성적 대상화되어 폭력이나 성범죄로 내몰린다.

남성들은 표정을 숨기고 내재된 느낌을 죽이면서 "남자니까"라는 말로 애써 자신의 감정을 억눌러 왔다. 이러한 남성의 삶은 또한 여성의 삶에 영향을 미친다. 남성 위주의 잘못된 문화는 남성, 여성, 그리고 사회도 오염시키고 있다. 그렇다면 어떻게 해야 할까? 호주에서는 남성성을 새롭게 재정립함으로써 폭력이 감소하는 효과가 나타났다. 즉 남성다움은 폭력적인 성향이 아니라 다른 사람을 도울 수 있는 비폭력적인 성향임을 강조함으로써 남성다움을 재규정하고, 이러한 가치 체계의 변화를 교육하는 것이다. 남성 자신이 먼저 자신의 삶을 들여다보는 것을 통해 평화로운 삶을 구상하고, 남성이기 전에 인간의 관점으로 책임감을 가지고 우리 모두가 더불어 살 수 있는 사회를 꿈꾸어야 한다. 우리는 새로운 남성상을 만들어야 한다.

5.   성평등이 이루어지려면

    2018년 유엔개발계획이 발표한 성불평등지수Gender Inequality Index: GII에 의하면 우리나라는 199개 중 10위다. 또 2018년 세계경제포럼이 발표한『세계 성 격차 보고서』에서 성별격차지수Gender Gap Index: GGI를 살펴보면 우리나라는 144개 국가 중 118위다. 유엔과 세계경제포럼 보고서의 발표에서 이렇듯 다른 결과가 나타난 것이다. 우리나라는 한편으로는 성평등 선진국이지만 다른 한편으로는 낙제 점수를 받았다. 영국 시사 주간지『이코노미스트』가 2016년 발표한 유리천장지수에서도 우리나라는 OECD 29개국 중 5년째 최하위를 기록했고, 500대 기업 임원 가운데 여성의 비율은 2.7퍼센트에 불과하며 여성 임원이 한 명도 없는 기업은 366개로, 전체의 73.2퍼센트를 차지한다.

양성평등 수준의 지표가 되고 있는 GII와 GGI를 좀 더 자세히 살펴보자. GII는 남녀 간 성 격차보다 차별 여부와 여성 인권 자체를 중점적으로 평가하는 경향이 있다. 때문에 남녀의 임금 격차나 재산 차이, 가정 폭력 등은 반영되지 않는다. 반면에 GGI는 정치적·경제적·사회적 요소의 절대적 수준이 아니라 남성과 여성의 상대적 격차를 중시한다. 이 점수는 '건강과 생존', '정치적 권한', '경제 참여 및 기회', '교육적 성취' 등 4개 부문의 점수를 합한 것으로, 우리나라가 가장 큰 격차를 보인 부문은 '경제 참여 및 기회'로 125위를 차지했다. 한국 여성의 평균 소득은 남성의 절반에 그쳤고 여성 정치인들의 비율 또한 낮다. 상위권에 위치한, 남녀가 가장 평등한 국가들은 아이슬란드, 스웨덴, 노르웨이 등의 북유럽 국가들이다. 하지만 1위를 차지한 아이슬란드의 경우에도 여성의 수입이 남성의 83퍼센트 수준이며 의원과 장관도 과반수가 여성이지만 여전히 완전한 평등이 이루어지지는 않았다. 아이슬란드에서는 여성의 군 입대 추진 등 남녀가 함께 책임을 나누고자 하는 노력을 통해 양성평등을 지향하고 있다. 선진국 이외에도 5위인 아프리카 르완다는 일정 의석을 여성에게 보장하는 쿼터제를 운영하고 있으며, 7위인 필리핀의 경우에도 여성이 남성보다 교육을 더 오래 받고 고위직에도 더 많이 오르고 있다.

그러나 이러한 수치가 우리 사회의 불평등을 증명하고 있음에도 불구하고 일부에서는 성평등을 넘어 여성 상위 시대에 들어서 남성들이 역차별받는다고 주장한다. 하지만 여전히 우리 사회에는 가정생활에서부터 경제 전반에 이르기까지 여성을 가로막는 차별이 존재한다. 사회적인 면에서는 직업적 지위, 임금 수준, 승진 등에서 차별적 관행이 여전하며, 가정생활 면에서도 가사와 돌봄은 여전히 여성의 역할로 머물러 있다.

2016년 양성평등 인식조사에서도 취업 과정이나 직장 생활에서 남성은 48.6퍼센트가 불평등하다고 대답하였지만 여성은 그보다 높은 75.5퍼센트가 불평등하다고 여겼다. 2019년 경제활동 인구조사를 보면 삼십 대, 사십 대 남성은 89.1퍼센트가 경제활동을 하고 있는 반면에 여성은 63.1퍼센트만이 경제활동을 하고 있다. 더군다나 여성은 육아로 인해 주로 삼십 대에 경력 단절을 겪고 아이를 다 키운 후 사십 대에 직장에 복귀하는 현실이기에 여성의 경제활동 현황은 후진국에서 볼 수 있는 M 자형 곡선을 보인다. 여성이 할 수 있는 일이 늘어났음에도 불구하고 여전히 집안일과 육아를 책임지는 것은 여성의 역할로 인식되어 여성들은 직장을 다니다가도 경력이 단절되고, 전문성을 키우지 못한 채 비정규직에 머무르게 된다. 2016년 '일·가정 양립지표'를 보면 맞벌이 부부의 일일 가사노동 시간이 남자는 40분, 여자는 세 시간 14분으로 나타나 큰 차이를 보였다. 양성평등이 이루어져야 한다는 인식은 점차 확산되고 있지만 여전히 우리에게는 "아무래도 살림은 여자가 하는 게 낫지", "엄마 나갔다가 올게, 오빠 밥 챙겨 줘"라는 말들이 익숙하다. 2017년 육아휴직 성별 비교에서도 여성은 86.6퍼센트가, 남성은 13.4퍼센트가 육아휴직을 쓰는 걸로 나타났다. 여전히 육아는 엄마만의 책임인 구조인 것이다. 과거에는 직업을 가지고 일하는 사람이 대부분 남성이었지만 사회구조와 인식이 변함에 따라 여성의 사회 진출이 커지고 있다. 이로 인하여 성별에 관계없이 자신의 미래를 꿈꿀 수 있고 자아실현이 가능하고 삶의 질이 높아져야 하는데 아직도 여성은 동등한 기회를 얻지 못하고 있다. 구직에서, 임금에서, 승진에서 여성이 겪는 차별의 벽은 높다. 무엇보다 동등한 기회 확보와 지위 부여가 이루어져야 한다.

운동경기를 보는 사람 중에 키가 큰 사람, 중간인 사람, 작은 사람이 있었다. 그러나 그 앞에 펜스가 놓여 있어서 키가 작은 사람은 경기를 볼 수가 없었다. 어떻게 해야 할까? 당연히 작은 사람이 볼 수 있도록 발아래에 선반을 놓아 줘야 한다. 누구나 볼 수 있는 기회를 보장하는 것이 기회의 평등이라면 키가 작은 사람에게 선반을 놓아 주는 것은 조건의 평등이다.

대한민국 헌법 제11조에 나와 있듯이 어떤 차이에도 불구하고 성별, 인종, 종교 등에 상관없이 누구에게나 동등한 기회를 보장하는 것은 '기회의 평등'이라 할 수 있다. 이를테면 선거권의 보장이 이에 해당된다. 이와 달리 '조건의 평등'은 기회의 평등의 현실적 한계를 극복하는 것, 즉 누군가가 키가 작다는 것을 인식하면서 같은 것은 같게, 다른 것은 다르게 보장하는 것이다. '각자에게 그의 몫을 주자'는 것으로, 불평등한 지위로 인해 경쟁에서 이미 차별을 당하고 있는 조건에서는 동일한 기회 및 동등한 대우만으로 평등이 실현되지 않기에 이를 고려하는 것이다.

기회의 평등을 제공하는 것만으로는 실질적인 평등이 이루어지기 어렵다. 남성과 여성의 신체적·사회적·심리적 차이를 무시한 절대적 기준에 따른 평등한 대우는 불평등을 정당화하는 것이다. 예를 들면 여성들의 임신, 휴가, 경력에 대한 인정은 조건의 평등에 속한다. 우리 사회에서는 임신과 출산, 육아는 여성의 몫이라는 인식이 뿌리 깊이 박혀 있기 때문에, 여성과 남성이 비슷한 조건에서 직장 생활을 하기가 어렵다. 결국 개인의 조건을 고려하여 받침대를 제공하는 일이 필요하다.

그러나 이러한 기회와 조건의 평등에도 불구하고 여전히 불평등이 존재할 수 있다. 그래서 '결과의 평등'이 대두된다. 우리가 흔히 말하는 가장 인권주의적인 평등이다. 이는 제도적 차원의 적극적 조치, 말하자면 법률적 평등 및 실질적 평등을 달성하기 위한 잠정적 조치를 통해 이룰 수 있다. 북유럽에서는 이미 이런 개념이 통용되고 있다. 정치, 경제, 교육 등 각 부문에서 일정한 비율을 여성에게 할당하는 여성할당제를 예로 들 수 있다. 양성 평등이 달성될 때까지 잠정적 우대 조치를 하는 것이다. 또 양성 평등 채용목표제는 성비 불균형 해소를 위해 남녀 모두의 최소 채용 비율을 설정하는 제도로, 한쪽이 70퍼센트를 넘지 않도록 하는 것이며 또 한쪽이 30퍼센트를 밑돌지 않게 추가로 합격시키는 것이다. 공무원의 경우 이 제도로 남성이 여성보다 혜택을 더 본 것으로 나타났다. 이렇듯 결과의 평등은 상대적으로 불리한 위치에 있는 사람들을 우대하는 것으로, 이는 기회나 조건을 균등하게 하는 데서 더 나아가 결국 불평등한 상황에 적극적으로 개입하여 실질적 평등을 실현하는 것이다.

성평등을 위해서는 무엇보다도 양성평등에 대한 사회적 합의와 이를 실천할 수 있는 구체적 노력이 필요하다. 그 노력은 각 나라에서 이미 시작되고 있다. 이를 위해서 영국에서는 성 역할 고정관념으로 인해 과학이나 기술 등의 분야에 여성의 참여가 낮은 것을 개선하기 위해서 다양한 프로그램을 진행하고 있다. 영국 공군에서 주도하는 'RAF-WISE 직업체험'은 10~24세의 여학생을 대상으로 하는 것으로, 여학생들은 일주일 동안 공군 부대에서 항공과 통신공학 분야의 기술교육을 받고 체육 훈련과 개인의 역량 개발 훈련도 받는다. 한 여학생은 "비행기를 조종하고 통신을 경험하기 전까지는 이공계는 남자에게 적합하다고 생각해 이 분야에 진출할 시도를 하지 않았는데 생각이 바뀌었다"고 말하였다. 이런 프로그램의 시행은 여학생이 어떤 경험을 하는지가 직업 선택에 영향을 준다는 사실을 보여 주었다. 독일에서도 직업에서의 성별 고정관념을 깨기 위해 5학년에서 10학년까지의 학생을 대상으로 한 '걸스 데이Girls' Day'와 '보이스 데이Boys' Day'라는 프로그램을 실시하고 있다. 여자아이들은 남성의 직업이라고 생각했던 자연과학, 기술, IT 등의 분야에 참여해 보고, 남자아이들은 여성의 직업이라고 생각했던 간호사나 선생님 등 교육과 돌봄과 관련된 직업을 경험할 수 있다. 아이들은 서로가 경험하지 못하고 상상하지 못했던 직업을 체험함으로써 남녀의 고정관념에서 벗어나 자신에게 맞는 직업을 찾아 나갈 수 있다.

지금은 성평등 선진국인 스웨덴도 1970년대까지만 해도 가부장적 문화 때문에 몸살을 앓았다. 그 사회가 처음 시작한 것은 의식 개선이었다. 여성도 남성과 동등하게 경제활동에 참여해야 하고 아이의 양육은 부부가 함께해야 한다는 의식의 확산을 통해 사회 구성원 개개인이 실질적으로 성평등에 한발 더 다가갈 수 있게 되었다. 또 국가적 차원에서 경력 단절 예방을 위해 직장 내 육아 시설 설치 의무화, 출산·육아 휴직제 등의 양성평등을 촉진하는 제도적 개선을 지속적으로 추진하였다. 이렇듯 법적·제도적 기반을 마련함으로써 여성과 남성의 형식적인 동질성을 추구하는 것이 아니라 양성이 지닌 생물학적 차이와 사회적 조건의 격차를 충분히 고려하여 결과적으로 양성 간 삶의 조건이 동등해지도록 불평등을 해소해 가는 것이 진정한 양성평등이자 성 인권의 실현이다.

"성평등은 모든 평등의 출발"이라는 기치를 내건 양성평등 캠페인 '히포쉬HeForShe'에 서명하기도 했던 캐나다 총리 쥐스탱 트뤼도Justin Trudeau가 2015년 취임하면서 내각을 여성 열다섯 명, 남성 열다섯 명으로 구성해 전 세계의 주목을 받은 일이 있다. 사람들이 그 이유에 대해 궁금해하자 그는 "2015년이니까 당연한 일"이라고 대답했다. 세상에는 여성과 남성이 모두 함께 살아간다. 따라서 그의 발언은 너무나 당연하다. 하지만 그 당연한 일이 오랫동안 당연시되지 못했던 이유는 뭘까? '정치는 여성의 역할이 아니다'라는 사회적 인식이 당연한 결과를 막았기 때문이다. 성평등이 전 세계적으로 중요한 가치로 꼽히는 이유는 남녀의 동등한 성인권이 보장되는 나라에서야 비로소 민주주의가 실현되기 때문이다. 남성과 여성, 부모와 아이의 행복한 미래는 결국 성평등 국가를 만들어 가는 것에서부터 시작된다.

5장

성폭력 성찰하기

|

폭력에 대한 감수성을
높이다

1.   타인의 권리 침해가 성폭력이다

1993년 서울대 신 교수 성희롱 사건은 우 조교가 교수였던 신
교수에게 성희롱을 당했다고 고소 고발한 사건으로, 이는 국내
최초의 직장 내 성희롱 소송이었다. 그 당시 우리 사회에는 성희
롱이 범죄라는 인식이 없어 "한 번 만졌다고 벌금을 5백만 원씩이
나 내냐", "별것 아닌 것을 가지고 예민하게 군다" 같은 반응이 줄
을 이었다. 우 조교가 재계약에 탈락해서 앙심을 품고 일으킨 사
건이라는 비난도 쏟아졌다. 그 당시 여성들은 직장의 꽃이라 불
렸다. 여성들은 가벼운 성희롱에서부터 시작해서 성기 노출, 음
란 전화, 심한 추행 등에 무방비 상태였다. 그 당시는 신체적인
피해에 대해서만 성폭력으로 인정했는데 그 또한 가해자의 잔인
한 성폭력으로 생식기가 훼손될 정도로 심하게 당했거나 죽을 정
도가 된 경우만 성폭력이라고 인식하였다. 안산의 조두순 사건이

나 안양의 정성현 사건 등과 같이 저항할 수 없는 아이들이 신체적 피해를 심하게 당해서 피해자 유발론을 펼 수 없는 경우에만 성폭력이라고 인식하였다.

성폭력특별법으로 성폭력의 개념이 바뀌었지만 성교육의 부재로 인식의 변화는 더디었다. 우리 사회는 어느 누구나 성적 주체자로서 성적 자기결정권을 침해당하지 않을 권리를 갖고 있다는 것을 인식하지 못하였다. 성폭력에 대한 인식의 부재는 일상의 폭력으로 이어졌다. 낯선 사람에 의해 성폭력이 일어난다는 통념과는 달리 성폭력 사건의 70~80퍼센트는 주변의 아는 사람들에 의해 일어났다. 성적 자기결정권의 침해가 일상생활 곳곳에서 일어나고 있는 것이다. 친척, 형제, 의붓아버지, 친아버지, 할아버지 등 가족뿐만 아니라 동네 아저씨나 할아버지, 학교나 학원 교사 등 눈을 뜨고 매일 보는 주변 사람들이 성범죄자가 되는 현실이다.

누군가에게는 사소한 장난이나 친밀감의 표현이 누군가에게는 자신을 지배하고 통제하려는 권리 침해가 될 수 있다. 이런 일상의 침해가 성폭력의 씨앗이 된다. 이런 경우 가해자도 인식을 하지 못한 채 범죄자가 되고, 피해자도 자신이 피해자임을 인식하지 못하기도 한다. 친근한 사람 간의 일상적인 성폭력은 대체로 사소한 장난이나 놀이로 취급된다. 이런 폭력은 아이들 사이에서도 만연하다. 지나가는 아이의 엉덩이를 걷어차는 똥코킥, 뒤에서 바지 내리기, "준비하고 쏘세요" 하면서 브래지어 끈 당기기, 생식기나 신체에 대해 놀리거나 엉덩이를 만지는 행위 등은 장난으로만 여겨질 뿐 이것이 성폭력임을 많은 아이들이 인지하지 못하고 있다. 최근에야 계속되는 성폭력 예방 교육으로 이러한 행위들이 성폭력이라는 것을 인지하는 아이들이 점차 늘어나고 있기는 하다. 하지만 한때 아이들 사이에서 유행했던 왕게임처럼 여전히 장난이라는 이름으로 행해지는 폭력 행위들이 많다. 이 게임에서는 신하가 된 사람이 왕이 시키면 뭐든지 해야 하는데, 왕이 '뽀뽀하기'를 시키면 낯선 사람에게도 서슴지 않고 뽀뽀를 한다. 아이들은 이런 놀이를 하다가 뒤늦게 성범죄 사실을 깨닫기도 한다.

중학생 아이가 친구에게 "우리 사귀자! 키스하고 싶다, 가슴이 큰 것 같다, 성관계하고 싶다"는 말이 담긴 카톡을 보내 문제가 된 적도 있었다. 또 서로 사귀다가 헤어졌는데 둘 사이에 있었던 스킨십의 수위나 내용을 떠들고 다니기도 하고, 수업 시간에 엎드려 자고 있었는데 지나가던 남학생이 가슴과 허벅지 사이를 만지는 일이 일어나기도 한다. 가해자는 자신만의 친근함의 표현이라고 하지만 이것은 상대를 성적 주체로 인정하지 않는 명백한 성폭력이다. 안타깝게도 가해자 아이들과 상담하다 보면 "장난으로 한 건데 별일 아니지 않은가?"라는 반응이 돌아오곤 한다. 문제의 심각성에 비해 성폭력에 대한 인식이 너무 낮은 현실이다.

이러한 배경에는 사건을 피해자 입장에서 바라보지 않고 가해자 입장에서 바라보는 남성 중심의 성 문화가 자리하고 있다. 과거 근무하던 학교에서 초등학교 1학년 여자아이가 울면서 보건실로 찾아왔다. 같은 반 남자아이가 머리를 자꾸 잡아당기고 놀린다고 하면서 괴로움을 호소하였다. 나는 아이에게 그 행동은 장난이 아니며 폭력이라고 이야기했고, 상담 내용을 담임교사에게 전했다. 남성이었던 담임 교사는 이야기를 다 듣고 나자 "고놈 귀엽네! 그 애를 좋아하나 봐요. 어린애들이 종종 그래요"라며 별스럽지 않게 넘겼다. 여자아이에게는 눈물이 날 정도로 속상하고 화나고 아픈 폭력이었지만, 같은 행동이 순식간에 좋아하는 마음의 표현이 되었다. 교사도 부모도 남자아이들의 폭력적인 행동에 대해서는 남자아이들은 원래 친근함의 표현을 짓궂게 한다며 "그럴 수 있다"라고 넘어가는 경우가 많다. 그러나 사춘기가 되어서도 문제는 이어진다.

학창 시절 나의 친구는 또래보다 2차 성징이 빨리 와 가슴이 컸다. 친구는 어디서나 눈에 띄는 가슴이 너무나 싫어 자신의 몸을 깎아 버렸으면 좋겠다며 자신의 몸을 저주하곤 했다. 그러던 그녀에게도 좋아하는 남자아이가 생겼다. 어느 날 그는 그녀가 그를 좋아하는지를 알았던지 조심스럽게 다가와 말을 걸었다. 순간 그녀는 그가 자신에게 관심이 있다는 생각이 들어 가슴 뛰는 기분 좋은 상상을 하였다. 그런데 그 남학생은 대뜸 "너 가슴 D컵이지?" 하고 묻는 것이었다. 남학생은 친구와 그녀의 가슴 크기를 놓고 내기를 했던 것이다. 그녀는 미친 듯이 그 자리를 도망쳤지만 남아 있던 우리는 남학생들에게 항의하였다. 그는 전혀 뉘

우치는 기색 없이 "있는 가슴 사이즈를 물어본 건데 뭘 까칠하게 굴어" 하면서 오히려 항의하는 우리를 탓했다.

한 라디오 방송 프로그램 진행자가 성폭력을 인지하지 못해 문제가 된 사건도 있었다. 한 시청자가 자신의 이상형을 따라다니다 넘어진 사연을 보내왔다. 이에 진행자는 자신도 그와 같은 경험이 있다고 말하며 "어쩌다가 밤늦게 골목 어귀에서 괜찮은 처자와 같이 지나가게 되면 제가 일부러 속도를 빨리 냅니다. 탁탁탁탁. 이렇게 가면 앞에 가던 여자분의 속도가 빨라져요. 제가 경보 수준으로 가다 뛰기 시작합니다. 그럼 이분이 '아아악~' 하면서 막 도망가요. 너무 재밌더라고요"라고 웃음을 섞어 가며 설명했다. 자신에게는 즐거웠을지 모르는 행동이 성폭력이라는 것을 인식하지 못한 것이다.

우리 사회는 남성의 폭력성에 대해서 생물학적이고 자연스러운 특성으로 받아들인다. "남자애들은 좀 거칠게 놀잖아요" 하면서 폭력에 대해 쉽게 수용적인 태도를 보이는 것이다. 그러나 폭력에 대한 수용적인 태도는 '장난의 위해'에 대해 전혀 인식하지 못하는 데서 나온다. 또래 성폭력 예방 수업 시간에 남학생들은 "저는 장난이라고 생각하는데 폭력이라니 말도 안 된다"고 하며 억울해하며 장난과 폭력에 대해 구분하기 어려워했다. 한 남자 교사는 "어린아이들끼리 성적인 호기심이 동해 장난하는 것 가지고 너무 범죄화하는 것 아니냐?"라고 이야기하였다.

이렇듯 누군가가 폭력에 장난이라는 이름을 붙이면 폭력이 아무렇지도 않은 일이 되어 버린다. 오히려 성 인식이 부족한 주변 사람들은 "별일 아닌 것 같고 그런다"며 피해자를 예민하게 구는 사람으로 취급해 침묵하게 만든다. 이들은 무분별한 성적 행동이 법에 위배되는 일이라고 생각하지 않는다. 가해자들은 오히려 자신의 생각과 마찬가지로 피해자도 함께 동의하고 참여해서 즐겼다고 생각하며 이를 사소한 일로 치부해 버린다.

한 설문조사에서 남성들이 성폭력이 얼마나 고통스럽고 받아들이기 힘든 것인지 공감하지 못하고 오히려 과소평가한다는 결과가 나왔다. 성폭력이 여성에게 미치는 부정적 영향을 평가하라고 했을 때, 여성들은 9.5점으로 높은 점수를 매긴 반면 남성들은 5.8점으로 낮은 공감력을 보였다. 남성은 그것이 여성에게 얼마나 큰 고통을 주는지 제대로 이해하지 못하고 이는 남녀 사이의 큰 갈등의 원인이 된다. 조사 결과 성인 여성의 30퍼센트가 과거에 기억하고 싶지 않은 성추행을 당했고, 50퍼센트가 가벼운 성추행을 경험하였음에도 남성들은 이런 상황을 인지하지 못하였다.

만약 상대가 직장 상사의 딸이나 아들이었다면 자기에게 돌아올 불이익이 뻔한데 그렇게 쉽게 장난을 칠 수 있을까? 장난과 성폭력은 엄연히 다르다. 우리에게는 서로 보이지 않는 경계가 있으며, 장난과 폭력의 기준 또한 암암리에 약속되어 있다. 때론 그 기준이 서로 다르지만 그때는 장난을 치는 사람이 아닌 장난의 대상이 되는 사람의 기준이 존중되어야 한다. 상대방이 유쾌한 정도였다면 장난이지만, 불편해한다면 폭력이다. 이성 간이든 동성 간이든, 상대가 나이가 많든 적든 어떤 경우에도 타인을 성적 주체로서 존중하지 않고 타인의 권리를 침해하는 것은 장난이라고 할 수 없다. 성은 인간의 정체성과 관계를 이루는 핵심이기에 설사 나쁜 의도를 가지고 있지 않았다 해도 다른 사람을 존중하는 마음이 결여된 경계 침범 행위는 폭력이다. 따라서 아무리 친한 연인 사이에서도 상대방이 원하지 않는 행위를 해서는 안 된다. 성폭력을 당한 것은 성적 주체로서 존중받지 못하고 성적 결정권을 침해당한 것이다. 어떤 행위가 국가에서 범죄로 인정되는 까닭은 그 행위가 타인의 권리를 침해하기 때문이다. 힘을 이용해 폭력이라는 수단을 사용하는 것은 타인에 대한 존중감이 결여되어 있는 상황에서만 발생할 수 있다.

이처럼 성폭력은 어떤 특별한 범죄자들만 저지르는 것이 아니라 우리 주변에서 나와 다른 사람의 관계의 중요성을 인식하지 못한 채 힘을 남용한 결과로 발생한다. 서로 배려하고 존중하는 방식으로 소통하는 것이 아니라 충동을 조절하지 못하고 자기중심적이고 일방적으로 성적 권리를 침해하고 상처를 줌으로써 성폭력 범죄가 발생하는 것이다.

그렇기에 성폭력 판결을 내릴 때도 상대방의 의사에 반하는 정도가 근거로 성립한다. 성폭력 예방을 위해서는 일상에서 성적 경계 민감성을 높여야 한다. 즉 무엇이 허용되고 무엇이 허용될 수 없는 행위인지 알 수 있어야 한다. 이를 위해 먼저 평소 가지고 있는 성 고정관념을 점검하여야 한다.

또 성폭력을 예방하기 위해서는 성폭력이나 올바르지 않은 행동에 대해 체벌하고 훈육하는 교육에서 그쳐서는 안 된다. 남녀의 성 차이를 이해하고 서로 존중하는 바탕 위에서 남녀 갈등이 있을 때 평화적으로 해결할 수 있도록 통합적인 성 인권 교육이 이루어져야 한다.

미국이나 독일에서는 성폭력 예방 교육이 시민교육의 일환으로 일상생활 속에서 이루어지고 있다. 성폭력 예방 교육의 시작은 상대의 경계를 침해하지 않는 성 예절이다. 우리도 그동안은 피해자가 되지 않는 방법이 성폭력 예방 교육의 주였다면 이제는 가해자가 되지 않는 교육이 필요하다. 성적 주체로서 내가 존중받는 것이 중요하듯이 성적 주체인 상대의 권리도 존중하고 배려하는 것이 인권 보호라는 것을 아이들이 확실히 알게 해 주어야 한다. 어느 누구도 자신이 원치 않는 성적 행위를 강요당할 수 없다. 성적 태도나 성 가치관, 성 정체성, 성적 행위에 대해서 자기 결정권을 행사할 수 있는 사람은 바로 나라는 것을 알고 행동해야 한다. 누구나 자신을 성적 주체로서 선택하고 결정할 수 있는 사람으로 인식하는 것, 존중받을 만한 가치가 있는 존재로 인식하는 것이 중요하다. 장난이라는 이름으로 타인의 성 인권을 침해하는 것은 명백히 성폭력 범죄라는 인식이 어려서부터 자리 잡도록 해 주어야 한다. 모두가 서로를 존중하는 인식이 자리 잡을 때 성폭력은 예방될 것이다.

2.   어쩌면 데이트, 어쩌면 폭력

성에 대한 호기심이 가득한 사춘기의 아이들은 자연스럽게 좋아하는 친구에게 관심을 보이고 친밀감을 표현한다. 서로에 대한 관심은 썸이나, 고백, 데이트 등으로 이어지기도 하는데, 때론 그 사랑 고백이 거절로 돌아오기도 하고 연인으로 지내다 이별을 겪기도 하는 등 아이들은 사랑의 깊이만큼 아픔도 커지는 경험을 하며 성숙의 과정을 거친다. 사랑은 사람을 성숙하게 만들어 준다. 한 인터뷰에서 가수 아이유는 사랑을 하면서 자존감을 찾았다고 하였다. 사랑을 하게 되면 자신이 사랑받을 만한 존재라는 것을 깨닫게 되고 자신이 알지 못했던 자신을 알 수 있는 기회가 생긴다는 것이다. 상대방은 내 안에 있는 좋은 점들을 발견해 주고 더 좋은 내가 되고 싶게 만든다. 이렇듯 사랑하는 사람들은 서로의 전부를 알고 싶어 하며 친밀감과 신뢰감으로 관계를 키워

간다.

그런데 사랑의 의미를 잘못 배운 사람들은 상대를 있는 그대로 사랑하기보다 소유하려 한다. 수많은 드라마나 영화 속 주인공들은 마치 로미오와 줄리엣처럼 삶의 전부를 바치는 뜨거운 사랑만이 사랑인 것처럼 행동한다. 연인들 간에 "난 네 거, 넌 내거" 하면서 서로 소유하려 든다. 내 거라는 생각! 여기에는 사람은 서로 소유할 수 없음에도 서로를 소유하고 지배하고 구속하려는 욕망이 숨어 있다.

딸이 중학교 때 친한 친구가 연애를 시작했다. 그 친구의 연애의 시작은 드라마 같았다. 아이들이 많은 강당에서 남학생이 딸친구인 여학생에게 프러포즈를 하면서 연애가 시작되었다. 여학생은 사귈지 말지 생각하지도 못했던 상황에서 아무 대답도 하지 못하였고 침묵은 긍정으로 해석되었다. 이후에 소문이 퍼졌고 남학생의 끈질긴 구애 끝에 둘이 사귀는 것으로 결론이 났다. 그는 그녀를 만나기 위해 버스를 두 번 타고 와서 잠깐 얼굴만 보고 가기도 하고 그녀가 부르면 언제든지 달려와 도움을 주었다. 22데이에는 드라마 속 로맨틱한 남자처럼 옷과 꽃을 선물로 주며 그녀의 환상을 채워 주었다. 그렇게 잘 만나는가 싶더니 둘이 싸우는 일이 잦아졌다. 그는 혼자 짝사랑하는 것 같다고 느꼈고 여학생이 다른 사람과 이야기하거나 친구들과 노는 것을 보기 힘들어했다. 질투는 로맨스의 탈을 쓴 채 상대를 소유하려는 집착으로 이어졌고 집착은 점차 폭력으로 변해 가고 있었다. 남학생은 여학생에게 짧은 치마를 입지 말라고 하거나 다른 남자애들과 함께 있을 때 말도 하지 말고 웃어 주지도 말라고 하는 등 옷차림이나 행동을 모두 검사하려 들었다. 여학생은 하루 종일 무엇을 하고 누구와 만나는지 남자 친구에게 보고해야 했다. 남학생은 상대방이 자신이 정한 대로 따라 주는 것이 사랑이라고 생각했다. 점차 강한 소유욕이 문제가 되었고 집착은 싸움으로 번져 갔다. 여학생은 자신도 그를 좋아한다고 확인시키려 했지만 집착은 점점 심해졌고 남학생은 여자 친구가 느끼는 불안과 상처 등이 자신의 폭력에서 비롯된다는 걸 인식하지 못했다. "좋아하기 때문에 이런다"라는 말 앞에서 폭력은 사랑으로 포장되었다. 남학생은 종종 여자 친구가 원하지 않는데도 불구하고 좋아한다는 증거를 보이라면서 허용 가능하지 않은 성관계를 요구하고 여자 친구에게 거절당하자 자신을 좋아하지 않는다고 여겨 분노를 이기지 못하고 자살하겠다고 협박까지 하곤 했다. 그는 부모에게 받지 못했던 사랑을 여자 친구에게 모두 쏟아부었고 그렇게 사랑을 받고 싶은 기대가 충족되지 못하고 이별을 통보받자 더 큰 증오와 분노를 키워 갔다. 그는 밤새 전화를 하고 집 앞에서 기다리는 등 스토킹까지 했다. 이성과 감정이 제대로 조절되지 않는 사춘기 남학생은 자신의 감정을 폭력으로 해결하려 했던 것이다. 여학생에게 처음 사귀는 남자 친구와의 이성 교제는 상처가 되었다. 그 후 여학생은 연애를 무서워했고 지금까지 남자 친구를 사귀고 있지 않다고 하였다.

이러한 남성들의 경우 여성을 자신의 소유로 생각하기 때문에 여성이 자신이 원하지 않는 행동을 했을 때 자신이 그 행동을 탓하며 어느 정도 폭력을 행사해도 된다고 생각한다. 갈등을 폭력으로 해결하려고 하며 자신만의 논리로 폭력을 정당화시키는 것이다. 상대에 대한 불안감은 집착이 되고 남성은 자신의 행동을 점점 합리화한다. "다른 사람을 만나서", "헤어지자고 해서", "나를 가지고 놀았어……" 하며 자신이 응징자가 되고자 한다.

또 여성다움에 대한 왜곡된 인식을 바탕으로 연인이 다른 남자 앞에서 웃는 등 여자답지 못한 모습을 보였다며 자신을 훈육자의 입장과 동일시하여 폭력을 행사하는 경우가 있다. 가해자는 "사랑하기 때문에 이러는 거야" 하며 폭력을 중화하거나 정당화하며 통제와 집착을 통해 연인 관계를 유지하려고 한다. 또 이 정도로 그치지 않고 이별 후 소문을 퍼트리거나 성관계 동영상을 유포하는 형태로 헤어진 연인에게 복수하는 일이 일어나기도 한다. 얼마 전 남자 친구와 결별한 또 다른 여학생은 한 통의 문자를 받았다고 하였다. 그녀가 이별을 선언하고 만나 주지 않자 상대는 자신은 여전히 사랑하니까 헤어질 수 없다며 안 만나 주면 둘 사이에 있었던 은밀한 일들을 부모나 친구들에게 이야기하겠다고 협박을 하였다.

상대가 이별을 요구했을 때 이성을 잃고 폭행을 저지르며 목숨까지 위협하는 이별 범죄 문제는 심각하다. 특히 요즘에는 좋았을 때의 사진이나 동영상으로 피해자를 협박하는 '리벤지 포르노'

문제가 증가하고 있다. 이 경우 피해자는 공포와 두려움으로 정상적인 일상생활이 어렵다고 호소한다. 이는 자살까지 이르게 하는 심각한 범죄 행위다. 피해자는 이 일을 신고한 후에도 보복 폭행 등에 시달린다. 이별을 받아들이지 못하는 가해자는 스토킹, 강간, 심지어는 살인까지 일으킨다. 누군가는 이를 지독한 사랑이라고 부를지도 모르겠지만 누군가에게 이는 지독한 폭력이다.

드라마 〈라이브〉에서는 데이트 폭력을 저지를 뻔했던 남자 친구가 원래 착한 아이라며 폭력의 원인을 자신에게서 찾는 여성의 모습이 그려졌다. "내가 다른 애가 생겼어요. 어제 내가 다른 남자랑 있는 걸 그 친구가 봤어요." 자신이 잘못을 저질렀기 때문에 남자가 폭력을 저지른 건 어쩔 수 없는 일이라는 것이다. 그런 딸에게 아버지는 말한다. "양다리 걸친 건 나쁜 짓이지만 그렇다고 그 놈이 네 허락 없이 네 몸에 손대는 것은 정당화할 수 없어. 이해받을 수도 없고, 그건 범죄야. (…) 너도 뭐가 옳고 그른지 똑똑히 알아. 그 누구도 허락 없이 싫다고 하면 절대로 너의 몸에 손가락 하나 대서는 안 된다고." 폭력에는 어떠한 정당한 사유도 없다.

한국 사회에서는 이성 교제를 하는 세 명 중 한 명은 폭언에 시달리며 심지어는 주변의 분위기나 남자 친구의 압력에 이끌려 성폭력을 당하기도 한다. 데이트 폭력의 유형을 살펴보면, 욕설은 전체의 31퍼센트, 기물 파손은 27퍼센트, 고성 등 기분을 상하게 하는 발언은 19.2퍼센트, 원치 않는 스킨십은 15.2퍼센트로 나타났다. 구체적으로는 고함을 지르고, 상대방을 형편없는 사람이라고 비난하고, 힘껏 움켜잡거나 거칠게 밀고 뺨을 때린다. 목을 조르고, 흉기로 위협하고, 물건을 던지고, 심지어 감금까지 하며 신체적 통제를 가한다. 성관계 시 피임 기구 사용을 거부하고, 싫다는데도 애무를 하며, 성관계를 강요해 성폭력에까지 이르기도 한다. 또 강제 성관계 영상을 촬영하거나 유포하고, 협박이나 자해, 갈취를 하며, SNS 비밀번호 공개를 강요하고 끊임없이 연락을 취한다.

청소년 시기의 연애는 인생에서 인간관계를 맺는 방법을 알 수 있는 첫 단추이므로 매우 중요하다. 이 시기는 자신과 맞는 사람은 어떤 사람인지, 어떻게 하면 상대와 친해지고, 어떻게 사랑을 표현하고 성적 친밀감을 느낄 수 있는지 알아 가는 시기다.

아이들의 이성 교제는 늘어나고 있지만 갈등 상황에서 자기 통제력이 어른보다 취약한 시기이다 보니 사랑에 대한 잘못된 이해는 자칫 데이트 폭력으로 이어진다. 그리고 이들의 연애는 대개 어른들에게 비밀인 경우가 많아 데이트 폭력을 당해도 어디 가서 쉽게 도움을 구할 수가 없다. "그렇게 학생이 공부나 하지 무슨 연애야"라고 비난을 받을 것이기 때문이다. 부모나 학교가 이성 교제를 금지하다 보니 주변 어른들에게 조언을 구하기보다 숨기기에 급급한 것이다.

이상하게도 폭력이 매번 반복됨에도 다시 용서하고 만나는 경우가 많다. 피해자는 상대가 눈물로 용서를 구하고 설득할 때 흔들린다. 사람들은 사랑은 모든 것을 극복하게 해 줄 것이고 상대가 변할 수 있다고 생각한다. 그러나 『말하고 슬퍼하고 사랑하라』라는 책에서 저자 김지윤은 말한다. "집착은 사랑 같아 보이지만 아니다. 그것은 고통이고 때로는 질병이고 범죄다. 그래서 결국 모두를 파괴한다. 집착을 하는 것도 집착을 당하는 것도 불행이다. 집착을 잘 다룰 수 있다면 파국으로 치닫는 사랑에 브레이크를 걸 수 있다." 어떠한 경우에도 폭력은 사랑이 아니라는 것이다.

그 누구도 데이트 폭력의 피해자가 되어선 안 된다는 교육이 선행되어야 한다. 데이트 폭력은 사랑싸움이 아니라 엄연한 범죄이며, 어떠한 이유라도 용서할 수 없는 행위다. 어느 TV 프로그램에서는 "썸이냐 쌈이냐"라는 말로 웃픈 현실을 풍자했는데, 싸움과 폭력은 다르다. "꽃으로도 때리지 말라"는 말처럼 어떠한 이유로도 폭력은 정당화될 수 없다. 가해자는 자신이 한 말이나 행동이 사랑의 표현이 아니라 상대방에게 상처와 폭력이 될 수 있음을 깨달아야 한다. 사랑하는 사이에서도 폭력 행위가 일어났다면 그 이유야 어떻든 무조건 잘못이라는 것을 인식할 필요가 있으며, 피해자는 주변 지인들이나 공공기관에 도움을 요청해야 한다. 그리고 이런 상황을 제대로 인지할 수 있도록 관련 교육이 반드시 이루어져야 한다.

데이트 단계에서의 폭력은 결혼 후에도 갈등 상황에서 가정 폭력으로 발전할 수 있다. 그동안 가정 폭력 상황에서는 긴급 임시 조치나 격리 조치 등 법적인 조치를 취할 수 있었지만 데이트 폭력과 관련된 규정은 존재하지 않았다. 스토킹이 경범죄 조항에 들어가 10만 원 이하의 범칙금을 내는 정도였다. 살인으로까지 이어지는 데이트 폭력이 얼마의 벌금이면 해결되는 가벼운 폭력으로 치부되는 동안 문제는 더 커졌다. 2015년 치안정책연구소 조사 결과 강력 범죄로까지 이어진 데이트 폭력의 재범률은 77퍼센트에 이르렀다. 신고를 해도 처치나 처벌이 없다 보니 데이트 폭력은 친밀한 관계에서 발생하는 폭력의 특성상 은밀하고 만성적으로 이루어져 왔다. 이를 방지하기 위해 영국은 2014년 '클레어법'을 시행하여 데이트 상대의 폭력 전과를 조회할 수 있도록 하였다. 우리나라도 2016년 '데이트 폭력 범죄의 처벌 등에 관한 특례 법안'이 발의되었지만 입법화가 되지 못한 상황이다. 가해자에 대한 처벌조차 제대로 되지 않는 상황에서 피해자들은 여전히 사랑싸움이라는 이름 아래 별다른 보호를 받지 못한 채 두려움과 공포에 시달리며 죽음으로 내몰리고 있다.

우리는 더 이상 출산이나 결혼과 관련해서만 성을 이야기하지 않는다. 성적 의사소통을 통해 서로를 알아 가는 인간관계 전반으로 성의 논의가 확장되고 있다. 우리는 연인을 만나 관계의 탐험을 해 보고, 갈등을 해결하며 다양한 인간관계를 배운다. 그리고 그럼으로써 사랑하는 방법과 이별하는 방법을 알아 간다.

이렇듯 서로 성장하는 관계를 위해서는 어릴 때부터 사랑하는 능력을 키우는 교육을 받을 필요가 있다. 먼저 우리는 아이들에게 잘못된 사랑에 대한 재정의를 해 주어야 한다. 어떠한 이유가 있든 간에 사랑한다고 해서 폭력은 정당화될 수 없다. 연애는 혼자 하는 것이 아니라 관계를 이루는 것이다. 연애를 하는 사람들은 따뜻한 감정의 교류와 함께 서로의 다름을 인정하고 이해해야 한다. 결코 사랑한다고 해서 상대를 소유할 권한이 생기는 것은 아니다.

서정윤의 『사랑한다는 것으로』에는 "사랑한다는 것으로 새의 날개를 꺾어 너의 곁에 두려 하지 말고 가슴에 작은 보금자리를 만들어 종일 지친 날개를 쉬고 다시 날아갈 힘을 줄 수 있어야 하리라"라는 문장이 나온다. 존재 그 자체를 그대로 받아들이는 것이 사랑이다. 또 사랑 못지않게 이별하는 방법도 중요하다. 이별 또한 자신에게 맞는 상대를 찾기 위한 하나의 과정이다.

잘 만나고 잘 이별해서 잘 기억되어야 한다. 또한 사귀다가 헤어지는 순간이 왔을 때 순간의 감정에 휘둘리지 말고 본인이 아픈 감정을 어디까지 감당할 수 있을지 생각해 보는 것도 필요하다. 두 사람의 마음이 같으면 좋겠지만 안타깝게도 사랑을 시작할 때만큼이나 이별할 때도 서로가 다른 마음이 되기도 한다. 자신이 거부당하는 경험을 하고 싶어 하는 사람은 없다. 물론 세상을 잃은 것처럼 아픈 이별이 있을 수 있겠지만 자신과 만남을 중단하고자 하는 상대의 마음 또한 이해하고 마음을 정리할 줄도 알아야 한다. 그럼으로써 우리는 또 한 걸음 나아갈 수 있을 것이다.

3.   가정 폭력, 모든 폭력의 시작

초등학교 6학년 여자아이가 다쳐서 치료를 위해 보건실에 왔다. 바지를 걷으며 살피다가 보니 다리 상처 외에도 멍의 흔적이 있었다. 조심스럽게 "다른 곳을 봐도 되겠니?" 하고 허락을 구하고 몸을 구석구석 살펴보았다. 최근에 맞은 듯한 시퍼런 멍부터 시작해서 오래되어 보이는 보랏빛 멍까지 여러 군데에 폭력의 흔적이 얼룩져 있었다. 치료 후 아이에게 따뜻한 레몬차 한 잔을 건네고 멍이 어떻게 들었는지 자세한 이야기를 들었다. 엄마는 아빠의 폭력에 집을 나간 상태였다. 아빠는 아내에게 폭력을 행사했듯이 딸에게도 "계집애가 살림도 안 하고 멋만 부린다", "말 안 듣고 늦게 다닌다"며 수시로 욕설을 하고 구타를 했다.

가정 폭력은 가정 내에서 일어나는 폭력으로, 부모, 자녀, 형제, 자매 등 다양한 가족관계에서 일어난다. 가정 폭력은 집안에서 주로 힘이 있는 아버지나 남편에 의하여 일어나는데, 때리거나 욕설을 하거나 생활비를 주지 않거나 성적 폭력을 가하는 등 신체적·정서적·성적 고통을 주는 것이다. 2016년 가정 폭력 실태 조사에 의하면 전체 가구의 53.8퍼센트가 가정 폭력을 경험하였으며, 설문 결과 가해자의 열 명 중 한 명이 가정 폭력에 대해 허용적인 태도를 보였다. 그들은 "화가 너무 나서", "스트레스를 너무 많이 받아서", "술을 많이 마셔서" 등의 이유를 들며 폭력을 합리화했다. 흔히들 가정 폭력을 가하는 남성들은 가족들이 어머니로서, 며느리로서, 아내로서 자신의 역할을 제대로 하지 못한다고 여길 때 가정 폭력을 일으켰다. 당연히 해야 할 일을 하지 못한 것은 맞을 짓이 되었다. 말대꾸를 해서, 살림을 못해서, 시댁을 공경하지 않아서, 낭비가 심해서, 늦게 들어와서, 음식이 자신의 입에 맞지 않아서, 혼전에 순결을 잃어서 등 수많은 이유를 들어 폭력 행동에 대해 정당성을 주장하며, 말이 안 통하니 때릴 수밖에 없다고 한다. 그들은 가족 구성원을 인격을 가진 대등한 관계로 보기보다는 자신이 마음대로 해도 되는 소유물로 취급한다. 자신을 그 가정의 주인으로 여기고, 종속적인 가족의 질서를 우선시하면서 가족 구성원을 마음대로 지배하고 통제해도 된다고 생각하는 것이다.

대체로 아내를 때리는 가장은 아이들에 대한 폭력도 저지른다. 사랑과 폭력을 연결시키는 사고방식, 귀한 자식일수록 매로 다스려야 한다는 고정관념은 폭력을 쉽게 허용하는 문화를 만들었다. 때려서라도 바로잡아야 한다며 "내 아이니까", "내 아내니까" 내 마음대로 혼낼 수 있다는 생각이 가정 폭력으로 이어진다.

특히 엘렌 펜스Ellen Pence와 마이클 페이머Michael Paymer는 남성의 가정 지배적 폭력을 "가부장제적 테러리즘"으로 정의하였다. 즉 "자기 여성을 통제하려는 남성의 가부장적 권리로서 체계적인 폭력 사용뿐만 아니라 경제적 종속, 위협, 고립 등 여러 가지 방법을 동원하여 아내를 통제하는 형태이다." 가부장제하의 폭력에 대한 허용적인 태도와 사회 경제적 성 불평등 및 사회 문화적 환경은 가정 폭력에 직간접적 영향을 미친다. 폭력은 주로 힘의 불균형이 무너졌을 때 발생되는 것으로 부부간의 경우에는 성적 불평등과 관련이 있다.

그러나 우리 사회는 가정 폭력에 관대하다. 남편에게 맞고 경찰을 불러도 "부부싸움이니 원만히 해결하세요"라는 말을 들을 뿐이다. 경찰마저 가정 폭력을 사적 불화나 사소한 갈등으로 처리하고 "설마 죽이기까지 하겠어"라며 가정 내의 폭력 수준을 사소하게 보는 것이다. 폭력은 발생되고 있지만 발생 장소가 가정이 될 때 그 폭력은 '사랑'이라는 이름으로 포장되어 버린다.

가정 폭력의 치명성은 바로 일회성으로 그치지 않는다는 데 있다. 가정 폭력은 반복적으로 일어나며, 이것이 허용되고 은폐됨에 따라 지속적인 악순환이 발생한다. 때론 사랑과 폭력이 반복됨에 따라 가해자와 정서적 애착 관계에 놓인 피해자는 학대 사실을 인지하지 못한다. 피해자는 자신이 당한 것이 폭력임을 인지하지 못하고 이를 당연한 것처럼 받아들이며 두려움과 수치심에 반항조차 하지 못한 채 폭력에 중독되어 간다. 아버지에게 맞은 아이는 자신이 맞을 짓을 했기 때문에 맞는다고 생각한다. 이렇듯 지속되는 폭력은 피해자가 폭력의 이유를 자신에게서 찾게 만든다. 피해자는 무력감에 빠지고, 특히 경제적 의존 상태에 놓인 피해자, 사회생활이 익숙하지 않은 여성들은 그 상황을 벗어나 혼자 살아가는 것을 두려워하게 된다.

주변 사람들의 시선 또한 피해자를 괴롭힌다. 우리 사회의 관습 속에서 피해자들은 보호나 치료를 받지 못하고 지속적인 폭력에 길들여져 상처가 깊어지는 경우가 대부분이었다. 또 어떠한 고난이 와도 가족과 함께해야 한다는 고정관념은 가족을 떠나기 어렵게 만든다. 폭력적인 상황을 피해 떠나고 싶어도 아이가 있는 경우에는 아이를 이혼 가정에서 키우고 싶지 않아서 참거나, '아이를 버리고 간 나쁜 엄마'라는 모성 이데올로기에 갇힌 시선들로 인해 죄의식과 부담을 떠안고 살기가 두려워 참는다. 첫 번째로 발령이 난 시골 학교에서 아이들은 아빠들의 가정 폭력에 못이겨 도망가는 엄마들을 보고 "요이땅 엄마"라고 부르며 아빠의 폭력성을 욕하기보다 피해자에게 모성애가 없다고 손가락질하기도 하였다. 순결이 그렇듯이 우리 사회에는 모성애 역시 여성의 목숨보다 더 소중하게 생각해야 한다는 신념이 깊게 자리하고 있다. 그렇기에 '오죽하면 아이를 남겨두고 갔을까'라는 생각보다는 비난이 앞선다. 여성들은 때론 자신이 떠나면 남편이 자신이나 아이 또는 다른 친정 가족에게 보복을 할까 두려워 쉽게 가정 폭력에서 헤어나지 못한다.

부부간에도 강간죄가 성립되지만 가정 내 부부싸움은 일단 쉽게 바깥으로 드러나지 않는다. "부부싸움은 잠자리에서 풀면 된다", "남의 집 일이니 내가 상관할 바 아니다", "오죽 못났으면 남편에게 맞을까, 뭔가 잘못이 있으니까 맞겠지", "남편에게 맞는 여성은 사랑받지 못하는 여성" 등등 수많은 편견이 피해자가 피해 상황을 밖으로 드러내지 못하게 만든다.

이러한 지속적인 가정 폭력은 살인으로 이어지기도 한다. 남편의 폭력에 살해당한 이주 여성, 남편의 폭력을 피해 달아나다가 아파트에서 투신한 여성, 56년간 가정 폭력에 시달리다 못해 남편을 살해한 76세의 아내 등 피해자들은 폭력에 스러지기도 하고 폭력을 이기지 못해 살인을 하기도 한다. 가정 폭력은 자존감을 뭉개 버리고, 존엄성을 파괴하며, 영혼을 잠들게 하는 행위다. 여성학자 정희진은 『나는 오늘 꽃을 받았어요』에서 "이 세상에 완전 범죄가 있다면, 그것은 여성에 대한 폭력이다"라고 하였다. 여성에 대한 폭력은 문화, 전통, 가족주의라는 이름으로 숱하게 지워지고, 미화되고, 정당화되었다는 것이다.

이러한 가정 폭력은 한 사람에 대한 폭행에 그치는 것이 아니라 아이들에게도 심각한 영향을 미친다. 폭력이 있는 가정은 아이들에게 폭력을 가르치는 학습의 장이 되고 있다. 친구들과 잘 어울리지 못하고 자주 싸우는 아이들을 보면 가정 내에서 폭력을 당하거나 목격한 아이들이 많다. 사람 간의 관계를 힘으로 조절하는 것을 본 아이들은 학교에서도 친구에게 힘을 행사하기도 하고, 성장한 이후 자신의 연인이나 아내 등에게 폭력을 행사하기도 한다. 가정 폭력은 폭력의 악순환으로 대물림된다. 가정에서 매 맞은 아이들은 피해자이기도 하지만 "잘못했으면 맞아야 한다"는 폭력의 정당성을 내재화해 자신보다 약한 사람에게 폭력을 휘두르는 가해자가 되기도 한다. 가정 폭력은 학교 폭력으로, 데이트 폭력으로, 성폭력으로 이어진다. 폭력은 더 심한 폭력을 불러오고 재생산되어 강화된다. 이렇듯 서로 존중하는 의사소통 과정을 경험하지 못하고 오직 일방적인 지시나 폭력을 보고 자란 아이들은 부모의 방식 그대로 문제를 해결하려 한다. 2015년 '경찰대 치안정책 연구소'의 연구 결과 성범죄자의 63.9퍼센트가 어린 시절 학대를 당하였거나 가정 내에서 폭력과 학대를 목격한 것으로 나타나고 있다. 뫼비우스의 띠처럼 폭력의 순환이 일어나는 것이다.

이렇듯 힘이 곧 정의인 환경에서 자란 아이는 어른이 된 경우에는 자기 차례가 왔다고 생각한다. 영국의 조지 5세조차도 "우리 아버지는 어머니를 무서워했다. 나는 아버지가 무서웠다. 이제 제 자식이 무서워하는 걸 보면 기분이 좋다"라고 말한 적이 있다. 핀란드대학 연구진이 폭력의 원천에 대해 조사한 바에 따르면, 자신이 의지하고 사랑하는 사람으로부터 극단적인 거부와 학대를 당하는 상황에서 잔인성과 가학증이 나온다고 한다. 존재의 부정은 세상에 대한 분노로 이어지고 폭력의 바탕이 된다.

　가해자들은 자신에게 고통을 안겨준 사람을 직접 대면하기 어려운 경우 만만한 사람을 골라 분노를 해소한다. 가정에서 일어나는 폭력은 단순히 잘못한 행동을 바로잡기 위한 체벌이 아니다. 아내 폭력, 아동 학대, 데이트 폭력, 학교 폭력, 성폭력, 가출, 성매매 등으로 이어지는 폭력 문화의 원인이자 결과이다.

　우리는 민주주의 사회에 살고 있지만 우리 생활 속에 깊숙이 숨어 있는 가부장주의 질서가 사라지지 않는다면 진정한 민주주의 사회라고 볼 수 없다. 가정 폭력을 바라보는 우리의 시선은 일반적인 다른 폭력 범죄보다 훨씬 관용적이다. 하지만 이런 문화는 더 큰 희생을 낳는다. 여성이건 아이들이건 주변 사람들에게 상처가 보이면 사태를 정확히 파악한 후 가정 폭력이나 아동 학대로 신고하여야 한다. 가해자들은 누군가가 지켜보고 있다는 생각만으로도 폭력을 경계할 수 있다. 우리는 사회적·구조적으로 순환되는 띠를 끊는 노력을 기울여야 한다. "개인적인 것이 가장 정치적이다"라는 말이 있듯이 가정 폭력은 더 이상 한 가정의 사적인 문제가 아니다. 가정에서, 학교에서, 사회에서 폭력이 되풀이되지 않도록 사회적 관심과 법적 개선이 필요하다.

　소설 『시계태엽 오렌지』에서는 강자도 언제나 약자로 전락할 수 있고 약자도 언제나 강자로 등극할 수 있다고 이야기한다. 악이라는 것은 없앨 수도 없고, 인간의 악에 대한 경향성을 비틀 수도 없기 때문에 도덕과 법 등의 외부적 기제를 통해 억누르기라도 해야 한다는 것이 저자의 메시지다. 우리 사회는 공적인 영역에서는 도덕과 법의 규제가 이루어지고 있지만 사적인 영역에서는 여전히 민주화가 이루어지고 있지 않다. 그동안 가정의 문제나 여성의 문제는 개인적이고 사적인 영역으로 간주되어 법의 보호로부터 배제되어 왔다. 이제는 사적인 영역의 민주화를 이루어나갈 때다.

4.   피해자다움은 없다

초임 학교에서 만났던 교사를 10년이 지나 다른 학교에서 다시 만나게 되었다. 두 번이나 같은 학교에서 함께 근무하다 보니 그녀와 개인적인 이야기도 나눌 정도로 친해졌다. 어느 날 앞에서 말했던 성폭행을 당할 뻔했던 사건에 대해 이야기하던 중 그녀도 힘겹게 그때의 일들을 털어놓았다. 그녀는 평상시처럼 회식 때 술을 마시고 집으로 돌아가는 길에 한 교직원이 집에 데려다준다고 하여 그 차를 탔는데 차 안에서 성폭행을 당했다고 하였다. 그 당시 미혼이었던 그녀는 그 상처로 인하여 여전히 남자를 만나거나 결혼하는 것을 망설이고 있었다. 그녀는 자신이 왜 술을 먹었는지, 그 차에 왜 탔는지, 뭔가 자신이 잘못하지 않았는지 끊임없이 자문하며 자신의 행실을 탓하였다. 고소를 하고 싶어도 보수적이고 위계적인 학교 문화에서 순결을 잃은 여자라고 손가락질 당할 게 뻔해서 고소하지 못했다. 당시 성폭행은 피해자가 수치심을 무릅쓰고 고소를 해야만 처벌이 가능한 친고죄였다. 또 그때만 해도 성폭력은 타인의 권리의 침해가 아닌 '정조권'을 침해하는 범죄로 정의되었다. 1953년부터 1994년까지 강간죄, 강제 추행죄 등 열세 개의 성범죄는 형법의 '정조를 침해하는 죄'로 규정되어 있었다. 따라서 다들 피해자가 되지 않도록 자신을 점검하는 일이 최선의 예방이라고 생각했다.

이를 뒤로하고 어렵게 성폭행을 신고해도 실제 선고되는 형량은 비교적 가벼웠다. 당시 성폭행이 형법으로 다뤄진 이유는 이것을 여성 개인의 문제로 보기보다 여성의 정조를 침해하는 것은 남편이나 집안의 재산 침해로 보았기 때문이다. 즉 집안의 물건을 훔친 것이다. 이러한 분위기 속에서 정조를 잃은 여자는 집안의 망신이었고, 강간을 저지른 가해자는 소유권을 침해했으니 그에 상응하는 값을 치러야 했다. 때론 정조에 대한 책임을 져야 한다고 피해자를 강간한 남자와 결혼시키는 판결을 내리기도 하였다.

반면에 누구의 소유가 아닌 홀로 된 여성이나 성매매 여성 등에 대해서는 책임을 지지 않아도 된다는 생각이 팽배했다. 정조는 보호받을 여성들에게만 해당되었다. 또 정조를 지켜야 한다는 명제는 처벌의 규정에도 적용되어 피해자가 정조를 지키기 위해 얼마나 노력했는지의 정도가 범죄 판단의 기준이 되었다. 사람들은 온몸이 만신창이가 되어야 성폭력을 당한 것이라고 생각하였다. 또한 여성의 정조에 기준을 한정하다 보니 소유주인 친인척이나 친아버지나 새아버지 등에 의해 발생되는 성폭력에 대해서도 고소를 할 수 없었다. 성범죄의 수법도 다양해져 여성뿐만 아니라 저항할 수 없는 아이들이나 장애인을 대상으로 한 성범죄, 군대나 감옥에서 발생하는 남성들 간의 성폭력, 동성애자 및 유흥업소 종사자 등에 대한 성범죄가 늘어났지만 성폭력이 '여성'에 대한 폭력으로 한정됨에 따라 형사소송법상의 제약이 있었으며 이들 범죄는 성폭력으로 처리되지 못했다.

오늘날은 점차 변화가 일어나고 있다. 성폭력이 남성의 성욕이나 성충동 때문에 어쩔 수 없이 일어나는 일이라는 논리나, 여성이 야한 옷을 입거나 늦은 시간까지 돌아다녀서 일어난 일이라는 등의 성폭력 유발론에서 벗어나려는 움직임이 커지고 있다.

1994년에 '성폭력특별법'이 제정되었고, 꾸준한 문제 제기로 성폭력특별법상 성폭력은 정조를 지키지 못한 죄가 아닌 '강간과 추행에 관한 죄'로 새롭게 정의되었다. 여성으로 한정되었던 피해자 역시 남성도 해당될 수 있도록 '사람'으로 바뀌었으며, 이는 성폭력이 모든 사람이 갖고 있는 '성적 자기결정권'을 침해하는 범죄라는 점이 최소한 법적으로는 인정되었음을 의미한다. 즉 성폭력은 힘 있는 한 인간이 성을 매개로 행사하는 폭력이며, 인권 침해이며, 범죄이므로 남녀 성 정체성과 관련 없이 누구나 피해자가 될 수 있다.

그러나 법은 개정되었지만 '남성의 성 욕구는 참으면 병이 된다'라는 왜곡된 논리와 여성이 성적 흥분을 유발해 성폭력이 발생한다는 잘못된 통념은 잔재해 있다. 가해자들은 수직 문화에 익숙하고 강자로서 자신들의 성적인 특권에 관심이 많으며 자신들의 성적인 충동은 채워져야 한다는 신념을 갖고 있다. 자신의 욕구를 마음껏 표출하기 위해 자신보다 상대적으로 약한 자들을 처벌 대상으로 보고 힘으로 지배하려 드는 것이다.

전 세계 여성 네 명 중 한 명이 18세 이전에 성폭행을 당하고 있다. 특히 우리나라는 성폭력 발생률에서 세계 2위를 기록할 정도로 심각한 상황이다. 그 이유가 뭘까? 한국 남성들이 성욕이 강해서일까? 아니면 어른들 말처럼 여성들이 야한 옷을 입고 밤늦게 다녀서일까? 그럼 여성들이 거의 노출을 하지 않는 사우디아라비아에서는 성폭력이 일어나지 말아야 하는데 오히려 성폭력 범죄율이 높다. 성범죄는 여성을 대하는 문화 수준이 낮을수록 더 많이 발생하고 상대적으로 높으면 감소한다. 즉 사우디아라비아나 인도 등 가부장적 사회일수록 여성의 성에 대한 통제가 많으며, 성범죄율도 높다. 여성의 가치를 낮게 보는 사회일수록 성범죄율이 높은 것이다.

최근 성폭력이 늘어남에 따라 성범죄자들에 대한 처벌로 화학적 거세나 전자 발찌 등을 강화하는 개정이 있었다. 이에 많은 사람들이 성폭력 범죄가 사회의 문제가 아닌 한 개인의 정신 병리적인 문제로만 해석될 수 있다는 우려를 표했다. 성폭력은 한 나쁜 개인의 문제가 아니라는 것이다. 우리는 성폭력이 '남성과 여성, 상사와 부하 직원, 교수와 대학원생' 등 위계 관계에서 발생한다는 것을 주지할 필요가 있다.

사회의 전반적인 성 인권 인식의 부재, 즉 전반적인 사회의 가부장적인 제도로 인하여 여성 비하와 성차별이 만연하고, 여성은 보호되고 관리되어야 할 사람으로 인식되어 여성에 대한 폭력의 민감성이 상실되었다. 성별 권력의 상위에 있는 사람들은 폭력의 책임을 여성에게 지우고 자신의 성적 욕구를 여성에게도 투영하여 많은 여성들이 무의식적으로 강간을 당하고 싶어 하고 그러한 상황을 조성한다고 합리화한다. 여성에 대한 남성 권력의 지배를 미화하고 숭상하는 '강간 문화'를 합리화하는 것이다. 이는 여성을 인격체가 아닌 성적 대상으로 취급하는 명백한 인권 침해다. 그러나 여전히 우리 사회는 남성의 성 행동에 관대한 시각을 보여주며 여성의 인권을 존중하지 않는다.

그에 따라 힘이 있는 사람은 자신에게서 잘못을 찾기보다 힘이 없는 상대에게 피해의 책임을 묻는다. 남성의 본능은 자연스러운 것이고 그렇기에 여성들이 본능을 자극하지 않도록 스스로 조심해야 한다는 생각은 경찰관이나 법을 심판하는 사람들에게도 만연하다. 오히려 성폭력을 처리하는 공공기관에서 이러한 고정관념이 더욱더 선명하게 드러난다. 이에 따라 피해자는 사법적 과정에서 도리어 2차, 3차의 폭력을 당할 수 있다. 성폭력 발생 이후 사건을 해결하는 과정에서 "정숙했느냐" 또는 "저항했느냐"와 같은 피해자다움의 잣대와 기준을 들이댄다. 이는 "피해자가 성폭력을 유발했다"는 가해자 주장의 근거로 사용된다. 다른 범죄와 달리 피해자가 수치스러워하고 신고를 꺼리는 이유도 이러한 성폭력에 대한 고정관념과 자신의 생사여탈권을 쥐고 있는 윗사람의 위력이 존재하기 때문이다. 미투 운동을 이끌어 냈던 서지현 검사 또한 권력을 가진 검사라는 자리에 있으면서도 여성으로서 성적 자기결정권을 행사하지 못하는 현실에 처했다. 성폭력은 불평등한 사회구조에서 기인하고 이를 유지·강화시키는 수단이 되어 왔다.

한 설문조사에서 "과학자는 그가 속한 사회를 위해 연구해야 하는가?"라는 질문에 미국인의 26퍼센트, 독일인의 25퍼센트, 중국인의 65퍼센트가 "그렇다"고 대답했다. 개인보다 사회를 우선시하는 것이 비난받을 일은 아니다. 그러나 사회가 우선인 사회에서 개인의 선택의 영역은 작을 수밖에 없다. 개인의 선택을 강요당하기 쉽기 때문이다. 이러한 문제와 관련해 한나 아렌트는 '공사이원론'을 지적했다. 그동안 정치적 영역이 아니라고 여겨져 왔던 사적인 세계는 폭력으로 얼룩져 왔다. 정치가 절대 다루지 않았던 사적 영역인 부모와 자녀 관계, 애인 관계, 혹은 임신 중단 같은 문제들을 우리는 어떻게 다룰 것인가? 사회는 민주적으로 바뀌고 성장해 나가지만 사적 영역은 여전히 민주적이지 않다.

이렇듯 성별 고정관념이 만연한 문화에서는 성폭력에 대한 문제 인식이 낮아 성폭력 발생 위험이 높다. 특히 군대는 제대로 된 성교육도 받지 못한 청소년들이 잘못된 성 인식을 키우는 장이 되었다. 군인들은 군대에 들어서는 순간 자신이 지지하지 않더라도 정부의 행위에 참여하여야 한다. 질서와 공공의 안녕이라는 이유로 의혹이 있어도, 양심에 걸려도 어쩔 수 없이 군인의 의무를 수행해야 한다. 자신이 하는 일이 올바른지에 대해 묻지도 못한 채 하라면 해야 하는 것이다. 이렇듯 군대는 상명하달식의 무비판적 문화에서 인권을 찾을 수 없는 작은 사회다. 과거나 현재나 이것이 바로 권력의 실체다. 또 이 문화는 대물림되어 남성 중심의 군대 문화가 곧 나라의 기업·기관들의 문화가 된다.

성폭력과 관련된 많은 외국의 연구 결과 "성 불평등·성차별에 대한 민감도와 성 인지 감수성이 높을수록 성폭력 위험이 줄어든다". 가부장적 위계 문화와 성차별적 구조가 성폭력을 양산하는 기반이 되고 있음을 알고 법 개정과 함께 사회의 인식 개선에 나서야 한다. 성폭력은 개인의 일이 아닌 사회적인 문제이며 범죄 행위다.

5.　　　예스라고 말할 때만 예스다

　　최근 스웨덴, 독일, 벨기에, 미국의 캘리포니아와 뉴욕 등에서
는 '명시적 동의'를 얻지 않은 성관계는 강간이라는 정의를 내리
고 있다. 즉 동의가 아닌 경우 나머지는 거절로 간주한다는 것이
다. 간단히 말하면 '예스만이 예스'다. 항의나 저항이 없었다고 해
서 동의를 뜻하지 않으며, 침묵 또한 동의하지 않은 것으로 간주
한다.

　　과거 한 학교에서의 회식 때 교감은 새롭게 발령받은 여자 교
사 한 명을 교장 옆에 앉혔다. 그리고 나서 늘 하는 일이라는 듯
"교장 선생님께 술 한 잔 드리세요. 술은 여자가 따라야 제 맛이
죠" 하면서 술병을 손에 쥐어 주었다. 그녀는 어쩔 줄 몰라 했다.
당황하고 있는 그녀를 보며 교감은 다시 한 번 더 재촉했다. 그와
같은 상황을 나 또한 경험했기에 그 사이로 들어가서 "선생님, 제

가 따라드릴게요", "요즘 술은 자작이 대세입니다" 하면서 분위기를 넘겼다.

한 모임에서 그날 저녁 회식에서 있었던 일을 여담으로 이야기하였다. 얘기를 듣던 한 남자 교사는 마치 안희정 사건에서 피해자에게 "싫은데 왜 거절하지 않았느냐"고 사람들이 물었듯이 나에게도 똑같이 물었다. 지금은 이러한 행위가 사람들 사이에서 성적 수치심을 일으키는 성희롱으로 인식되고 있지만 그런 인식이 없는 상황에서 쉽게 자신의 의견을 당당하게 말한다는 것은 무언가를 각오해야 하는 일이다.

특히 순종적인 여성을 원하는 사회 분위기는 여성이 자신의 의견을 쉽게 드러내지 못하게 만든다. 사회는 여성에게 친절함을 요구하며 자신의 의견을 드러내는 딱 부러진 여성보다 자신의 감정을 숨기는 여성에게 더 후한 점수를 줌으로써 여성이 자신의 의사표현을 쉽게 하지 못하게 한다. 여성이 당당하게 자기주장을 하면 주변에서는 '드센 여자'나 '이기적인 여자'라고 쉽게 분류해 버린다. 이런 분위기에서는 쉽게 거절을 하거나 자기주장을 하기 어렵다. 또 착한 여성, 순종적인 여성이 좋은 여성상이라는 교육을 받아 온 경우 자신의 의견보다는 다른 사람의 의견에 주의를 기울이고 수동적인 자세를 취하기가 쉽다. 많은 사람들이 상대방의 감정을 해치고 상처를 입힐 것이 두려워 싫다는 말을 하지 못한다.

242

사실 나와 공적으로나 사적으로 아무런 관련이 없는 사람이 "안아 봐도 되겠니?"라고 제안한다면 간단하게 "싫다"라고 거절할 수 있다. 내 몸에 대한 자기결정권은 '나의 권리'이기 때문이다. 그러나 여러 사람과 갖가지 관계로 얽혀 살아가는 우리는 일상에서 그렇게 쉽게 거절의 말을 하기 어렵다. 이를테면 장유유서 같은 예의범절을 중시하는 사회에서 아랫사람이 윗사람의 말을 쉽게 거절하긴 어렵다. 특히 직장에서 말단 사원이나 계약직같이 아는 게 적거나 지위가 낮으면 '토 달지 말고 듣기만' 해야 하는 경우가 많다. 상대가 나이가 더 많거나 나에게 어떤 식으로든 영향을 미칠 수 있는 힘을 가진 상사일 때는 더욱 자신의 의사를 밝히기가 어렵다. 물론 남성들도 공적으로나 사적으로 상대와 힘의 차이가 크게 나는 불평등한 관계에서는 쉽게 '좋다', '싫다'의 감정을 언어화할 수 없다.

　　특히 사랑하는 친구나 애인, 부모 등에게 잘 보이고 싶고 실망시키고 싶지 않은 마음은 사랑이라는 이름으로 자신의 의견을 쉽게 드러내기 어렵게 한다. 사랑받고자 하는 마음의 위력이 작용하는 것이다. 더군다나 여성이 나이가 어리고 사회적 지위가 낮은 경우는 상대와 평등한 의사소통을 하기 어렵다. 남성이 여성보다 나이가 많고 성에 대한 지식이 해박한 경우 성에 대한 지식이 없거나 사회적 경험이 부족한 여성에 대한 통제권이 남성에게 주어지기에 여성의 의견은 쉽게 묵살된다.

이 경우 여성은 "말을 안 할 뿐이지 누구나 다 이런 행동을 하고 있어", "네 친구들도 마찬가지야. 너만 안 한 거야" 같은 말들을 듣게 된다. 남성이 많은 것을 알고 더 많은 경험을 가지고 있다 보니 여성들은 자신들의 경험과 불일치하는 말을 너무나도 많이 듣게 되고 끝내는 자신을 의심하기에 이른다. 일명 '가스라이팅'이다. 이 경우에 여성들은 "난 왜 불쾌하지? 내가 이상한가?", "다른 여자들은 안 그러는데 난 왜 이러지" 하며 주변과 다른 자신에 대한 의심에 시달린다. 그렇다 보니 그 자리에서 자신의 의사표현을 정확히 하지 못하고 머뭇거리게 된다. 실제의 마음과는 달리 거절을 해야 함에도 거절을 제대로 하지 못하고, 찬성할 수 없는 마음은 침묵이 된다.

나이나 직급 차이에서 오는 힘의 차이 외에도 남녀에게 요구되는 성 역할은 남녀 언어 번역기가 필요하다는 말이 나올 정도로 각자가 사용하는 어휘와 대화법에 영향을 주었다. 성에 관련해서는 남성은 적극적이고 조금은 과장된 표현을 하더라도 쉽게 받아들여지지만 여성의 경우는 성에 대해 무지하고 소극적일 것을 기대받는다. 이 상황에서 솔직한 의사소통이 이루어질 리 만무하다. '남성은 이럴 것이다', '여성은 이럴 것이다'라는 성 역할을 전제로 한 상태에서의 의사소통은 끊임없이 의도와 다른 해석을 낳는다.

사람은 보고 싶은 것만 본다고 남성들은 성적 행동이나 관계를 요구할 때 여성이 적극적으로 응하지 않으면 한번 튕겨 보는 거라고, 좋으면서도 싫어하는 척하며 내숭을 떤다고 생각하고 커다란 의미로 받아들이지 않는다. 남녀 차별적인 성 의식에 사로잡혀 있으면 대화를 주고받으면서도 상대방의 "아니요"를 자신의 욕구를 투사하여 자의적으로 "예"로 해석하게 된다. 많은 남성들은 여성의 침묵을 부끄러워서 자신의 의견을 말하지 못하는 것이라고 생각하고 긍정적으로 받아들인다. 나아가서 상대방이 성행동을 원한다고 지레 짐작하여 상상력을 펼친다. "안 돼요, 돼요, 돼요……"로 받아들이는 것이다. 또한 남성들은 한 영화 속의 대사처럼 여성이 "라면 먹고 갈래?"라고 말하거나, 단둘이 집안에 있을 때나, 1박으로 여행갈 때 여성이 성관계를 수락하는 것으로 해석한다. "여자 친구가 저와 키스한다는 것은 성관계를 허락한다는 뜻 아닌가요?"라며 단순 스킨십을 성관계를 허용한 것으로 확대 해석하기도 한다. 이렇듯 남성과 여성은 '이중 언어'에 노출되어 서로 다른 언어를 사용하고 있다.

여자와 단둘이 있는 상황에서 아무것도 하지 않으면 남자로서 뭔가 문제가 있는 거 아니냐고 조롱하는 것처럼 남성의 성 역학을 요구하는 문화는 성적 의사소통을 막거나 폭력을 옳은 행동으로 둔갑시킬 수도 있다. 연애 과정에서 구애하는 입장의 남성의 과감성과 공격성, 여성의 수동적인 태도를 당연시하는 사회적 통념은 잘못된 의사소통으로 이어져 남성과 여성을 성폭력 위험에 노출시킨다.

'남자는 이럴 것이다', '여자는 이럴 것이다'라고 서로가 추측만 하지 말고 남녀를 떠나 사람 대 사람으로서 진정한 의사소통을 해 나가야 한다. 그랬을 때 오해로 인하여 이별하거나 성 문제가 발생하지 않고 보다 단단한 관계로 이어질 수 있다. 첫 번째 방법은 서로에게 물어보고 동의를 얻는 것이다. 어떤 남자 교사가 스쿨 미투가 불거진 이후 이제는 아이들을 안아 줄 수도 없다며 하소연을 했다. 나는 안아 주고 싶다면 교사의 의사를 중시하는 것이 아니라 아이들의 의사를 존중해야 한다고 이야기하였다. "아이에게 네가 너무 자랑스러워서 한번 안아 줘도 되니?" 하며 허락을 구하는 것이다. 난 아이들이 어디가 다쳤는지 볼 때도 "다친 곳을 봐도 되겠니?" 하고 승낙을 받고 옷을 걷는다. 내가 하려는 행동에 대해 상대가 어떻게 생각하는지 물어보는 것이 시작이다.

이성 교제를 주제로 한 수업에서 서로 잘 지내기 위해서는 진정한 의사소통이 필요하다고 이야기하였다. "진정한 의사소통은 상대방에게 동의를 구하는 것이다. 상대가 원하는지 물어봐야 한다." 그러자 중학생 남자아이들은 "그럼 분위기 깨지게 키스할 때도, 안으려고 할 때도 일일이 다 물어봐야 할까요?"라며 "모양 빠진다"며 어이없어했다. 여학생들도 남자가 "키스해도 될까?" 물어보고 한다면 싫을 것 같다고 하였다. 그동안 우리는 상대방에게 동의를 구하지 않고 사랑을 표현하는 방법을 배웠다. 한국 드라마를 보면 여자를 벽에 밀치고 키스하는 장면이 숱하게 등장한다. 그런 장면에 익숙해지다 보면 따라 하게 되고 성폭력의 상황에 놓이게 된다.

성 인권 의식이 높은 나라의 영화나 드라마를 보면 안아도 되느냐고 먼저 팔을 벌려 몸으로 허락을 구하고, 키스를 해도 되는지 먼저 얼굴을 들이민다. 상대가 싫다는 몸짓을 했을 때는 알아차리고 하던 행동을 멈춘다. 처음에는 낯설지만 혼자가 아니라 함께 만들어 나가는 관계에서는 이렇게 말이나 행동으로 허락을 구하는, 서로 간에 분명하고 솔직한 의사소통이 필요하다. 진정한 동의는 허락을 구하는 것이다. 가까운 사람들 간에도 허락을 구해야 한다. 그리고 상대가 거절하였을 때 이를 기꺼이 받아들일 수 있어야 한다.

"남자가 여자 친구 집에 놀러 갔다. 둘은 키스했고 얼마 뒤 남자가 성관계를 요구했다. 여자 친구가 웃으며 그만하자고 말했지만 남자는 미소를 지으며 여자를 침대에 눕히려 했다." 이 예시는 캐나다 고교 성교육 교과서에 실제로 나오는 상황이다. 교과서는 "남자의 행위를 어떻게 보는가?"라고 질문한 뒤 상대방의 확실한 동의가 없는 성관계는 성폭력이 될 수 있다고 지적한다. 로맨스와 성폭력의 경계가 교과서에 분명하게 명시되는 것이다. 캐나다 정부가 만든 성교육 커리큘럼을 보면 성폭력의 세부 유형을 구체적으로 가르치도록 되어 있다. 교과서는 "성폭력은 무엇인가", "성추행, 데이트 폭력, 강간은 어떻게 다른가", "성폭력의 책임은 누구에게 있는가" 등의 주제로 구성돼 있다. 또 수업은 이러한 주제들을 가지고 사례 토론 중심으로 진행된다. 우리도 이제는 성 인권 중심으로 성교육이 이루어져야 한다. 선진국에선 성교육의 목표가 성범죄 예방임을 분명히 하고 있다. 성범죄자에 대한 처벌이 강력한 만큼 학생들이 미흡한 교육 탓에 성범죄 유혹에 빠지지 않도록 예방하는 게 중요하다는 인식 때문이다.

진정한 의사소통은 어떠한 압력 없이, 나이, 성별, 지위 등의 위력의 계급장을 떼어 내고 대등한 관계에서 서로의 생각을 이야기하는 것이다. 아무리 '노'라고 하여도 상대방이 '예스'로 받아들이면 진정한 의사소통이 아니다. '노는 노'다. 그리고 '노'라고 말해야 하는 상황에서는 결코 주저하지 말고 그렇게 말해야 한다. 거절의 용기가 어려움으로부터 우리를 구할 수 있다.

'싫다'는 말을 하는 것을 두려워하지 말아야 한다. 자신에게도 거부할 권리가 있다고 생각했을 때 쉽게 거절할 수 있다. 다른 사람의 영향에 휘둘리지 말고 자신이 옳다고 생각한다면 반대 속에서도 굳건히 결정을 책임질 수 있는 독립적인 자세가 필요하다. '싫다'라고 말하면 상대가 화를 내거나 불쾌해할지도 모른다. 하지만 삶에서 자신의 목적은 타인을 기쁘게 하는 것이 아닌 스스로를 계발하고 발전하는 일임을 알아야 한다. 누구에게나 상황에 따라 자신이 느낀 감정을 말할 수 있는 권리, 미안해하지 않고 '싫다'고 말할 수 있는 권리, 자신의 이익에 따라 행동할 권리, 처음에 동의했다고 하더라도 마음을 바꿀 수 있는 권리가 있다. 그리고 우리 모두 용기를 내지 않아도 거절할 수 있는 분위기를 만들어 가야 한다.

그동안 성폭행 여부의 판결은 성적 자기결정권에 따른 '동의' 여부에 따라 이루어졌다. 그 과정에서 '피해자가 적극 저항하지 않았다'고 하면 법정에서 불리하게 작용하였다. 즉 거절을 하지 않으면 '예스'나 '침묵'을 비롯해 모든 반응을 동의로 간주하였다. 그러나 이러한 관념 또한 변하고 있다. 동의가 성립하려면 성적 행동을 하는 동안 그 동의가 지속되어야 하며, 그 동의는 언제라도 중간에 철회될 수 있다는 개념이 법적으로도 적용되고 있다. 과거에는 '노'라고 말하지 못해서 침묵한 경우 '예스'로 받아들였다면 이제는 침묵도 '노'라고 본다. 우리에게도 명시적 동의, 즉 '예스만 예스'다.

6.　　연대의 손 내밀기

한 신문에서 「터키 남성 치마 입고 시위, 성범죄, 옷차림 탓 말라」라는 기사를 보게 되었다. 우리나라와 형제의 나라라 불리는 터키의 문화도 우리와 비슷하게 가부장적인 분위기가 지배적이다. 터키에서 최근 여대생이 잔인하게 살해되었는데 많은 사람들은 가해자보다 피해자의 짧은 옷차림을 탓하였다. 의식 있는 남성들이 이러한 사회적 통념에 저항하기 위해 짧은 치마를 입고 시위에 나섰다는 것이다.

성폭력의 책임을 피해자의 행실이나 품행 등으로 돌리는 등 피해자의 권리가 제대로 보장되지 않는 우리 현실에서 "만약 당신이 성폭행을 당했을 때, 그 사실을 주변에 알리겠는가?"라는 질문을 받는다면 어떻게 답하겠는가?

여론조사 기관 포커스컴퍼니가 공개한 설문 결과를 보면, 대부분의 여성이 길거리에서 폭력을 당했다면 당연히 분노를 느끼고 신고한다고 대답한 것과 달리, 여성 세 명 중 한 명은 성폭행을 당하더라도 그 사실을 숨기겠다고 대답했다. 성폭력을 신고하는 것에 주저하는 이유는 무엇일까? 성폭력이 성적 자기결정권의 침해임에도 불구하고 피해자는 분노와 함께 성적 수치심을 느낀다. 정조 관념이나 피해자 유발론 등의 통념은 성폭력 상황 시 피해자가 자신의 탓으로 여기며 일을 크게 만들고 싶지 않게 만든다. 특히 가해자가 아는 사람이라면 더더욱 피해 사실을 말하기 어렵다. 피해자들은 사랑하는 사람들을 실망시키고 싶지 않거나 가족들이나 주변 사람들로부터 "아무것도 아닌 것 가지고 소란을 피운다"라는 말을 들을까 봐 성폭행 사실에 대해 침묵한다. 위의 설문 대상자의 57.2퍼센트는 친구에게 말하는 것 외에는 아무에게도 알리지 않고 피해 사실을 가슴속에 묻는다고 하였다. 드라마 〈루머의 루머의 루머〉에서는 십 대 소녀 해나가 성폭력을 당하고 자살할 수밖에 없었던 이유 열세 가지를 테이프에 남긴다. 그 안에는 해나가 주변 사람들에게 성추행, 성적 대상화, 성폭행, 스토킹 등 성폭력 피해 경험을 말했더니 오히려 친구나 가족, 교사들로부터 비난을 받았다는 이야기가 나온다. 이 에피소드는 여성이 왜 성폭력 피해 사실을 말할 수 없는지를 단적으로 보여 준다. 피해자는 자신에게 책임을 전가하는 사회적 시선에서 자유로울 수 없다. 피해자는 성폭력 피해로 인하여 직접적인 신체적·정신적

후유증을 겪는 것과 더불어 성폭력에 대한 잘못된 통념으로 인해 주변 사람들로부터 심리적 고통을 받는 2차 피해를 겪는다.

TV나 신문에 오르내리는 심각한 성폭력에 익숙한 사람들은 성희롱이나 성추행은 사사롭고 경미한 사안으로 여긴다. "그 정도는 그냥 넘어가지, 뭘 그렇게 예민하게 구냐"며 문제를 사소하게 치부한다. 그와 함께 피해자에게도 뭔가 잘못이 있을 것이라고 몰아간다. "여기저기 남자애들 꼬시고 다녔던 애라던데" 하면서 성적 소문을 내거나, 피해자의 행실을 비난하고 자신들과 선 긋기를 한다. 오히려 피해자를 따돌리기도 한다. 한편 가해자에게는 "잘 몰라서 한 실수일 거야" 하며 그들의 미래를 걱정하며 옹호하기도 하는 등 피해자에게 2차 가해를 저지른다. 이러한 사람들의 태도와 분위기 때문에, 피해자들은 피해자임에도 불구하고 자기가 한 행동으로 인하여 문제가 발생한 것이라며 자책하고 문제를 축소한다. 적극적으로 문제를 해결하지 못하고 혼자 고통을 감수할 수밖에 없는 것이다.

그러나 타인의 피해 사실을 알았을 때 방관자가 되거나 심지어 가해자의 입장에서 사건을 바라본다면 그 누구도 피해자가 될 가능성에서 벗어나지 못한다. 가해 사실에 대해 누구나 할 수 있는 사소한 행동이라며 암묵적으로 동조하거나 지지한다면 가해 사실을 최소화하거나 부인하는 결과를 초래한다. 그렇다면 가해자는 또다시 누군가를 찾아 같은 행위를 반복하거나 강화할 수 있다. 누구나 그 침묵에 대해 더 큰 대가를 치를 수 있는 것이다.

우리는 가해자의 편에 서서 옹호하거나 피해자의 의도를 의심할 것이 아니라 피해자의 편에 서서 지지하고 도와야 한다. 새의 입장이 되어 하늘에서 아래로 내려다보는 것(조감도)에서 벗어나 땅을 기어다니는 벌레의 시점으로 바라보는 것(충감도)처럼 피해자 중심의 시각을 가질 필요가 있다.

성폭력의 후유증은 사건 발생 시간이나 피해 정도, 가해자가 얼마나 믿었던 사람인지 등에 따라 달라질 수 있다. 그리고 피해자가 느끼는 피해는 주변 사람들이 어떻게 반응하느냐에 따라서도 달라진다. 성폭력을 당해도 그 말을 믿어 주고 지지해 주는 사람이 없을 때는 스스로 그 경험을 부정한다. 가해자가 처벌받도록 하기보다 자신의 경험을 없던 일로 하게 된다. 그러나 주변 사람들이 자신의 말을 믿어 줄 때는 부인하지 않고 용기를 내어 자신의 길을 가게 된다. 어떤 기자가 최근 미투 운동의 주역인 서지현 검사의 성폭력 고발에 대해서 왜 10여 년이 지난 지금에서야 밝히느냐고 물었다. 그녀는 이제 자신의 말을 들어 줄 수 있는 사회가 되었기 때문이라고 하였다.

강도가 지갑을 훔쳤을 때 "지갑 주인이 돈 많게 생겼네"라며 당한 사람도 문제가 있었다는 식으로 말하는 사람은 없다. 성폭력 또한 피해자를 탓해서는 안 된다. 그리고 강도를 당했을 때 신고하는 게 당연한 것처럼 성폭력 피해를 입었을 때도 신고하는 것은 당연하다. "성폭력을 당하는 사람에게 문제가 있겠지", "나에게도 문제가 있겠지"라고 다른 사람 또는 자신을 검열하기보다 성에 대한 고정관념에서 벗어나야 한다. 성폭력은 성 인권을 침해하는 범죄라는 것을 인식하고 피해를 당하면 당연히 신고하는 문화를 만들어 나가야 한다.

이러한 공감이 없을 때 사람들은 자신을 학대한다. 드라마 〈킬미 힐미〉를 보면 주인공은 일곱 가지의 다중인격을 가지고 있다. 주인공의 연기가 뛰어나 재밌기도 했지만 나는 직업의 특성상 '주인공이 왜 다중인격자가 되었을까'에 관심을 두고 드라마를 보게 되었다. 주인공은 어린 시절 아동 학대의 피해자를 지켜 주지 못한 괴로움과 아픔에 시달리다 다중인격을 갖게 되어 힘겹게 살아간다. 인상적인 대사를 하나 소개하고 싶다. "누구도 피해자나 가해자가 되길 바라지 않는다. 그래서 방관자가 되고 만다. 눈 한번 질근 감으면 자신에게는 아무 일도 생기지 않으니까. 수많은 방관자들 중에 한 명만 눈을 떴다면 한 사람의 영혼이 파괴되는 일은 없었을 거다." 우리는 방관자에서 벗어나 누군가가 원하지 않는 행동을 강요당하거나 성적으로 비하하는 발언을 들었을 때 또는 성폭력이 일어났거나 일어날 수 있다고 판단될 때 곧바로 주위 사람들과 그 문제에 대해 의논할 수 있어야 한다. 성에 관련된 문제가 발생하였을 때 어디서 조언을 구해야 하고 어떤 보호를 받을 수 있는지 인지하고 있어야 한다. 또 피해자가 성폭력 피해에 대해 본인의 책임이 없다는 것을 알고 치료받을 수 있도록 도와주어야 한다. 이는 피해자에 대한 충분한 공감에서 시작될 것이다.

성폭력은 피해자 탓이 아니다. 따라갔다고 해서, 소리를 지르지 않아서, 반항하지 않아서, 성폭력 상황에서 빠져 나오지 못해서 피해자가 잘못된 것이 아니다. 가해자들은 성폭력을 하기 위해 치밀하게 계획하고, 피해자를 기만하고 설득해 저항하지 못하도록 하기 때문이다.

특히 아동의 성폭력 피해가 발생할 경우 그 피해가 성인이 될 때까지 영향을 끼치므로 예방 교육과 조기 개입이 필요하다. 사람들은 나름의 방식대로 손을 뻗어 도움을 구하고 있다. 우선 아이들을 잘 살펴보는 것이 도움의 방법이다. 성폭행을 당한 아이들은 직접적으로 "성추행을 당했어요"라고 이야기하지 않는다. "그 아저씨네 보내지 마" 하며 가해자를 피하거나 학교에 가고 싶지 않다고 하는 등 자신만의 의사표현을 한다. 말로 표현하지 못하는 아이들은 행동으로 표현한다. 잠자면서 오줌을 싸거나 자러 가는 것을 무서워하거나 악몽에 시달린다. 이럴 때 제대로 된 대처를 받지 못한 아이들은 사춘기가 되면 자신이 더럽혀졌다고 생각하거나, 스스로 나쁜 사람이라고 확신하며 우울해하고, 약물을 한다거나 자기 파괴적인 행동을 한다. 어른들은 이러한 변화를 알아차려야 한다. 아이들이 어떻게 자신을 표현하더라도 잘 들어주어야 한다. 특히 어렸을 때 입은 성적 폭력은 어른이 된 이후까지 몸에 기억되어 쉽게 잊히지 않는다. 증상은 여러 가지로 나타나며 초기에 피해의 심각성이 나타나지 않다가 시간이 흐른 후 나타나기도 한다.

그동안 우리는 약자의 입장에 서서 이해하려고 노력했는지 묻고 싶다. 가해자의 입장이 아닌 피해자의 입장에 서서 믿고 존중해야 한다. 피해자를 믿고 연대하고 지지해야만 세상을 바꿀 수 있다. 다른 사람의 성 인권이 침해되는 현실을 외면하지 않고 연대의 책임을 지는 것이다. 이러한 연대는 다른 사람의 삶에 도움을 주는 행위이자 나아가서 나의 성 인권을 지켜내기 위한 행위이기도 하다. 터키에서 짧은 치마를 입고 시위에 동참했던 남성들의 연대 행동처럼 그동안 우리가 가지고 있던 고정관념을 지속적으로 바꿔 나가며 피해자에게 연대의 손을 내밀어야 한다.

6장

사회와 환경 이해하기

|

나를 둘러싼
성 문화를 개선하다

1.   음란물이 교과서?

수업이 끝날 즈음 다음 시간에 성교육 수업을 할 거라고 미리 얘기했다. 성에 대해 한창 호기심이 가득한 남학생들은 눈빛을 반짝이며 관심을 보이기도 하지만 여학생들은 "꼭 배워야 하나요" 하며 거부 반응을 보였다. 때론 "다 아는데······" 하며 어느덧 얼굴에 여드름이 나고 목소리가 굵어진 사춘기 남학생 아이들이 키득키득 웃고는 했다. 무엇을 다 아냐고 물어보면 아이들은 "그런 거 있어요" 하면서 묘한 웃음을 지었다. 성 하면 야동이 떠오르는 듯 "누가 야동을 봤대요" 하며 뭔가 해낸 듯한 얼굴로 대놓고 말하기도 한다.

사람의 의식은 그 사람이 살아가는 환경의 영향 아래 보고 듣고 접하는 것으로부터 자유로울 수 없다. 그중에서 눈뜨면서 잘 때까지 함께하는 대중매체의 영향은 무시하지 못한다. 우리는 드라마, 영화, 광고, 사진, 동영상, 만화, 책, 게임 등으로부터 매 순간 영향을 받는다. 대중매체는 현실을 반영한다고 하지만 동시에 우리의 의식과 무의식에 영향을 주어 현실의 반영을 넘어서 현실을 재창조하고 있다. 대중매체의 영향력은 공기와 같아 보이지 않지만 사람들의 사회적 인식을 바꿀 정도로 성에 대한 가치, 사고, 행동 방식에 많은 영향을 미친다. 우리는 때로 무의식적으로 어느 순간 어디선가 들어 봤던 광고 속의 노래를 흥얼거리는 자신의 모습을 발견하곤 할 것이다. 패션이나 유행뿐만 아니라 가치관에 이르기까지 사람들은 자신이 생각하는 것보다 훨씬 많이 매체 환경의 영향을 받는다. 무심결에 지나치기 쉽지만 성차별이 드러나는 광고나 드라마를 많이 본 사람일수록 성 고정관념이 강하다는 결과도 있다. '여자는 집안일, 남자는 바깥일'이라는 성 역할을 강조하거나 맥락과 상관없이 여성의 신체 부위를 드러내는 매체들은 남성과 여성에 대한 왜곡된 기준을 양산한다. 더욱이 어린아이들일수록 그 안에 투영된 사회적 가치관을 무비판적으로 자기 것으로 흡수하기 쉽다.

아이들은 어디서 애써 찾지 않아도 일상생활 속에서 다양한 경로로 성에 대한 관점이나 생각들을 아주 쉽게 접할 수 있다. 요즘에는 너무나 쉽게 인터넷에 접근할 수 있어서 BJ나 유튜버의 자극적인 콘텐츠를 무방비로 접하고 이를 통해 성을 배우고 모방한다. 아이들은 범죄 행위가 매체에 노출되어도 이것이 성범죄라는 인식 없이 성적 놀이라고 생각하고 따라 한다. 내가 보고 상담한 사례도 있을 뿐만 아니라 다른 교사들과 이야기하다 보면 신문에만 나지 않았을 뿐이지 그 수위는 훨씬 심각하다는 것을 알 수 있다. 교실에서 남학생 둘이서 동성애 성행위를 묘사하거나, 핫도그를 자기의 손가락 사이에 끼워 유사 자위 장면을 보여 주기도 하고, 화장실에서 바지를 벗고 성기를 보여 주는 등 아이들은 아무 의식 없이 성적 놀이를 하고 있었다. 초등학생조차 영향을 받아 3학년 남학생이 4학년 여학생에게 "우리 야하게 놀자! 내 거 보여 줄게, 너도 보여 줘"라고 해 문제가 된 일도 있었다.

특히 여러 매체 중 가장 해로운 영향력을 미치는 것은 단연 포르노그래피, 즉 음란물이다. 소위 아이들 사이에서 성 교과서라 불리는 야한 동영상은 한창 자라나는 아이들에게 심각한 영향을 주고 성범죄를 유발한다. 근무하던 학교에서도 사건이 있었다. 초등학교 5학년 남학생이 유치원 아이를 성추행한 사건이었다. 남학생은 인근 아파트의 친구 집에 놀러갔다가 집으로 돌아가려고 엘리베이터를 탔는데 그 안에 유치원 아이와 단둘이 있게 되었다. 남학생은 순간 아이의 치마와 팬티를 걷어 올리고 보고 만지고 집으로 돌아갔다. 유치원 아이는 너무 놀라 집에 돌아가 부모에게 즉시 자신이 겪은 일을 말했고 부모가 경찰에 신고해 수사에 들어갔다. CCTV 속 남학생의 신원 조사를 통해 가해자가 우리 학교 학생이라는 것이 밝혀졌다. 남학생을 상담해 보니 아이는 친구네 집에서 음란물을 함께 보았고, 그 영상 속 여자들의 모습처럼 실제도 그런지 궁금하여 그런 행동을 했다고 하였다. 한창

성에 대한 호기심이 많던 그 아이는 자신이 무슨 짓을 한지도 모른 채 성폭력 가해자가 되었다. 일명 '정성현 사건'이라고 알려진, 2007년 안양에서 일어난 초등학생 살해·성폭력 사건에서도 범인의 집안에 가득 찬 음란물이 범인의 행동에 영향을 주었다고 알려져 있다. 음란물과 성폭력 범죄의 연관성에 관한 연구도 음란물과 성폭력의 밀접한 관계를 증명하고 있다.

미국의 여성주의 운동가 로빈 모건Robin Morgan은 포르노가 여성에 대한 강간을 합리화하였다고 하며 "포르노는 이론이며 강간은 실습이다"라고 비판할 정도로 음란물이 강간에 미치는 영향을 강조했다. 미국의 심리학자인 빅터 클라인Victor Cline은 '음란물 중독 4단계'를 통해 성폭력의 실행까지 이르는 과정을 설명하였다. 처음은 사춘기에 성적 호기심이 생기는 단계(1단계)이지만, 뇌의 보상 체계에 따라 음란 사이트에 매일 접속하고 점차 더 자극적인 것을 찾게 되고(2단계), 음란물 내용을 누구나 하는 일반적인 성적 행동으로 생각하게 되는 무감각 단계(3단계)에 이르게 된다. 마지막으로 실제 경험해 보고 싶은 욕구가 생겨 모방하는 시도(4단계)를 하게 된다. 이 모방 시도는 대개 성폭력으로 나타나게 된다. 음란물은 성폭력이나 성희롱을 정상적 행위로 생각하게 만든다. 음란물에 호기심을 보인 아이들의 16.7퍼센트는 중독 증상을 보였고, 자주 보게 된다고 답한 아이들도 39.7퍼센트로 높은 비율을 보였다. 중독된 아이들은 "음란물을 안 보려고 해도 매일 밤이면 다시 클릭하는 자신이 너무 싫다"고 하면서 죄책감을 호소했다. 이렇듯 부정적인 결과가 초래됨에도 당장 그 결과가 눈앞에 명백히 보이지 않기에 음란물의 해로움을 느끼기는 쉽지 않다.

N번방 사건에 가담했던 한 가해자는 인터뷰에서 이렇게 말하였다 "방에서 처음 보는 잔인하고 기괴한 상황에 처음에는 경악했지만 (…) 나중에는 아무렇지 않게 관전하였고 결국 유포하였지요. (…) 유포 및 제작할수록 저를 존중했고 돈도 벌 수 있었어요"라고 말하였다. 사람이 어떻게 이렇게 잔인한 일들을 벌였을까, 그 방에 있던 사람들은 모두 사이코패스일까 생각해 보았다. 그러나 처음부터 그렇게 시작된 것은 아니었다. 아이들은 과정 속에서 가해자로 만들어졌다.

중학생을 대상으로 음란물을 보는 이유에 대해 설문조사를 한 적이 있다. 아이들은 대체로 사춘기가 되면서 성에 대한 호기심이 생겨 음란물을 보기 시작하며 이를 공부나 친구 관계 등에서 오는 스트레스를 해소하거나 성욕을 해결하는 일로 가볍게 생각하였다. 음란물 예방 교육을 하면 아이들은 그 내용이 픽션이며 음란물을 만드는 사람들이 돈을 벌기 위해 자극적인 요소를 만들어 내는 등 음란물의 문제점에 대해 안다고 이야기한다.

그러나 아이들은 음란물 중독의 위험성과 음란물의 이면에 있는 해로움에 대해서는 알지 못했다. "단순하게 호기심으로 볼 수도 있지"라고 말하지만, 그 안에는 사랑, 생명, 책임, 존중, 배려 등이 빠진 채 폭력만 담겨 있다는 것을 인지하지 못한다. 아이들은 음란물이 남성의 욕망만을 담아 '여자는 강간당하고 싶어 하거나 좋아한다'는 강간 신화를 만들어 내고, 여성을 성적 도구화하고 상품화하며, 여성에 대한 폭력을 미화하고 있다는 사실은 놓치고 만다. 남성들에 의해 소비되는 음란물은 관심과 흥미를 불러일으켜 돈을 벌기 위해 여성을 사람이 아닌 남성의 성 욕구를 해소하기 위한 도구이자 소비 대상으로 전락시킨다. 음란물 속의 여성은 성에 대해 몰라야 하고 남성의 주도적인 행동을 기다려야 한다. 또 여성도 성 욕구가 남자만큼 있으나 수줍어서 동의를 표현하지 못하며 남성이 강제로 키스하는데도 여성은 이를 좋아하는 것으로 표현된다. 이런 표현 방식에는 성폭력을 정당화하는 강간 신화가 담겨 있다. 음란물은 다양한 강간 신화들을 학습시키고, 여성을 저급한 매춘부로 바라보는 시선과 여성에 대한 성적 학대를 정당화한다. 이로 인하여 아이들은 여성을 함께 대화하며 성장하는 사람이기보다 하나의 대상물로, 물건으로 보기 쉽다. 안드레아 드워킨Andrea Dworkin은『포르노그래피: 여자를 소유하는 남자들』에서 음란물은 여성의 몸과 정신에 대한 조직화된 파괴 행위이며, 강간, 구타, 근친상간, 매춘은 음란물과 서로 활발히 연계되어 있다고 주장한다. 음란물은 여성의 존엄이나 자아, 그리고 인간적 가치에 대한 끝없는 비하이며 멸시, 폭력이라는 것이다.

N번방 디지털 성범죄 사건처럼 요인은 한두 개만이 아니다. 모든 것이 맞아떨어질 때 일은 벌어진다. 텔레그램이라는 익명성, 여성을 성적 대상화하는 문화, 음란물에 관대한 문화는 지속

적이고 반복적으로 변종되어 더 잔인한 사건으로 등장했다. 남성의 성 욕구는 해결되어야 한다는 믿음은 음란물에 대해 관대한 문화를 낳았고, 이러한 성 문화의 영향으로 법정에 가면 실제 성범죄의 형량이 낮아졌다. 한국에서 아동 성착취 영상 178만 개를 운영한 사람이 징역 1년 6개월의 형량을 받았던 반면 미국에서는 아동 성착취 영상을 다운로드한 사람이 징역 15년을 선고받는다. 우리나라의 음란물에 대한 관대함을 볼 수 있다.

또 하나 우리가 주목할 만한 사실은 음란물이 여성을 성적인 욕망의 대상으로 전락시킬 뿐만 아니라 뇌에 자극을 주어 공격성을 불러일으킨다는 것이다. 〈EBS 다큐프라임〉에서 음란물이 뇌에 미치는 영향을 알아보기 위해 대학생을 대상으로 '포르노-공격성 연관성' 실험을 하였다. 대학생들은 자연 다큐 동영상, 야한 동영상, 야하면서 폭력적인 동영상 등 세 종류의 영상을 보고 난 후, 여러 사람의 사진이 차례대로 붙은 벽에 다트를 던질지를 선택했다. 자연 다큐를 본 학생들은 "아무리 그래도 사람 사진인데 어떻게 던져요" 하면서 거부하였지만. 야한 동영상을 본 학생들은 사람 표적에 다트를 던진 횟수가 많았다. 실험 결과 포르노 영상물이 다른 영상물에 비해 시청자의 공격성을 뚜렷하게 강화하는 것으로 나타났다. 포르노 영상물은 공격성을 여덟 배 높여 준다고 한다. 말하자면 이러한 음란물들은 자극적이고 감각적인 성 행태들을 조장하며 여성을 성 노예로 표현하는 동시에 이용자들이 무의식적으로 가학적, 폭력적 성향을 갖게 만든다.

중요한 것은 아이들이 올바른 성 지식과 아름다운 성을 배울 기회가 없었다는 것이다. 아이들은 성에 대한 정보를 친구나 대중 매체를 통해 얻고 있으며, 그중에서도 대중매체가 가장 많은 영향을 끼친다. 학교에서 선생님으로부터 받는 영향은 2.9퍼센트로, 거의 학교에서 성교육이 이루어지지 않는다는 것을 알 수 있다. 아이들은 성기 중심의 파편화된 지식과 잘못된 정보를 습득하면서 자신들이 성에 대해서 알아야 할 것은 다 알고 있다고 생각한다. 음란물 속의 여성이 현실 속의 여성과 다르다는 것을 안다고 하지만 무의식적으로 폭력적인 메시지를 습득하고 있는 것이다. 인터넷에서 전달해 주는 성 정보는 편견이나 오류가 많고 음란물은 성교육 교과서로 지칭될 정도로 흔하게 널려 있다. 그러나 영향력이 이렇게 높음에도 불구하고 각종 매체에 대한 심의 규제가 제대로 이루어지지 않고 있다. 아이들은 이러한 왜곡된 정보의 홍수 속에서 성평등한 시각을 기를 기회를 박탈당하고 있다.

이렇듯 성 인권 교육을 체계적으로 받지 못한 아이들은 걸러지지 않은 대중매체를 통해 사회 속의 성 고정관념을 습득하고 강화시키고 있다. 왜곡된 성 인식을 체화한 아이들은 여성을 비인간화시키고 폭력적인 행동을 함으로써 가해자가 되어 가고 있다. 아이들이 올바르게 성을 인식할 수 있도록 교육이 이루어져야 한다.

N번방 가해자들에게 왜 이런 일을 하냐고 물으니 음란물이 돈이 된다는 답변이 돌아왔다고 한다. 소비자의 욕구가 없다면 위험 부담을 안으면서까지 일을 벌이지 않으며, 자신은 그 방 안

에 있는 소비자들의 취향에 맞춰서 성 착취물을 제작했을 뿐이라는 것이다. 이런 폭력적인 문화를 멈추는 방법은 간단하다. 건강한 성 인식으로 무장하여 모두가 방관자에서 벗어나 신고할 때 이런 방이 사라질 수 있다. 또한 최근 사회적으로 음란물의 부작용에 대한 인식이 커짐에 따라 불법 성적 촬영물 소지, 구입 저장 또는 시청한 자에 대해 3년 이하의 징역이나 3천만 원 이하의 벌금에 처하는 특례법 개정법률안도 통과되었다. 무엇보다 아이들이 가해자와 방관자가 되지 않도록 교육하는 것이 가장 필요한 일일 것이다.

또한 대중매체나 음란물의 내용을 비판적으로 판단할 시각을 길러 줄 '미디어 리터러시media literacy' 교육이 필요하다. 이 교육은 부정적인 사고방식을 기르는 것과는 다른 것으로, 어렸을 때부터 주어지는 정보를 그대로 흡수하기보다 정보에 대해 "진짜 그럴까?" 하며 숨은 의도와 맥락을 찾는 과정을 통해 어떤 문제에 대해 의식적으로 돌아보도록 하는 것이다. 개인은 비판적 사고를 통해 자신이 접하는 많은 정보를 단순히 받아들이기만 하는 것이 아니라 이를 분석하고 판단함으로써 주관적 자기 정체성을 확립할 수 있다. 자신이 접하는 콘텐츠가 누구의 시선으로 만들어졌는지, 그 내용은 진짜인지 가짜인지, 그 안에 무엇이 숨겨져 있는지, 그것이 자신과 타인의 삶에 어떤 영향을 미치는지 판단할 수 있도록 성 인지 감수성 교육과 함께 미디어 리터러시 교육이 필요하다.

2.   이중적 성 잣대의 함정

어느 날 대학생 아들이 엄마에게 여자 친구와 '100일 기념' 여행을 1박 2일로 간다고 이야기하였다. 이 말을 들은 그녀는 다 큰 아들이 이제 남자가 되었다며 기특한 마음이 들었다. 그래도 아들의 첫 성관계일 텐데 좋은 곳에서 자야 한다는 생각에 비싼 호텔을 잡아 주었다. 아들은 "우리 엄마 역시 쿨한 엄마야"라고 고마워했다. 그 옆에서 이야기를 듣고 있던 고등학생 딸은 "나도 대학생 되어서 남자 친구와 여행갈 때 오빠처럼 그 호텔 잡아 줄 거지?" 하고 물어 보았다. 그녀는 놀라 정색하며 생각할 것도 없이 "너는 안 돼"라고 큰 소리로 말했다. 같은 학교 선생님의 이야기로, 그 선생님은 아들과 딸에게 성에 대해 다른 태도를 보이는 자신을 발견하고 당황스러웠다고 한다. 머리로는 대학생이 성관계를 하는 것에 대해 당연하다고 생각하지만 아들의 일이라면 웬만큼 이해하겠는데 딸의 일이라면 이성적으로나 감정적으로 이해할 수가 없다고 하였다. 아직도 대다수 사람들의 의식 속에는 전통적인 유교적 성 관념이 자리 잡고 있어, 아들과 딸을 대할 때 서로 다른 성 규범과 가치관을 적용한다.

그동안 가부장제는 남성과 여성에게 각기 다르게 적용되는 성 윤리이자 성도덕을 형성시켜 왔다. 남성들은 성을 획득의 개념으로 바라보았으며 자유로운 성생활이 가능했다. 이와 달리 여성에게 성은 지켜야 하는 것으로 여성의 성생활은 억압되어 왔다. 그동안 우리 사회는 남성에게는 외도와 매춘조차 허용하는 반면 여성에게는 절대적 순결과 정절을 강요해 왔다.

남성의 성은 허용 정도를 넘어서 능력으로 상징되었고 외도와 매춘은 성적 놀이 능력의 기준치가 되어 죄의식 없이 너무나 쉽게 이루어지고 있었다. 성산업은 번창했으며 매춘은 남성 문화를 바탕으로 세계에서 가장 잘 팔리는 산업의 하나가 되었다. 집 밖을 나가기만 해도 길거리에서 마사지, 란제리 도우미, 노래방 도우미, 매춘에 대한 전단지가 밟힐 정도다. 성의 상품화가 당연시되고 외도와 매춘을 더 쉽게 즐길 수 있는 환경 속에서 청소년들은 아버지 세대의 성적 특권을 보고 배우며 고스란히 물려받고 있다. 어떤 아버지는 자신의 아들이 대학생이 되자 축하 기념으로 남자라면 이런 문화도 즐겨야 한다며 접대부가 있는 술집에 데려갔다고 한다. 사회적으로는 청소년들의 임신이나 낙태, 성관계 등 무분별한 성 문란이 문제시되면서도 수면 아래에서는 외도와 매춘의 성 문화가 범람하고 있는 것이다.

한편 남성의 성 욕구와 외도를 당연시해 온 사회적 분위기 속에서 여성들 자신도 이에 길들여져 왔다. 여성들은 '남성의 성욕은 참으면 병이 된다'라는, 남성들의 입장에서 전해졌던 통념을 합리화해 왔다. 그리고 사회적으로 남성과 달리 여성은 무성적인 존재로 여겨져 순결을 요구받고 사회에서는 여성이 성에 대해 모르면 모를수록 높은 가치를 쳐주었다. 여성은 성적 즐거움을 누릴 권리를 빼앗긴 채 성욕을 드러내면 수치심을 느끼고 성에 대해 무관심하도록 사회화되었다. 여성이 성에 대해 알려고 하거나 즐기기를 원하는 경우에는 밝히는 여자, 타락하고 음란한 여자, 저급한 여자로 손가락질받아 왔다. 여성의 정조에 높은 가치를 매기는 성 규범을 체화한 여성들은 자신의 몸조차 보거나 알려고 하지 않았다.

학교에도 사회의 성 문화는 고스란히 전해졌다. 아이들은 사춘기 전에는 성에 대해 모두 호기심을 가지고 긍정적인 태도로 성을 배우는 반면, 사춘기가 되면 남자아이들과 여자아이들이 성을 대하는 태도가 달라진다. 남학생들은 성에 대해 당당하게 더 많은 정보를 얻으려 하고 주체적으로 성 행동을 하려고 한다. 그와 반대로 여자아이들은 성에 대해 알기를 꺼리고 아는 것을 부끄럽게 여기는 수동적인 태도를 보인다. 이러한 차이로 인해 성에 대한 지식을 접하는 방식과 그 내용과 정도에서 남녀 간의 차이가 커진다. 나아가 남성과 여성은 성과 관련한 정보의 수용 상태, 성적 호기심, 성 경험의 면에서 차이가 날 수밖에 없다. 이러한 성 문화의 격차로 인하여 연애를 하거나 결혼생활을 할 때 더 많은 성 지식을 가진 남성이 성에 대해 잘 모르는 여성에게 남성적인 관점의 성 지식을 알려줌으로써 기존의 통념 가득한 관점의 성 지식이 전해진다. 이런 과정에서 여성들은 성적 주체성을 논할 수 없게 된다.

최근에는 여성 인권에 대한 의식이 높아짐에 따라 성에 관한 지식과 정보가 늘어나고, 성적 권리의 하나로서 자신의 몸을 살펴보고 감각을 깨울 수 있는 환경이 마련되고 있다. 성에 대한 부정적인 이미지는 점차 사라지고 즐거운 성생활이 개인의 행복의 하나로 여겨지게 되면서 여성들도 자신의 감정, 본능, 욕구를 들여다볼 줄 아는 좀 더 섹시한 여성이 되고 싶어 한다. 여성들은 점점 더 자신을 잘 알고 자신이 원하는 것을 이루고 자신의 행복을 즐길 수 있다고 생각하게 되었다.

그러나 전반적인 성 문화가 크게 달라지지는 않았다. 여전히 여성들은 선뜻 남성보다 먼저 대시를 하거나, 먼저 성관계를 하자고 하거나, 잠자리에서 주도적인 태도를 보이는 등 자신의 감정과 성 욕구를 말하기가 쉽지 않다. 만약 상대가 하룻밤을 같이 보내자고 했을 때 여성이 흔쾌히 동의한다면 상대는 어떠한 반응을 보일까? 오히려 감정에 충실해서 좋다는 반응을 보일까? 아니면 쉽고 헤픈 여자로 낙인찍을까? 물론 사람마다 다르겠지만 많은 남성들은 후자의 태도를 보인다. 성적 권리를 주장하는 것 자체가 순결이나 정절을 거부하는 것으로 여겨지며 순결을 지키는 여성에게 더 많은 가치를 쳐주는 분위기는 여전히 팽배하다.

이러한 사회에서 남성은 성적 루머에 휩싸이면 영웅 취급을 받는 반면, 여성에게 성적 루머는 치명적인 사건이 된다. 한 중학교에서 여학생이 손목이 아프다고 보건실로 들어오자마자 다짜고짜 탄력붕대를 달라고 했다. 이상한 느낌이 들어 한참을 어르고 달래어 상처를 확인해 보았다. 손목에 열다섯 번 정도 커터 칼로 그은 자국이 있었다. 아이에게 물었더니 이런 대답이 돌아왔다. "저는 1학년 때부터 친구들에게 왕따였어요. 그런데 저를 왕따시킨 아이가 저를 좋아했던 남학생을 좋아했었나 봐요. 그 애가 카톡 방에 저를 초대해서 제 욕을 하며 괴롭혔어요. 더 화가 나는 것은 제가 알지도 못하는 남자애들에게 저의 생얼 사진을 찍어 퍼뜨리고 걸레라고 소문내고 다녔다는 거예요. 나중에는 남학생들이 저를 앞에 두고 '걸레'라고 부르며 한번 하자고 하면서 자위 흉내까지 냈어요." 그 아이는 괴롭힘에 너무 화가 나서 친구를 때렸고 지금은 학교 폭력 가해자가 되었다고 하며 너무나 억울하고 분한 마음에 자해를 하였다고 하였다. 저항할 힘이 없어 폭력을 당한 상황에서 정신적 고통의 상황을 모면하기 위해 자신의 몸에 자해를 하면서 그 고통을 고스란히 자신에게 주고 쾌감과 안도감을 느낀 것이다.

성 인권 의식이 향상되고 성에 대해 자유로워졌다고는 하지만 우리의 성 문화에는 머리로는 이해되지만 마음으로는 이해되지 않는 정서적인 거부가 여전히 뿌리박혀 있다. 즉 한편으로는 "사랑하는 사람과 즐거울 권리가 있어" 하면서도 다른 한편으로는 "순결을 지켜야 해"라는 사회적 요구의 압박을 받는 것이다. 여성에게 순결은 더 이상 절대적 덕목으로 중시되지는 않지만, 여전히 사회적 분위기는 '순결 이데올로기'에서 헤어나지 못하고 있다. 여성의 성적 자율권은 성 인권의 하나로 보장받아야 된다고 하지만 이런 논리는 주로 성관계를 거부할 때만 사용되어 왔다. 자유로운 성생활이 늘어나고 있는 상황에서도 이율배반적으로 여전히 우리 사회에서 순결은 여성적 가치로 인지되고 순결의 상실은 곧 여성의 가치 하락과 동일시된다.

이렇듯 성을 터부시하는 의식과 성 개방의 변화 사이에서 여성에게는 이중적인 성도덕이 요구된다. 순결 이데올로기와 개방적 연애의 조화라는 딜레마적 상황이 연출되는 것이다. 묵시적으로 순결을 강요하는 시선과 '노는 아이'라는 딱지를 일삼던 사회에서 성에 대한 보수성과 개방성 사이에서 적절한 타협을 이루기란 쉬운 일이 아니다. 한마디로 성적인 자기결정권은 주어졌지만 여성의 성과 육체, 자유로운 삶과 성적으로 즐거울 권리를 규제하고, 규범화하고, 길들이는 순결 이데올로기와, 개방적 연애라는 이름하에 여성을 미화하고, 예찬하고, 소비하고, 즐기는 대상으로 전락시키는 성적 대상화 앞에서 갈등할 수밖에 없다. 여자는 좋아도 좋아하는 척하지 않으며 비싸게 굴어야 한다는 왜곡된 통념도 이런 맥락에서 나온 것이다.

아직도 여성이 성과 관련하여 좋은 감정이나 자기주장을 드러내거나 자기결정권을 충분히 누릴 수 있는 문화적 토양과 성 인식은 미흡하다. 순결이 중요하다고 생각하는 여성들은 혼전 성관계에 대해 죄의식이나 피해 의식을 갖게 되며 실제로 혼전 성 경험이 여성의 결혼과 이성 관계에 부정적으로 작용하기도 한다. 연애하다가 헤어지면 여자만 손해라는 인식이 있는 이유다. 순결에 금이 갔다는 생각은 여성으로서의 가치가 절하되었다는 느낌으로 이어지고 '이 남자 아니면 안 된다'는 생각과 함께 남성에게 의존하게 만들거나 원하지 않는 결혼을 하게 만들기도 한다. 이런 생각에 사로잡힌 여성들은 처녀막 재생술이라는 수술을 통해서 순결을 위장하기도 하고, 비혼모가 될 경우에도 태어난 아이가 부도덕의 표시로 손가락질받는 게 두려워 아이를 입양 보내기도 한다. 과거에는 성폭행을 당하면 여성으로서의 가치를 포기하고 더이상 다른 남자를 만날 수 없다는 생각에 가해자와 결혼을 하기까지 했다. 여성의 성관계 유무를 따지는 문화는 여성을 남성의 소유로 만들어 버린다. 우리는 성 의식이 깨어 있는 사회에 살고 있다고 하지만 2018년에도 한 남성이 아내가 다른 남자와 혼전 관계를 가진 일이 결혼 파탄의 원인이 된다며 이혼을 신청하는 일이 있었다. 시대가 변하였음에도 혼전의 성 경험은 여성에게 흠으로 작용한다. 혼전 관계는 이별 범죄에 이용되기도 한다. 이별을 하게 될 경우 부모에게 사실을 이야기하거나 그에 따른 사진을 유포하겠다는 등의 협박의 빌미로 이용되는 것이다. 이처럼 이중적 성 문화로 인해 이성 간의 불평등한 권력관계는 확대 재생산되고 있다. 과거에 정조를 지키지 못했다고 자결한 여인들이나, 죽은 남편을 따라 화장 장작더미에 올라가 죽음을 맞이했던 과부들의 정조 자살은 자발적이었는가? 남성 중심 사회가 살아남은 여자를 그 사회에서 살지 못하게 만든 사회적 타살은 아닌지 생각해 봐야 한다.

현재 우리 사회에서 이중적인 차별적 성 문화로 인한 피해들은 모두 여성 혼자의 몫이 될 수밖에 없다. 성적 자율권이 성 인권의 하나로 인정받더라도 무의식처럼 순결이 자신의 가치 기준이 되는 사회에서 이러한 관념을 깨는 일은 쉽지 않다. 그렇기 때문에 엄마들이 딸이 여행을 간다고 하면 딸의 가치가 떨어지는 것을 말리게 되는 것이다.

그렇다면 개인의 성 인권과 성적으로 즐거울 권리를 외치는 시대에 언제까지 여성에게만 순결 이데올로기를 강요하고 여성만 피해자가 되어야 하는가? 또한 성관계에 따른 책임을 여자만 져야 하는가? 남성의 이중적 성 잣대는 이대로 두어야 하는가? 성적 유희를 인간으로서 누려야 하는 당연한 권리로 인식할 수 있도록 남성뿐만 아니라 여성 또한 주체적으로 성적 자기결정권을 행사할 수 있어야 한다. 그러려면 성적 지식이 충분히 학습되어야 한다. 여성도 성적 존재이며, 여성의 성 경험의 유무는 성도덕의 위배의 유무가 아니라는 것을 주지할 필요가 있다. 이를 위해서는 뿌리 깊게 박혀 있는 순결에 대한 성불평등적인 사고와 남성의

이중적 성 잣대에 대한 공론화와 함께 사회적 인식 개선을 위한
노력이 필요하다. 이중적인 성 문화에서 벗어날 때 남녀 모두 자
신의 감정이나 욕구를 자연스럽게 표현할 수 있는 사람으로서 행
복할 수 있다. 여성의 성에 대한 인식의 변화가 그 시작이다.

3.   그 누구의 몸도
차별의 대상이 될 수 없다

 4학년 수업을 끝낸 후 정리하던 교실을 나서려다가 한 여학생
이 가방에서 무언가를 꺼내 정성스럽게 거울을 들여다보며 얼굴
에 바르고 있는 걸 보았다. 자세히 보니 비비크림이었다. 교실을
나가면서 한마디 훈수를 두었다. "너희 때는 그런 거 안 해도 예
쁜데……"라고 최대한 미소 지으며 말했다. 이 말을 들은 아이는
"어른들은 그렇게 말하지만 저는 그렇게 생각 안 해요. 요즘 여자
는 무조건 날씬하고 예뻐야 해요"라고 말하며 다시 거울을 보고
화장품을 발랐다. 이 아이를 보니 초등학교에 갓 입학한 1학년 남
자아이가 여자 친구가 못생겼다고 짝꿍하기 싫다며 짝을 바꿔 달
라고 했다는 이야기가 떠올랐다. 외모를 중시하는 사회적 분위기
는 초등학교 아이들에게도 고스란히 전해진다. 사춘기가 다가오
는 즈음의 아이들은 몸무게 신경 쓰느라 급식 시간에도 밥이나 반

찬을 숟가락으로 두세 번 떠먹으면 다 먹을 정도로 적게 먹는다. 이렇게 적게 먹고도 혹시 살이 찔까 봐 점심시간이 끝날 때마다 몸무게를 측정한다고 체중계 앞에서 오르락내리락한다. 이런 아이들의 건강검진 결과를 살펴보면 초등학생 가운데 대략 85퍼센트가 '정상 체중'으로 나타난다. 그런데 30퍼센트 정도의 아이들은 이러한 결과에 상관하지 않고 본인이 살쪘다고 생각하고 다이어트를 한다. 남학생보다 여학생들이 중·고등학교로 올라갈수록 다이어트를 하는 비율이 높다.

대중매체에는 꿀벅지, 황금 골반, S라인, V라인, 초콜릿 복근, 오크녀, 베이글녀, 루저 등 외모와 관련된 말들이 넘쳐난다. 광고나 드라마뿐만 아니라 우리 일상에서도 예쁘고 날씬한 여자가 더 능력 있는 여자라는 인식이 익숙하다. 정신분석학자 자크 라캉Jacques Lacan의 '욕망 이론'에 따르면 인간은 타자의 욕망을 욕망하는 존재다. 우리는 지금 TV나 잡지 같은 대중매체에 나오는 숱한 광고를 보면서 자신도 모르게 미의 기준을 강요받고 있다. 그리고 그 속의 주인공처럼 되려고 지갑을 연다.

아름다운 외모는 동서양을 막론하고 어느 시대에나 부러움의 대상이었고 사람들이 원하는 바였다. 물론 아름다움의 기준은 시대마다 달랐지만 그 열망은 인간의 본성이다. 자신의 외모를 아름답게 가꾸기 위해 노력하는 것은 자연스런 일이다. 요즘에는 이상적인 미의 기준에 부합하려는 열망이 지나쳐 성형과 다이어트 열풍 등 부작용이 있기도 하지만 인간이 더 나아지려고 하는 것은 어쨌거나 자연스러운 일이라고 할 수 있다. 하지만 더 심각한 문제는 따로 있다.

남성은 사회적인 영역의 지식이나 성격 등으로 평가를 받는 반면 여성의 가치는 외모 우선으로 매겨지기 때문이다. 여성에게 성적 가치 이외의 능력이나 재능 등이 아무리 많아도 그 가치는 남성들이 판단하기 때문에 대부분 무시된다는 것이다. 사회는 남성에게는 '뇌섹남'이라고 하며 지적인 면을 요구하면서, 여성에게는 '섹시녀'라고 하며 육체적인 면을 요구한다. 사회학자 수전 브라운밀러Susan Brownmiler는 "남성들이 사회적, 경제적으로 많은 자원을 차지하고 있기 때문에 여성들은 자원을 가진 남성을 차지하는 것만이 자원에 접근할 수 있는 유일한 길이므로 이를 많이 가진 남성을 차지하기 위하여 그 남성이 선호하는 아름다운 외모를 추구하게 된다"고 하였다. 남성의 성적 대상으로서 가치 있다고 여겨지는 얼굴과 몸매, 옷차림과 몸짓, 말의 맵시는 시장에서 어느 때보다 비싸게 팔리고 있다. 비싸게 팔리기 위해서는 남성이 원하는 여성스러운 여자가 되어야 한다. 즉 두려움, 부끄러움, 소극성, 순종성을 습득하면서 비로소 사회가 말하는 '진짜 여자'가 되어 가는 것이다.

한국의 13~43세 여성 2백 명을 대상으로 외모가 인생에 미치는 영향에 대한 설문조사를 실시했다. 68퍼센트의 여성이 외모가 인생의 성패를 좌우한다고 하였고, 78퍼센트는 외모 가꾸기는 멋이 아니라 여성에게 필수이고 화장은 직장 생활의 필수이자 예의라고 말했다. 취업이나 연애, 결혼 시장에서도 외모가 스펙의 하나로 경쟁력이 되고 있다. 많은 사회 구성원들이 외모가 인생의 우열과 성패를 가르는 기준이라고 스스로 믿으며 기준에 부합되지 않는 사람에게 차별을 가하는 것이다. 이런 현상에는 외모 지상주의의 환상이 깔려 있다. 외모가 연애나 결혼 등과 같은 사적 생활이나 취업·승진 등의 사회생활 전반까지 좌우하기 때문에 월급을 외모 관리에 쏟아부을 정도로 자신을 가꾸는 데 많은 시간과 노력을 기울이게 된다.

이러한 외모 중심 사회에서는 대중매체에서 제시하는 이상적인 외모의 잣대에 부응하지 못하는 사람은 아무리 능력이 뛰어나도 관심의 뒷전에 밀려나게 된다. 사회적으로 인정받는 정치인이어도 의사여도 교수여도 스포츠 선수여도 이왕이면 다홍치마라고 외모로 각광받는 경우가 많다. 기승전 "그래서 예뻐?"로 끝나는 우리 안의 강박은 그 어느 때보다 더 열정적으로, 때로는 처절하게 겉으로 드러나는 아름다움을 좇게 만든다. 외모 강박에 빠진 여성들은 자신의 몸이 자신의 기준이 아닌 남성들의 기준에 매력적일 때 스스로 자신의 몸에 만족한다. 또 지나치게 외모에 집착을 하다 보니 외모가 사람의 여러 면 가운데 한 가지가 아니라 사람의 전부인 것처럼 여긴다. 그렇기에 자신이 남성이 요구하는 범위에 들어가지 않는다고 생각하면 자신의 몸을 부정하고, 나아가 자신의 가치를 부정함으로써 자존감이 떨어질 수밖에 없다. 나아가 다른 사람과의 관계에서 소심해지고 실패감과 우울감을 경험하게 되며 거식증 같은 신경성 질환이나 신체변형장애까지 겪는 경우도 있다.

사춘기의 아이들은 급격한 신체적 변화가 나타나 매일 성장하는 기쁨을 느끼는 동시에, 다른 사람의 관점에서 자유롭지 못해 또래와 자신의 외모를 비교하며 열등감을 느끼거나 불안해하기도 한다. 이 시기는 자존감과 열등감이 키워지는 시기로 외모 역시 자아 개념에 영향을 미친다. 한창 신체적으로 변화하는 시기에 몸에 대한 집착을 하다 보면 키나 몸무게, 외모의 작은 변화만 나타나도 자존감이 떨어지는 경험을 하게 된다. 여자아이들은 여성으로서의 가치와 존재감을 확인시키기 위해 자신의 몸을 좀 더 작게 만들고 행동을 작게 한다. 자신의 본래 모습으로 살아가기보다 '여자'라는 가면을 쓰고 그 기준에서 벗어날까 봐 매일 거울을 들여다보고, 체중계에 올라서면서 자신이 사랑받을 존재인지 의심한다.

사춘기 소녀뿐만이 아니다. 외모에 가치를 둔 사회에서 살아가는 여성들은 젊었을 때 아무리 예쁘다는 칭찬을 들었어도 나이 들수록 외모에 대한 불안감이 더해진다. 특히 세상을 적극적으로 탐험하고 성장하며 자신감을 획득하는 삶이 아닌 외모에만 가치를 두는 삶을 살다 보면 시간이 지날수록 무너지는 외모에 불안감이 점차 커질 수밖에 없다. 최근 영화 〈백설공주〉를 보면서 그동안 눈여겨보지 않았던 인물인 왕비가 눈에 들어왔다. 예전에는 착한 백설공주에게 사과를 먹인 못된 마녀 정도로 기억했다면 다시 본 왕비는 늙어 가는 외모로 사회적으로 외면당하고 불안해하며 자신감을 잃어버린 중년의 여성이었다. 그녀는 거울이 말하는 세상에서 제일 예쁜 사람이었다가 어느 날 갑자기 젊고 예쁜 백설공주의 등장으로 2인자로 물러날 위기에 처했다. 예전에는 외모가 자신감을 주었는데 외모의 효용가치가 시간이 지날수록 떨어지다 보니 '백설공주만 없다'면 다시 가장 아름다운 여자가 될 수 있다는 끔찍한 생각을 했던 것이다. 몸에 대한 만족도와 자존감은 밀접하게 연관되어 있기 때문이다.

자신이 주체가 되지 못하는 삶은 불안정하다. 못났든 늙었든 그 누구의 몸도 차별의 대상이 될 수 없다. 상업주의와 대중매체가 만들어 놓은 획일화된 미의 기준으로 그 누구의 외모도 함부로 평가될 수 없다. 나의 몸이, 나의 생김새가 사람들에게 편견과 차별의 대상이 될 수 있는가? 삶을 살아가면서 무엇이 아름다움인지, 정말 중요한 것은 무엇인지 생각해 보는 시간이 필요하다. 무엇보다 아이들에게 외모와 관련된 평가를 하지 않아야 한다. 그리고 사람의 가치를 다시 생각해 보게 하고 외면보다는 내면의 아름다움을 이야기해 주어야 한다.

외국에서 살다 온 한 친구는 한국에서 사람들이 자신에게 "동안이시네요. 날씬해서 좋겠어요. 살만 빼면 더 예쁠 텐데"라며 외모를 평가하는 것을 불쾌해했다. 우리는 사람들을 만날 때 수시로 아무렇지도 않게 외모를 평가한다. "다 너를 위해서 하는 말이야" 하면서 부정적으로 평가하거나 지적하는 발언도 서슴지 않는다.

영국이나 미국 등에서는 어려서부터 타인의 외모에 대해 평가하는 것은 개인의 경계를 침해하는 행위라고 교육받는다. 부정적인 언급은 물론 외모에 대한 칭찬도 실례다. 어떤 사람의 외모를 칭찬했다는 것은 다른 사람의 외모는 나쁘다고 간접적으로 이야기하는 것이기 때문이다. 외모를 기준으로 잘난 사람과 못난 사람을 나누고 평가하는 이분법적인 사고는 차별을 만든다. 상대가 느끼는 불쾌감이나 부정적인 감정은 고려하지 않은 채 얼굴이 못생기거나 키가 작거나 뚱뚱한 사람은 무시해도 된다는 풍조를 만들기 때문이다. 인권이 존중되는 문화에서는 타고난 부분이 아니라 노력으로 얻은 능력에 대해서 칭찬하도록 교육받는다.

나는 정신 건강 수업에서 외모가 아니라 행동을 칭찬하는 법을 가르친다. 그리고 남학생이나 여학생 모두에게 예쁘다는 말을 자주 한다. 아이들의 옷차림이나 외모에 대해 칭찬하는 것이 아니라 사람들과의 관계에서 보이는 예쁜 행동, 즉 품성에 대해 칭찬한다. "웃는 얼굴이 예쁘다", "다른 친구를 도와주어서 예쁘다", "어제보다 더 크게 책을 읽어서 예쁘다" 같은 말들이다. 아이들의 성장에 필요한 것은 평가가 아니라 내면에 대한 칭찬이다.

영화 〈아이 필 프리티I Feel Pretty〉의 여주인공은 살을 빼기 위해 헬스 사이클을 타다가 실수로 머리를 부딪혀 의식을 잃는다. 잠시 후 깨어난 그녀는 몸은 그대로이지만 자신이 엄청난 미녀가 되었다고 착각한다. 매사에 소심했던 주인공은 자신감이 폭발하고 그 자신감으로 인해 꿈꾸던 직장, 멋진 남자 친구 등 원했던 바를 하나씩 이루어 나가기 시작한다. 그녀가 성공할 수 있었던 이유는 무엇이었을까? 그녀의 외모는 변하지 않았지만 결국 외모가 전부라고 생각했던 신념에서 벗어나 세상을 탐험하고 그 경험을 통해 자신 안에 있는 가치를 찾고 자신을 사랑하고 도전했기 때문이다. 지금의 자신을 충분히 좋아하며 자신을 있는 그대로 드러낼 줄 아는 자신감이야말로 최고의 매력이다. "당신은 충분히 예쁜 사람이다."

4.　　성은 사서도 팔아서도 안 된다

『자발적 복종』의 저자인 에티엔 드 라보에티Étienne de La Boétie는
다음과 같은 자발적 복종의 예를 들었다. 페르시아는 전쟁으로 획
득한 리디아 왕국의 예속 상태를 강화하기 위해 주둔군을 두었지
만 경비가 늘어남에 따라 재정 문제가 발생하였다. 골머리를 앓던
페르시아가 찾은 해결책은 리디아의 수도 사르디스에 사창가와
술집, 공중 도박장 등을 허가하는 것이었다. 국민을 위한다는 명
목으로 유흥 문화를 왕령으로 발표하였고 국민들도 그 사업에 참
여하도록 하였다. 이에 많은 국민이 이 정책을 환영했고 술과 매
춘에 빠진 사람들은 점점 더 많은 놀이에 빠져들어 갔으며, 페르
시아는 세금까지 거두게 되었다. 이 정책으로 페르시아는 리디아
를 다스리는 데 무기나 경비가 전혀 필요하지 않게 되었다. 이렇
듯 매춘으로 그 사회에 대한 욕구 불만을 미봉하고 국민의 관심을

돌리는 일은 역사적으로 종종 사용되어 왔던 전술 중의 하나다.

이러한 전술은 최근까지도 '사창가는 국가를 유지하기 위해 필요하다'는 신념 아래 사용되어 왔다. 일례로 한국이 일본의 식민지가 되면서 일본은 전쟁의 죽음 앞에서 두려움에 떨고 있는 군인들의 불안을 잠재우기 위해 1916년 공창제를 선포하였으며, 이것이 점차 확대되어 부작용의 하나로 생긴 것이 일본군 위안부다. 그 흔적은 여전히 남아 우리나라는 경제발전이 최우선이라는 기조 아래 섹스 관광을 공공연한 외화 벌이로 인정해 주었으며, 유신 정권 때도 한국을 떠나려는 미군을 붙잡으면서 기지촌을 정비하기도 했다.

한국은 성매매를 하기 위해 원정까지 갈 정도로 성매매가 공공연한 나라다. '남성은 성욕을 참을 수 없다'라는 편견이 사회 곳곳에 깃들어 있어 성매매에 대한 법이 마련되어 있어도 정서적으로는 마치 법이 없는 듯이 성 매수 행위에 대한 철저한 단속이나 처벌이 이루어지지 않고 성 구매자에게 관대하다. 인식 면에서는 성매매가 위법이라고 생각하지 않는 것이다. 성매매는 엄연히 돈을 주고받고 행하는 것이므로 정당하고, 남성들은 스트레스 해소를 위해 또는 사회생활을 하다 보면 원하지 않아도 어쩔 수 없이 성매매가 필요하다고 이야기한다. 다방과 술집, 여관에서 너무 쉽게 성매매가 이루어져 단속조차 하지 않는다. 그리고 이런 행태는 성적 호기심이 높은 사춘기의 소년들에게 그대로 학습된다. 고등학교 교사들에게 남학생들이 "성매매를 했는데 성병에 걸린

건 아닌지" 의심하며 찾아온다고 한다.

성 구매자는 자신의 성매매 행위를 합리화하기 위해 성매매 여성들에게 탓을 돌린다. 우리가 가장 흔히 들었던 말들은 성매매 여성들은 "쉽게 돈을 벌려고 몸을 판다", "사치스럽다", "성에 대해 밝힌다", "성매매 섹스를 즐긴다"는 것이다. 그리고 성매매를 하지 않는 여성들에게는 "성매매 하는 여자들이 있어야 너희들이 성폭력을 당하지 않는 것이다"라는 말이 쏟아진다. 이런 말들은 남성과 여성 모두를 '성매매는 필요악이다'라는 사회적 통념에 옭아맨다. 그렇기에 남성들은 군대에 가기 전에 자신이 성욕이 있는 남성임을 과시하기 위해 성매매를 하고, 여성은 자신을 보호하기 위해 남성의 성매매에 눈을 감는다.

먼저 우리가 얼마나 성매매에 대해 잘못된 인식을 가지고 있었는지 하나씩 짚어 보자. '성매매 여성들은 쉽게 돈을 벌려고 몸을 판다'는 말부터 살펴보자. 성매매에 대한 고정관념과 달리 성매매에 종사하는 여성은 미성년자 때부터 성매매를 시작한다. 청소년 성매매 실태 조사 결과에 따르면 성매매에 종사하는 미성년자는 2006년 1,745명에서 2012년 4,457명으로 증가 추세에 있다. 이렇게 여성이 성 판매를 시작하게 되는 이유는 대개 경제적인 어려움 때문이다. 성매매에 종사하는 여성들의 대부분은 가난하고 불우한 가정환경 출신이다. 특히 아동·청소년의 성매매 동기는 가출로 인한 빈곤과 생계비 마련이 가장 크다. 요즘은 경제 상황이 나아지면서 성매매는 청소년과 직접적인 관련이 없다고 생각하는 사람이 많지만 실상은 그렇지 않다. 우리의 안일한 마음과 달리 인터넷 랜덤 채팅 등에서 아이들은 쉽게 성범죄에 노출된다. 내가 가르쳤던 아이들에게도 이런 일이 일어났다. 성남의 학교에서 6학년 여자아이가 허벅지가 멍들어 치료를 받기 위해 찾아왔다. 아이는 아버지와 단둘이 살고 있었는데 아버지가 가끔 때린다고 하였다. 나는 아버지에게 다시는 안 그런다는 약속을 받고 그 후로 아이를 자주 돌봐 왔다. 졸업하고 나서도 가끔 찾아왔던 아이는 중학교에 들어가자 등록금이 없다고 도움을 요청했다. 그 과정에서 쉼터 복지사의 연락이 왔고, 알고 보니 그 아이는 아버지의 지속적인 성추행과 구타로 쉼터에서 살고 있었다. 돈이 필요했던 아이는 친구와 함께 가출하였다가, 돈이 떨어지자 채팅을 하였고, 채팅에서 잠자리와 저녁을 제공해 준다는 말에 친구와 함께 만나니까 별 문제 없을 거라는 생각으로 만남을 가졌다. 함께 저녁을 먹고 따라준 술을 마시고 잠에 들었는데 깨어나보니 돈이 놓여 있었다. 성매매가 그렇게 시작되었다. 쉼터에서 이 사실을 알고 단속하자 아이는 그곳에서 나와 연락을 끊었고 쉼터에서 나에게 연락이 온 것이다.

이처럼 성매매를 시작하는 가장 큰 원인을 꼽자면, 가정에서 머무를 수 없는 아이들이 '가출로 인해 어쩔 수 없이 숙식비를 마련하기 위해' 성매매를 시작하고, '주변 친구들의 권유나 부탁'으로, 또는 '가정 형편이 어려워 부모님 몰래' 성매매를 시작한다. 성매매는 잠자리나 음식 등 생존에 필요한 최소한의 조건에 대한 선택권이 없는 상황에서 자신의 몸이 상품이 된다는 것을 아는 아이들이 내리는 어쩔 수 없는 '마지막 선택'이라고 볼 수 있다. 성매매를 하는 사람들의 80퍼센트 이상이 정서적으로나 경제적으로 불행한 가정으로부터 도피한 사람들이거나 근친강간이나 성적 학대의 희생자들이다.

그 아이가 성매매로 돈을 벌었을까? '성매매 여성은 사치스럽다'라는 통념에 대해 생각해 보자. 성매매 산업은 경제적으로나 사회적으로 취약한 아이들을 돈을 많이 벌 수 있는 것처럼 유인한다. 더군다나 사춘기 시기의 아이들은 판단력이 부족하다. 이에 맞물려 외모에 신경을 많이 쓰고 돈이 필요한 아이들은 자신의 몸이 가치 있다는 것을 확인하며 온갖 말들이나 광고에 현혹되어 성매매에 발을 들여놓게 된다. 그러나 성매매의 구조는 마치 영화 〈군함도〉의 조선인 노동자가 각종 명목으로 일본에 세금을 떼이고 나중에는 빚까지 지는 구조와 마찬가지다. 성매매에 발을 들여놓게 되면 높은 이자, 각종 벌금, 옷값 및 방값, 성형 비용 등 온갖 형태의 채무와 성매매 강요로 인한 질병, 외상 후 스트레스 장애 등으로 인해 신체적, 정서적, 경제적으로 더욱 어려운 처지에 놓이게 된다. 돈을 버는 것은 고용주뿐이다.

또 하나의 통념은 '성매매 여성들은 성에 대해 밝힌다', '성매매 섹스를 즐긴다'라는 것이다. 한 설문조사에서 남성들에게 "만일 성매매가 법에 위반되지 않는다면 어떻게 하겠느냐?"고 물었다. 많은 남성들이 성적 만족을 위해 상대를 거칠게 다룰 수도 있고, 만일 처벌되지 않는다면 상대가 원하지 않음에도 불구하고 성관계를 강요할 수 있다고 하였다. 법적 규제가 없는 상황에서는 성매매 여성들이 쉽게 성폭력 상황에 노출된다는 것을 알 수 있다. 구매자들은 대부분 이들을 한 사람의 인간 또는 존중받아야 할 여성으로 여기는 것이 아니라, 하나의 상품, 그것도 가격을 지불하여 이미 가치가 떨어진 상품이라 생각해서 이들에게 폭력이나 성폭력을 행사하는 것에 별다른 거리낌이나 죄책감을 느끼지 못한다. 이들은 순결을 지키지 못하고 몸을 함부로 굴리기에 맞아도 싸고 죽어도 싼 여성이라는 부정적 낙인을 짊어진다. 이 점은 성폭력 피해자 중 가장 많은 비중을 차지하는 직업군이 '직업 여성', 즉 각종 유흥업소의 접대부나 성매매 여성들이라는 점에서 잘 알 수 있다. 성매매 여성들의 주장에 따르면 성매매 과정에서 남성들은 거의 대부분 욕을 하고 주먹을 날리고 멸시의 시선을 보내는 등 성폭력적이고 모욕적이고 가학적인 성행위를 일삼는다. 또 성폭력이나 폭력이 다가 아니다. 2000~2002년 군산, 부산 등 성매매 집결지에서 여성들이 도망가는 것을 방지하기 위해 밖에서 문을 잠가 화재 사고가 났을 때 빠져나오지 못한 여성들이 사망한 사고가 있었듯이 이들의 인권 유린 실태는 심각하다.

이들은 성희롱과 성폭력, 폭행 및 살해 위협에 노출되어 있으며, 성폭력 피해를 당했어도 이러한 사회적 고정관념으로 인해 '피해자'라는 것을 입증해야만 하는 현실에 놓여 있다. 현재 성매매는 불법이기 때문에 처벌에 대한 두려움으로 신고조차 하기 어렵다. 성매매 직종에 전체 여성 인구의 1퍼센트가 일하고 있음에도 이들은 성 인권을 존중받기는커녕 항시 성폭력이나 폭력에 노출되어 있다.

성매매에 관대한 문화는 사회에 만연한 성폭력으로 이어진다. 성매매와 성폭력 발생률은 정비례한다. 우리나라의 성 산업이 세계 최고 수준임에도 불구하고 성폭력 발생률이 세계 2위라는 현실은 성 산업 확대와 성폭력 증가는 정비례한다는 사실을 단적으로 보여 주고 있다. 유엔인권위원회 보고서(2006년 2월)를 보면 "성매매를 합법화하면 합법화 정책으로 인해 해당 지역의 성 산업이 급속하게 증가하고 대담해지며, 이로 인해 성에 대한 수요는 더욱 증가하게 되고 이를 충족시키기 위한 인신매매 시장은 더욱 성장하게 된다". 따라서 성매매를 합법화하는 것은 성폭력을 방지하는 것이 아니라, 모든 여성을 성폭력의 위험에 노출시키는 것이다. 더 나아가 아동·청소년으로까지 그 대상이 확대된다.

네델란드 아동인권 보호 단체 '인간의 대지'는 2013년 스위티라고 불리는 10세 가상 소녀를 제작하여 아동 성 매수자를 적발하였다. 이 단체가 온라인 채팅방에 스위티의 사진을 올려놓고 화상 채팅 서비스를 하자 10주 동안 2만여 명이 접근하였다. 이 실험은 성을 파는 사람이 있어 성매매가 있는 것이 아니라 수요가 있어서 경제적으로 취약한 여성 아동의 피해가 발생한다는 것을 단적으로 보여 주는 예다.

물론 사춘기가 되면서 남성의 성징 등을 나타나게 하는 남성 호르몬의 영향으로 남성이 여성보다 성욕이 강하다. 하지만 식욕이 있다고 해서 훔쳐 먹지 않듯이 성욕이 있다고 해서 이성이 마비되는 것은 아니다. 성욕이 순간적으로 일더라도 성매매 업소를 찾아가는 시간에 제어할 수 있다. 참을 수 없는 성욕 때문이라고 한다면 주로 미혼자가 성 구매자여야 하지만 오히려 성 구매자의 55퍼센트는 기혼 남성이다. 성을 구매하는 남성들은 성매매 여성의 인권을 존중하려는 게 아니라, 자신들의 본능적 욕구를 변할 수 없는 것으로 두고 성에 대한 기득권을 버리기 싫기 때문에 성매매를 합리화하는 것이다.

성매매의 원인은 여성의 성을 돈으로 사고팔 수 있다고 생각하는 인권 의식의 부족과 여성 비하적, 성차별적인 사회적 현실이다. 성매매는 다른 사람의 존엄성, 그러니까 인간답게 살아갈 수 있는 권리를 훼손하는 일이자 자신의 존엄성도 훼손하는 일이다. 인간이 인간답게 살아가기 위해 서로 약속한 사회적 계약이 인간의 존엄성이라면, 성매매는 다른 사람의 몸을 상품화하여 사고파는 행위이고, 이것은 개인의 문제가 아니라 인신에 대한 범죄로 성 인권 침해이자 여성에 대한 성폭력이며 성적 착취다.

성매매가 사회를 위해 필요악이라면 '누구'의 필요에 의해 '누가' 피해를 받는가가 전제되어야 한다. '남성'의 필요에 의해 '여성'이 대상이 되고 피해를 입으므로 이것은 범죄행위다. 남성들의 성적 욕구를 위해 성매매를 사회적으로 인정하는 것은 여성 차별과 여성 폭력을 인정하는 것으로, 성매매는 필요악이 아니라 반드시 근절되어야 할 사회악이라 할 수 있다. 성매매는 남성 중심적 성 문화 안에서 여성의 성을 상업화하는 것이며, 기본적인 인권을 위협하는 경제 성폭력이다.

다른 사람의 존엄성을 침해하는 일이 만연한 사회에서는 결코 누구도 자신의 존엄성을 존중받을 수 없다. 넬슨 만델라Nelson Mandela는 "한 사회가 아이들을 다루는 방식보다 더 그 사회의 영혼을 정확하게 드러내 보여 주는 것은 없다"고 말했다. 십대여성인권센터의 한 상담가는 "성매매에 이용된 아동이나 청소년에 대해서는 처벌하지 않고, 성 매수자 처벌 강화로 수요를 차단하는 것을 최우선 원칙으로, 성매매 여성을 처벌하지 않는 비범죄화로 성매매처벌법 개정, 성매매 알선 및 매수 행위에 대한 수사·처벌 강화, 국내외 성 착취 피해자 인권 보장을 위한 인신매매방지법을 제정해야 한다"고 목소리를 높이고 있다. 성매매 아동 청소년을 피해자로 규정하고 도움을 주어야 한다. 생계유지를 위해 자신의 성을 파는 사람이 존재한다면 그것은 인간으로 살아갈 수 있을 정도의 기본권을 해결해 주지 못하고 사회적 계약을 제대로 이행하지 못한 우리의 잘못이다. 이 문제를 바로잡기 위해서는 성매매를 개인의 문제가 아닌 사회적 구조의 문제로 봐야 한다.

5. 선도 아니고 악도 아닌 성

영국의 극작가 조지 버나드 쇼George Bernard Shaw는 19세기의 가장 위대한 발명품으로 콘돔을 꼽았지만, 19세기 후반 미국에서는 외설을 막아야 한다며 피임에 대한 광고나 정보의 제공조차 금지하는 '콤스톡법'이 만들어졌다. 에이즈 등의 성병의 증가 때문에 골머리를 앓고 있었음에도 불구하고 콘돔조차 사용 불가였다. 지금 생각하면 어이없게도 콘돔으로 인구가 줄어서 인류가 멸망한다는 이유 때문이었다.여성들의 피임약은 1950년대가 되어서야 개발되어 발매되었으나 당시에는 출산 이외의 목적으로 피임을 하는 것은 불법이었다. 이처럼 기술이 발달하였어도 임신과 출산은 오랫동안 국가의 통제하에 있었다.

성은 개인적인 영역이라 생각하지 쉽지만 사실 개인적인 영역이 아니다. 성은 철저히 권력이 허용하는 범위에서만 허용된다. 국가 차원에서 사회 기반을 다지는 측면에서 인구는 재원이기 때문이다. 1960년대 루마니아의 국가원수였던 니콜라에 차우셰스쿠Nicolae Ceauşescu는 인구증가를 위해 낙태금지법을 시행했다. 또 그는 인구수가 증가하면 생산력이 증가하여 나라가 부강해진다고 생각하여 루마니아의 모든 부부가 네 명 이상의 아이를 출산하도록 하였다. 이를 위해 이혼 금지 정책을 시행해 아무리 부부 사이가 나빠도 이혼할 수 없었고 차선책으로 별거를 하는 부부까지 생겨났다. 별거로 인하여 인구수가 늘지 않자 그는 개인의 사생활을 조사하여 '부부가 사랑하지 않는 죄'라는 명목으로 연봉의 25퍼센트를 금욕세로 부과하는 정책을 펼쳤다. 독일의 히틀러가 집권하던 시절에는 순수한 혈통을 유지하기 위해 인종 간 결혼이 범죄이던 때도 있었다. 이렇듯 국가는 개인의 성생활에 간섭하여 왔고, 사람은 태어나는 순간부터 죽을 때까지 가족 제도, 의료 제도 등에 의해 관리되어 왔다.

우리나라의 경우에도 나라가 부강해지려면 인구가 늘어야 한다는 전제 아래 출산장려 정책을 펼치고 있지만 과거에는 시대의 분위기나 경제 상황에 따라 산아 제한 정책 또는 산아 증가 정책이 시행되었다. 성은 노동력의 재생산과 긴밀하게 연관되어 있다. 프랑스에서는 저출산에 대한 대책으로 동거 가구의 권리를 법적으로 인정해 주는데, 동거 계약서를 제출하면 결혼과 동일한 권리와 의무를 보장해 준다. 이렇듯 국가는 임신, 출산, 낙태 등 개인의 성적 결정과 성도덕의 기준에 영향을 미친다. 사회적 분위기에 따라 어떤 것은 합법이 되기도 하고 불법이 되기도 한다.

산아 정책 외에도 권력을 유지하기 위한 방책의 가장 대표적인 예는 역시 육체적 쾌락 추구로서의 섹스, 즐거움을 누릴 수 있는 권리의 성을 부도덕한 것으로 간주하는 것이다. 시대의 요구에 따라 출산과 관련되지 않은 자연스럽고 즐거운 성은 거부되고 성적인 취향의 다름은 성 규범에 위배되는 비정상적인 것으로 판단되었다. 성은 사회 유지의 필요에 따라서 관리의 대상이었으며, 판단의 대상이었고, 도덕의 대상이었다.

사회를 이끌어가는 권력자들은 노동력을 착취해야 하는 상황에서 개인의 즐거움으로 노동력이 허비되는 것을 볼 수 없었다. 이에 사람들이 성적 쾌락이나 개인의 즐거움을 거부할 수 있도록 종교와 과학을 이용해 왔다. 정조대에서 볼 수 있듯이 신이 중시되는 사회에서는 종교가 남성과 여성의 성을 범죄시하였다. 19세기에 이르러 정신의학이 발달한 이후로는 성과학자들이 이를 이용하여 남녀의 쾌락을 과학적으로 분석하였으며 동시에 쾌락을 통제하는 근거로 과학적 지식을 사용하였다. 특히 과학이라는 이름 아래 여성의 성은 남성에 의해 기술되었다. 여성의 쾌감 기관인 클리토리스처럼 여성의 몸에서 즐거움의 요소를 생략하고 생식 기능만 부각시켜 여성의 몸을 종족 보존을 위한 몸으로 유지·종속시켰다. 지금까지도 성교육 지도서에는 남자의 음경은 성적 흥분 기관이라고 나와 있지만 여성의 음핵은 이름조차 오르지 않고 설명도 누락되어 있다.

출산을 위한 섹스 이외의 섹스는 비정상으로 간주되었으며 동성애나 페티시즘, 마조히즘, 자위 또한 금기시되었다. 성적 욕구가 있는 여성은 비정상이라고 정의되고 '히스테리'라는 질병에 걸린 병자로 분류되었다. 히스테리라는 병명처럼 여성은 '신경질적이다', '예민하다'라는 편견에 갇혔으며, 즐거움을 느낄 수 있는 육체와 성은 치밀하게 질병의 영역으로 분류되었다. 청소년의 경우에도 여성의 히스테리화와 비슷하게, 모든 어린이가 성적 활동에 빠지거나 빠지기 쉽다고 간주되었다. 성적 존재로서의 어린이는 자위를 하거나 성에 대한 관심을 갖지 않도록 올바르게 교육되어야 한다고 하였다. 의학적·과학적 권위를 앞세워 사회에서 요구되지 않는 성은 비정상적인 질병으로 분류하고 성적 이상행동을 하는 사람들을 마녀로 몰아붙여 재판하고 사회로부터 격리했다. 이 같은 사회적 조치는 남성이 여성을 통제하기 위한, 어른이 아이를 통제하기 위한 수단으로 지속되어 오고 있다.

이렇듯 권력이 성적 태도와 가치에 영향을 주는 것을 미셸 푸코Michel Foucault는 "섹슈얼리티는 사회적인 것"이라는 말로 설명하였다. 사람들이 공동체의 요구와 필요에 의해 조직되고 만들어진, 가치중립적인 것이 아닌 권력의 발아래 놓여 있다는 것이다. 이렇듯 우리는 태어나면서 죽을 때까지 섹스, 히스테리, 자위, 출산, 도착증 등에 대한 일정한 기준에 맞닥뜨리고 다양한 성의 모습은 권력이 행사되는 지점에서 정상과 비정상으로 인식된다. 이런 점에서 섹슈얼리티는 권력을 통해 정치적으로 사회를 통제하고 유지하기 위한 장치라고 할 수 있다.

시대는 변했지만 여전히 성에 대한 사회적 윤리 규범은 끈질기게 제자리를 지키고 있다. 그러나 각 분야가 전근대에서 벗어나 민주화되어 가듯이 성 영역 또한 변화가 이루어져야 한다. 권력이 만든 성도덕에서 벗어나 개개인의 성적 자유를 찾아야 한다. '전통 윤리'라는 이름으로, 성에 대한 이중적 도덕적 잣대로 더 이상 서로 사랑하고 아끼는 성을 억압하는 일은 없어져야 한다. 성의 민주화와 정치의 민주화는 서로 맞서는 개념이 아니다. 민주화운동에서는 모든 다양한 논의가 용인될 수 있어야만 한다.

서유럽과 북유럽의 나라들을 여행할 때면 사람들이 행복해 보인다고 종종 느낀다. 그들이 왜 행복할까 생각해 보았다. "행복에 기여하는 삶의 태도는 어떤 것인가?" 그들은 어려서나 나이가 들어서나 자신의 감정이나 욕구를 억압하지 않고 서로에게 자유롭게 성적 친밀감과 신뢰감을 표현하고 사랑하고 사랑받으며 살아간다. 연인들은 자신의 육체를 상대에게 맡기면서 가장 친밀한 정서적 표현이자 육체적 표현으로 나와 다른 존재와 하나가 되고자 한다. 이러한 하나 되는 느낌, 인격적 차원의 정서적 관계야말로 동물과 달리 인간만이 가질 수 있는 특성일 것이다. 사랑, 애정, 친밀감은 인격의 발전과 나아가서 사회를 따뜻한 시선으로 바라보는 데 매우 중요하다. 사랑을 느끼는 사람들이 서로를 알아 가고 서로 깊은 관계를 맺고 싶어 하는 것은 매우 자연스러운 감정일 뿐이다. 밥을 먹거나 계절이 변하는 것을 선하다거나 악하다고 말하지 않듯이 그저 사랑의 감정을 주고받는 것은 매우 자연스럽고 즐거운 인간관계이다.

'남의 물건을 훔쳐서는 안 된다'와 같은 합의된 윤리 개념과 성도덕의 윤리 규범은 다르다. 성도덕은 개인들 사이에서의 성에 관계된 행위나 문화에 대한 존중의 의미가 담겨 있다. 건강한 성이냐 건강하지 않은 성이냐, 행복한 성이냐 불행한 성이냐의 기준은 각자의 견해에 따라 달라질 수밖에 없다. 이러한 견해는 사람마다 다르듯 나라마다 달라서 동성애가 합법인 나라가 있는 반면 여전히 불법인 나라들도 있다. 미국 내에서도 주마다 법이 다를 정도로 같은 문제에 대해서 어떠한 관점으로 보느냐에 따라 행동의 결과는 달라진다. 또 무엇이 선하고 나쁜지에 대한 기준은 그 사람이 속해 있는 문화나 사회적 시스템의 영향을 받는다. 이렇듯 성의 스펙트럼은 매우 넓고, 변태와 정상의 경계는 사람에 따라 다르다. 사적인 영역에 있는 성은 '옳다, 그르다' 하는 도덕적 문제에 속하는 것이 아니다.

성이 도덕적 문제가 되는 것은 '동의하지 않은 관계'일 때뿐이다. 성은 개인의 영역으로, 둘 사이의 합의가 이루어지면 순결을 지킨다고 촌스러운 사람이라고 할 수 없고, 결혼 전에 섹스를 즐긴다고 해서 방탕한 사람이 아니다. 즉 모든 것은 둘만의 합의와 동의에 의한 자기결정이다. 어디까지가 방종이고 어디까지가 음란인지, 일반적으로 행위를 규정하는 성도덕 윤리의 기준은 합의, 동의, 책임이다. 때론 두 사람이 합의하였어도 사람을 인간이 아닌 사물처럼 취급하는 스와핑이나 성매매 등은 건강하지 않은 성이다. 그렇기에 위법으로 분류한다. 성은 또한 인권적인 문제를 비껴갈 수 없기 때문이다.

그렇다면 우리는 어떻게 해야 할까? 성에 대해 도덕적 평가의 잣대를 들이대지 않고, 성은 누구나 누려야 하며 우리는 성적 존재라는 것을 인정해야 한다. 우리는 서로 간의 관계에 필요한 동의, 합의, 존중 아래 성을 자유롭게 즐길 권리가 있다. 이는 헌법에도 보장돼 있는 '행복 추구권'에 관련된 문제로, '인권'의 측면이 강조되는 사회일수록 개인들은 사적 영역에서도 자유롭고 민주적인 생활을 할 수 있다.

성은 선도 아니고 악도 아니다. 먼저 성에 대한 알레르기에서 벗어나, 죄의식이나 수치심에 시달리지 않고 친밀한 성적 관계를 맺을 수 있도록 어떻게 합의와 동의를 하고, 책임을 져야 하는지부터 돌아봐야 한다. 관습적인 성 수치심, 이중적 성도덕의 의식 구조를 버리고 성적 로망, 환상, 욕구 등 자신이 원하는 것이 무엇인지에 대해 정확하게 바라볼 수 있을 때 우리는 자유로워질 수 있다.

6. 여자에게 끌리는가,
남자에게 끌리는가

남학생 A

"제가 이상한 것 같아요. 지금까지 여자를 보고 예쁘다라는 감정을 한 번도 느껴 보지 못했어요. 친구들은 모이면 맨날 여자 이야기하고 어떻게 사귈까 떠드는데 저는 오히려 남자에게 더 관심이 가더라고요. 혹시 제가 게이일까 혼란스러워요."

여학생 B

"생각해 보면 항상 조심스럽게 두근거리며 다가간 사람은 모두 여자 친구였던 같아요. 남자 친구도 사귀어 봤지만 별로 좋지 않았고 오직 여자에게만 관심이 갔어요."

우리는 자신이 여성인지 남성인지를 구분할 수 있는 생식기를 가지고 태어난다. 이에 따라서 부모의 태도, 놀이, 의복, 머리 모양 등에서 남녀 구분을 경험하며 자신의 성과 동일한 성의 부모나 선생님을 모방하거나 역사적 인물과의 동일시를 통해 자신의 성에 맞는 성 정체감을 만들어 간다. 본격적으로 성 정체성이 형성되어야 할 사춘기에는 자신의 신체 변화에 대해 고민하고 방황하면서도 결국 '나는 남성' 혹은 '나는 여성'이라는 것을 지각하고 남성이나 여성에 어울리는 성 행동을 하기로 결정한다. 남성 또는 여성으로 태어난 것에 만족하며 자신의 성을 인지하고 받아들이는 것이다. 이렇듯 사춘기 전에는 성이 주어졌다면 사춘기 이후에는 자신의 성을 지각하고 확인하고 선택하는 과정을 겪는다. 때론 남성으로 태어났지만 여성으로 느낀다거나, 여성으로 태어났지만 남성으로 느끼기도 하지만 점차 자신의 성 정체성을 찾아 나간다.

하지만 성 정체성과 성적 지향성은 다르다. 성 정체성은 거울을 봤을 때 자신이 되고 싶은 성이 남성이냐 여성이냐에 따라 정해지는 것이라면, 성적 지향성은 함께 사랑하고 연애하고 싶은 상대가 남성이냐 여성이냐에 따라 정해진다. 성 정체성은 자신을 누구로 느끼는가라는 인식을 기반으로 하고, 성적 지향성은 누구에게 끌리고 좋아하는 마음이 생기느냐를 기반으로 한다. 사람마다 좋아하는 음식, 싫어하는 음식이 다른 것처럼 성적 지향도 사람마다 다를 수 있다. 사람마다 다른 사람에게 느끼는 감정적, 낭

만적, 육체적, 애정적 끌림이 다르다. 서로 다른 성에 끌리는 이성애자, 같은 성에 끌리는 동성애자, 이성과 동성 모두에게 끌리는 양성애자, 누구에게도 성적 끌림을 느끼지 않는 무성애자 등 다양한 사람이 있다. 그 대상이 누구든 간에 누군가에게 끌리고 좋아하는 감정이 생기는 것은 자연스러운 일이다.

2017년 UCLA 건강정책연구소가 캘리포니아 1,600여 개 가정의 12~17세 청소년 80만 명을 대상으로 조사한 결과에 따르면 청소년 가운데 약 27퍼센트가 자신의 성 정체성과 성적 지향성에 혼돈을 느끼고 있는 것으로 나타났다. 즉 동성애, 트랜스젠더 등의 성향이 있다는 것이다. 특히 성 정체성을 찾으려는 사춘기에는 동성인 친구나 선배에게 성적인 호감을 가질 수 있다. 사춘기 초기에 나타나는 동성에 대한 호기심은 극히 정상적이므로 같은 성을 좋아한다고 해서 아이가 동성애자가 될 것 같다고 속단할 필요는 없다. 많은 경우 지나가는 감정이기도 하다. 물론 어른이 되어서도 이어지는 경우도 있다. 이성애자인 줄 알고 살다가 동성애자로 변하기도 하고 동성애자로 살다가 이성애자로 변하기도 한다. 결국 성 정체성은 평생을 지내면서 변화할 수 있다. 실화를 바탕으로 한 영화 〈대니쉬 걸〉의 주인공은 남성으로서 사랑하는 여성과 결혼해서 잘 살고 있다가 자신이 여성이라는 성 정체성에 눈을 뜨면서 죽음을 무릅쓰고 성전환을 통해 여성으로 살아가기도 했다.

역사적으로 동성애에 대한 시선은 다양했다. 고대 그리스에서는 동성애가 정상으로 용인되었다. 공동체에서는 사춘기 소년을 어른으로 성장시키기 위한 준비 과정으로 성인 남자가 사회적 행동 양식을 전달하는 역할을 했다. 너무나 유명한 소크라테스도 어린 제자를 사랑했다. 소년들은 남자 어른들에게 전쟁과 정치를 배우면서, 소녀들은 여자 어른들에게 가정 교육을 받으며 어른들과 애착 관계를 유지했다. 물론 소년 소녀들은 어른으로 성장해 이성과 결혼을 하면서 동성 관계를 끝맺는다.

이와 달리 성적 암흑기인 중세 시대부터 19세기까지는 동성애가 탄압의 대상이었다. 생명과 전혀 관련 없는 성적 관계만을 할 수 있는 동성애에 대해서 적대적이어서 동성을 사랑한다는 이유 하나만으로 수많은 사람들이 희생되었다. 동성애가 정신질환으로 간주되어 동성애자에게 뇌수술이나 거세를 하고 전기충격을 가하기도 했다. 동성애자였던 영국의 수학자 앨런 튜링Alan Turing 은 제2차 세계대전 당시 독일군의 암호 체계를 해독해 연합군의 승리에 결정적인 공로를 했지만 동성애가 범죄였던 시기를 살았기에 결국 정신병원에서 강제로 수술을 당하고 사회적 압박에 못 이겨 타의적 자살에 이르기도 했다. 히틀러는 동성애자 5만 명을 생매장하고 4만 명을 처형하기도 했다. 1974년에 미국정신의학협회는 동성애가 정신질환이라는 그동안의 인식을 개선하기 위해 동성애를 질병에서 배제했다. 그러나 여전히 정신과 의사들 중 69퍼센트가 동성애를 '병리적인 적응'으로 간주했다. 동성애에 대한 부정적인 인식은 아직까지도 이어지고 있다.

2015년에 발표된 『성교육 표준안』에 수업 중 동성애에 대해 다루지 않도록 하는 지침이 실려 있어 논란이 일자 교사들과 대화를 나눈 일이 있었다. 그런데 대화를 나누던 교사들 또한 동성애에 대해 그리 긍정적인 인식을 갖고 있지 않았다. 동성애에 대해서 이해하려고 노력하는 교사들도 머리로는 이해가 가지만 감정적으로는 받아들이기 어렵다고 하였다. 어떤 중학교 교사는 에이즈에 걸린 동성애자와 관련한 시각 자료를 가지고 와 "남성 간 성교를 막지 않으면 에이즈가 증가한다"라며 마치 동성애자들이 에이즈의 원인이라는 식의 혐오 발언을 하였다. 그 교사는 그동안 "동성애는 전염된다", "성 소수자는 잠재적 성범죄자다", "동성애자는 에이즈를 전파한다", "트랜스젠더는 일찍 죽는다", "게이는 성적으로 문란한 중독자다" 등의 성 편견적인 고정관념의 말들을 익숙하게 들어 왔다.

이러한 성 편견은 동성애 성향을 가진 학생들에게 큰 고통을 준다. 청소년들의 4분의 1 이상이 자신의 성 정체성 또는 성적 지향에 혼돈을 느끼는데, 그중 약 20퍼센트는 스스로를 '양성애자'로 규정했으며, 6.2퍼센트는 태어난 성별과 다른 성향을 가졌다고 응답했다. 성 정체성에 의문을 품고 있는 청소년들은 심리적·정서적 고통을 더 많이 호소하고 있었다. 이들은 자신이 성 소수자라는 사실에 대한 혐오, 수치심, 부적절함 같은 마음과 싸워야 하며 동시에 학교의 또래 집단이나 가족으로부터 고통을 받아야 했다. 최근 사라졌지만 학교는 2002년부터 이반 검열을 통해 동성애를 금기시했다. 성 소수자에 대한 편견은 수업 시간의 비하로 끝나는 것이 아니라 직접적인 불이익으로 이어진다. '손잡고 다니면 벌점 1점, 서로 안으면 벌점 3점, 커트 머리 하면 벌점 5점, 복도에 모여서 이야기 나누면 교무실 호출, 편지를 주고받으면 압수……' 등 수많은 내부 검열 사항이 있다. 어떤 학교에서는 다른 아이들을 보호하기 위해 동성애 성향 아이들을 격리시키기도 하였다. 교사 또한 "너 혹시 트랜스젠더니? 네가 하리수냐"라며 남학생에게 남자답기를 요구한다. 같은 반 학생들은 이들에게 "더럽다", "정신 나갔다", "걸레년" 등의 욕설을 하며 몸을 조금만 스쳐도 불쾌해했다. 동성애자에 대한 아이들의 따돌림과 비하와 멸시는 일상이 되어 있었다. 한 학생은 "제가 좋아하는 감정을 느껴도 그게 친구로 느끼는 감정인지 연인으로 느끼는 감정인지 혼란스러워요. 좋아하지만 고백조차 할 수 없어요. 상대가 어떻게 받아들일지 모르잖아요" 하며 자신의 성적 지향성으로 혼란스러워하고 힘들어했다. 한 아이는 상대를 좋아한다고 고백했는데 상대가 자신을 레즈비언이라고 소문내서 죽고 싶다고 하였다. 나아가서 이 아이들은 성폭력 상황에까지 놓이게 된다. 어떤 아이는 "제가 게이인 것을 알고 몸을 달라고 해요. 아직 한 번도 누구와 성관계를 해 본 적 없는데 거절하면 소문을 낼 것이고, 그러면 제대로 학교도 못 다닐 텐데 어떻게 해야 할지 모르겠어요" 하며 고통을 호소하였다.

동성애 성향을 보이는 아이들의 절반이 다른 학생들로부터 괴롭힘을 당했고 20퍼센트 정도는 교사들에게도 괴롭힘을 당했다. 이들은 어른이 되어서도 동성애자라는 이유로 회사 내에서도 차별을 받고 비자발적으로 퇴사를 경험해야 했다. 동성애 혐오성 괴롭힘으로 인해 자살을 하는 경우도 있다. 또 본인의 의지와는 상관없이 타인이 자신의 정체성을 강제적으로 폭로하는 아웃팅이 벌어지고 있으며 이로 인해 정신적으로 고통받아 자살하는 사례도 있다. 또 이것이 빌미가 되어 성폭행 등 혐오 범죄를 당하기도 한다. 아웃팅은 명백한 범죄 행위다.

아직 우리는 동성애를 정상으로 보느냐 비정상으로 보느냐에 대한 사회적인 합의가 이루어진 상태가 아니다. 학계 등에서 동성애가 정상이냐, 선천적이냐, 질병이냐의 화두에 대한 논의가 오가고 있다. 생물학적 호르몬 때문이라는 관점과 6세 이전의 심리적 영향, 섹스의 유혹 때문이라는 설도 있다. 또한 사람마다 동성애를 보는 관점이 다르며, 동성애가 있는 그대로의 성향이라고 믿는 사람도 있고 고쳐야 한다는 사람도 있다. 이 밖에도 다양한 논의들이 계속 이어지고 있다.

유엔에 따르면 전 세계적으로 두 개의 성을 모두 가지고 있는 간성의 비율은 약 1.7퍼밀 정도로 1만 명 중 17명으로 상당히 흔하다. 그 수는 우리나라 전체 인구 대비 강남에 사는 사람 정도의 인구수에서 나타난다는 것이다. 태어날 때 성염색체는 XX나 XY로, 대부분 한쪽 호르몬이 분비되지만, 간성은 남성과 여성의 생식기 전체 또는 일부를 모두 가지고 태어난다. 미국의 뉴욕주, 캘리포니아주, 오리건주에서는 태어나자마자 성을 정하여 사춘기에 이르러 자신의 성 정체성을 확립할 때 혼란스러워하지 않도록 W, M에 이어 X로 제3의 성을 정의한다고 한다. 이에 2013년 호주에 이어 독일, 네덜란드에서도 제3의 성을 인정하였다. 현재 많은 학자들은 6 대 4 정도로 간성의 선천성과 후천성을 이야기하고 있다.

중요한 것은 선천적이든 후천적이든 성 소수자들의 성 인권에 대한 보호가 필요하다는 것이다. 우리는 성 인권적인 측면에서 성 소수자들이 이성애 중심 사회에서 어떻게 구조화된 차별과 폭력에 노출되고, 사회에서 배제되는가에 대해 바라봐야 한다. 성 소수자들의 성 인권 보장을 위해 미국, 대만, 핀란드, 영국 등 많은 나라에서는 학교에서 성 소수자 학생에 대한 차별을 금지하고 특별 지원을 의무화하고 있다. 이를테면 생물학적 성에서 벗어나 사회적 성이라는 개념을 교육한다. 자신을 어떻게 정의하느냐에 따라 사람은 남성이거나 여성이며, 혹은 남성이자 여성일 수도 있고, 남성도 아니고 여성도 아닐 수 있다는 것을 가르친다. 그리고 아이들이 안전하게 자신의 감정을 표현할 수 있도록 한다. 학생들이 자신이 동성애자라고 커밍아웃했을 때 친했던 친구들이 자기가 친구를 유혹하지는 않을까 하고 겁을 내거나 비정상적이라고 비난하지 않을까 걱정스러워하는 부분에 대해서는 이성애자도 이성이면 무조건 끌리지 않듯이 동성애자 역시 동성이라고 해서 아무에게나 매력을 느끼지는 않는다는 교육을 통해 두려움을 없애 준다. 우리 또한 성폭력이나 성적 질병 예방을 위해 인권 교육을 실시하고 올바른 콘돔 사용법 등을 교육할 수 있도록 해야 한다.

수업 중에 아이들에게 "만약 여러분이 동성을 사랑한다면 어떨까?"라고 질문하였다. 많은 수의 아이들은 동성애가 나쁘다고 생각하지는 않지만 자신이 동성애자라면 싫을 것 같다고 이야기 하였다. 어느 누가 사회에서 인정받지 못하고 차별받는 사람이 되고 싶을까? 세상으로부터 이해받지 못하는 이들의 아픔에 대한 이해와 존중이 필요하다. 성 소수자에 대한 편견에서 벗어나 모든 사람의 성적 정체성과 지향성을 인정하고 그에 따른 교육을 통해 혐오나 괴롭힘이나 폭력으로부터 안전한, 성 인권이 보장되는 사회를 만들어야 한다.

7장

성 인권 다짐하기

|

성적 주체로 서다

1.　　　누구나 성 인권 교육을
　　　　　받을 권리가 있다

　중학교의 한 교사가 "우리 학교는 이상하게 그 무섭다는 2학년 아이들이 성 문제도 일으키지 않고 착하단 말이야"라고 말을 꺼냈다. 최근 크고 작은 성폭력 사건이 일어나는 인근 중학교와 달리 자신의 학교만 조용한 것이 이상했는지 한마디를 던진 것이다. 이에 다른 교사가 "당연하죠. 우리 학교는 2학년 때 성교육 수업을 집중적으로 받잖아요"라고 대화를 이어 갔다. 지나가다 두 교사의 대화를 들은 성교육 담당 교사는 성교육의 효과가 검증된 것 같아서 기쁘다고 하였다. 나 역시도 같은 경험을 하였기에 충분히 공감할 수 있었다. 특히 저학년 때부터 지속적으로 긍정적인 성에 대해 학습하고 다른 사람의 의사를 존중하는 성평등적 성교육을 꾸준히 받았던 아이들은 고학년이 되어서도 성에 대해 긍정적으로 받아들였고 사건 사고를 일으키지 않았다.

반면 저학년 때 성교육을 받지 않는 학교의 아이들은 고학년이 되어서도 성을 변태적인 것으로 받아들였다. 어려서부터 성교육을 받지 못한 아이들은 초등학교 3학년만 되어도 사회의 성을 무비판적으로 흡수한다. 아이들은 생명과 사랑, 존중, 배려, 공감, 의사소통 등의 소프트웨어가 빠진, 성적 욕망으로 가득 찬 성지식만을 배운다. 쾌락이 성의 전부라고 생각하는 것이다. 이런 아이들은 사춘기 시기에 이르면 상대와 느낌과 정서를 공유하려 하기보다 상대를 성적 대상으로 여기며 몇 명과 사귀었는지, 얼마나 많은 성관계를 했는지를 자랑하곤 한다. 나아가 자신의 성적 충동을 해소하기 위해 성매매에 빠져들기도 하며 성폭력을 저지르기도 한다. 이처럼 성교육의 부재로 성 가치관이 빠진 성 지식을 습득하는 것은 자칫 면허증 없이 도로를 운전하는 것과 같이 위험한 일이다.

사회, 학부모, 학교 모두 성교육의 필요성에 공감하고 있는데 성교육은 왜 제대로 이루어지지 않는 걸까? 사회 속에 내재되어 있는 부정적인 성 인식은 아이들에게만 영향을 미치는 것이 아니다. 정책을 담당하는 관리자들의 성 인식 부족은 성교육 정책의 부재로 이어졌고 정규 교육과정에서 '성'을 가르치는 것에 대해 꺼리는 결과를 낳았다. 지금까지도 성교육은 정규 교과과정으로 편성되지 않고 의무가 아닌 권고안으로, 즉 재량으로 운영되어 부실함을 면치 못하고 있다.

그동안 학교 성교육은 주로 보건 교사들이 체육 시간에 '생물학적 성 영역'과 '성폭력 영역'을 수업하는 방식으로 이루어져 왔다. 2001년에 들어서 청소년들의 임신, 출산, 성폭력이 지속적으로 사회문제가 되자 교육부가 각 학교에 열 시간 이상의 성교육 지침을 내리기도 했지만, 교육 시간을 확보하지 못해 현장성을 무시한 단순 지침에 그쳤다. 이를 보완하기 위해 2007년 보건 과목 안에 성교육이 신설되었고 학교마다 성교육 선호도에 따라 초등학교 5, 6학년 동안 각 학년별로 보건 교육 17차시 속에 성교육 5~6차시를 포함시켜 초등학교에서만 15차시의 정규 수업을 받게 되었다. 또 중고등학교에서도 선택 과목으로 성교육이 이루어지도록 하였다. 그동안은 체육 수업 시간을 할애해 간헐적으로 성교육이 이루어져 왔다면, 보건 과목 안에 성교육을 신설함으로써 생물학적 성, 사회적 성, 성폭력 예방을 총체적으로 교육할 수 있게 되었다.

그러나 2008년 정부가 바뀌면서 교육부는 그동안 양성평등 교육에 집중해 왔던 '여성교육정책과'를 '잠재인력정책과'로 바꾸고 성교육을 담당하던 부서를 없애면서 교육부 내에서 성교육의 입지를 줄였다. 그 여파로 2012년 교육과정에서는 초등학교 보건 교육이 의무가 아닌 재량으로 바뀌었고 5, 6학년에 이루어졌던 34차시 보건 교육은 17차시로 줄었다. 초중등교육법에는 보건 교육을 해야 한다는 법령이 있지만 관련 시행령이 없어 초등학교에서는 체육 교과 시간이나 재량 교과 시간을 빌려 성교육 수업을 하게 되었다. 말 그대로 성교육은 해도 그만, 안 해도 그만인 수업으로 바뀌었다. 그나마도 보건 교사가 없는 40퍼센트 지역에서는 성교육이 이루어지고 있지 않다. 이와 달리 중고등학교에서는 보건 교육을 할 수 있는 시행령이 있지만 입시 위주의 국영수에 밀려 많은 학교에서 보건 교과를 선택하지 않고 있다. 따라서 성 문제가 발생될 때마다 가정통신문을 보내거나 외부 강사가 와서 집단으로 성교육을 하는 것에 그쳐 전반적으로 성교육이 기형적인 형태로 운영되고 있다.

계속되는 성 문제로 인하여 2013년에 성교육 강화를 위해 교육과정 중 성교육과 연계되는 수업 차시가 모든 학교에서 매년 기존 15차시에서 20차시로 늘어났지만 역시나 정규 과정 속에 성교육이 포함되지 않다 보니 유명무실해졌다. 2018년 교육과학기술부에 따르면 현재 학교에서 이루어지는 실질적 성교육 시간은 초등학교 5.17시간, 중학교 3.5시간, 고등학교 5.5시간으로, 아이들이 학창 시절 12년 동안 받는 성교육은 총 14시간에 불과하다. 국가에서는 매년 20차시 성교육을 실시한다고 하지만 실질적으로 학생들은 평생 동안 학교에서 14시간의 성교육을 받는 것이다.

학교 성교육이 어떻게 이루어지길래 이런 수치의 차이가 나는 걸까? 20차시 성교육은 크게 보건 교사와 일반 교사가 함께 진행한다. 보건 교사가 진행하는 보건 교육 속의 성교육 차시는 대략 5차시에서 7차시로, 주로 초등학교 5학년을 대상으로 성의 인식부터 생물학적 성, 양성평등, 성폭력 예방을 다루는 교육을 실시한다. 그러나 학급 수가 적건 많건 한 학교에 한 명의 보건 교사만을 두는 상황에서는 성교육을 안정적으로 진행할 수가 없다. 보건 교사가 학생 건강 업무에 더해서 성교육을 실시해야 하기 때문에 성교육을 담당하는 교사 인력이 충원되지 않는 상황에서는 학교마다 운영 실태가 달라질 수밖에 없는 것이다. 그러니 비교적 학급 수가 작은 학교에서는 학생 발달 단계에 따라서 전교생을 대상으로 체계적인 성교육 수업을 하는 반면, 학급 수가 많은 학교에서는 5학년을 대상으로 하는 성교육 수업도 어렵게 이루어진다. 또한 학교 성교육이 의무가 아니기 때문에 학교 관리자가 성에 대해 어떤 인식을 가지고 있느냐에 따라 재량껏 수업이 이루어질 수밖에 없다. 이처럼 성교육의 질과 양이 학교의 규모, 교사의 의지, 학교 관리자의 의식에 따라서 임의로 결정되는 현실이다.

현재 20차시에서 보건 교과서를 통해 이루어지는 성교육 시간을 뺀 나머지 차시에는 안전, 도덕, 체육, 사회, 기술가정 등의 관련 교과 내에 포괄적 성교육과 연관된 부분을 녹여 수업을 할 수 있도록 되어 있는데, 성교육 연수조차 제대로 받지 못한 교사들이 성교육을 책임지는 모양새가 되었다. 성교육의 중요성을 간과하는 교사들도 많을뿐더러 교사들 스스로도 성교육 수업에 애를 먹는 경우가 많다. 예를 들어 한 사회 교사는 투표와 관련하여 수업을 진행할 때 여성 투표의 역사나 배경 등을 따로 다루게 되면 많은 연구와 시간이 필요하고 그 방향성을 잡기도 어려워 섣불리 수업을 진행하기 어렵다고 하였다. 또 많은 교사들이 성 인지 감수성이 부족한 채로 수업을 진행해 오히려 성 인지 감수성이 높은 아이들이 이를 두고 미투를 제기하는 일이 발생하기도 한다.

이처럼 학교 교육과정에 성교육 20차시가 포함되어 있기는 하지만 실제로 학교 성교육은 제대로 운영되고 있지 않다. 관리자나 학부모, 교사들의 인식에 따라서 학생들은 성교육의 수혜를 받기도 하고 제대로 된 성교육 한 번 제대로 받지 못하고 고등학교를 졸업하기도 한다. 이러한 학교의 성교육 부재에 일부 학부모들은 4~6명씩의 학생들을 모아 성교육 과외를 시키기도 한다.

무엇보다 성교육에 대한 철학을 가지고 일관성 있게 방향을 잡아 줄 공적인 컨트롤 타워가 없다는 것이 문제다. 최근에야 스쿨 미투로 인하여 양성평등 교육과 성폭력 예방을 담당하는 양성평등정책과가 만들어졌지만 얼마 전까지만 해도 성교육은 보건교육을 담당하는 학생건강정책과에서 다루었고, 양성평등은 담당하는 부서가 따로 없어 다른 교육과정 속에 표류하는 실정이었으며, 성폭력 예방은 학교생활교육과에서 담당했다. 지금도 여전히 성교육, 양성평등, 성폭력이 총체적으로 다루어지지 않아 많은 우려를 자아내고 있다. 성교육과 관련된 정책적인 구심점을 찾기 어려운 실정인 것이다. 또 교육부에 성 인지 감수성을 가지고 성교육의 방향을 정하고 총괄적으로 정책을 만들 수 있는 장학사나 연구자도 없다 보니 사건이 일어날 때마다 주먹구구식으로 일이 처리되고 있다. 담당자가 있어도 학교의 현장을 모르는 행정직인 경우가 많아 통합적 교육의 근본적인 대안을 마련하기보다 문제가 생길 때마다 성폭력에 대한 여론을 잠재우기 위한 방안으로 외부 관련자와 몇 명의 학교 교사들이 모여 해결을 도모하는 식이다. 이처럼 방향 없는 정책에 따라 '무엇을 해라', '무엇을 하지 말라' 등의 협소한 안내가 담긴 매뉴얼을 제작하고 각 교육청이나 학교로 내려 보내는 게 성폭력 예방 교육의 현실이다. 이러한 성교육은 성에 대한 긍정적인 인식을 심어 주기보다는 아이들에게 성폭력 피해자가 될 수 있다는 공포감만 조장하고 있다. 학교는 성교육이 부실하게 이루어지는 와중에 성 문제가 불거지고 나면 그제야 집중적으로 1년에 한 번 이상 성교육을 해야 하는 규정에 따라 외부 강사를 고용해 방송을 통해 강의를 진행한다. 체계적인 성교육이 아닌 집단으로 이루어지는 일회성 외부 특강에 아이들의 미래를 맡기고 있는 꼴이다.

수십 년 동안 성교육이 진행되어 왔지만 성교육의 철학과 방향성의 부재로, 각 학년에 따라 어떤 방향의 내용으로 교육할지에 대한 기준조차 마련되어 있지 않다. 또 정규 과정이 아니라는 이유로 2015년 교과서 개정에서 초등 보건 교과서만 개정이 되지 않아 시대에 따라 달라진 성 가치관을 바탕으로 한 현실적인 교육이 이루어지는 데 걸림돌이 되고 있다. 교과서는 여전히 피해자 중심의 성폭력 예방 내용을 담고 있어 오히려 성 고정관념을 강화시키고 있다. 이에 현장에 있는 교사들이 성 인지 감수성에 맞추어서 교재를 다시 제작하여 사용하고 있는 실정이다. 또한 야심차게 2015년에 교육부가 마련한『국가 수준의 성교육 표준안』은

"데이트 비용의 불균형이 데이트 성폭력의 원인"이라고 기술하는 등 다양한 영역에서 성 인지적 관점의 부족을 드러냈다. 충분한 사회적 합의 없이 만들어진 이 지침은 제대로 활용되지도 못한 채 사장되었다. 이렇듯 성교육에 대한 불신이 깊어짐에 따라 학교 현장의 구성원들과 학부모들은 성교육의 내용을 점검해야 한다는 목소리를 높이고 있다.

미투와 같은 커다란 담론이 몰아치는 등 사회는 변화하고 있지만 보수성에 갇혀 있는 학교는 실천적인 성교육 방법을 제시하지 못하고 여전히 정체되어 있는 듯하다. 단편적 성교육만으로는 아이들의 문제 해결 능력을 기르기 어렵기 때문에 성교육은 단순히 생물학적 교육에 그칠 것이 아니라 성에 대한 역사적·문화적 내용을 포함하여 총체적으로 이루어져야 한다. 또 아이들의 발달 과정에 맞춰 초·중·고등학교에서 연속적 교육이 이루어져야 하며, 학교, 가정, 지역사회의 합의된 교육안이 마련되어야 한다. 그리고 그 방향은 학생들의 성 인권을 보장하는 방향이 되어야 할 것이다.

학생들은 성과 관련한 정보와 지식을 습득할 권리가 있다. 또 국가는 성교육을 통해 성 인권이 보장될 수 있도록 정책을 수립하고 이를 보호하고 존중할 의무가 있다. 실제로 법률에 따라 성교육이 이루어질 수 있도록 국가는 기반을 마련해 주어야 한다. 단순히 '지침'을 내리는 데서 끝낼 것이 아니라 '실제로' 교육이 이루어질 수 있게 적절한 실천 방안이 마련되어야 한다. 성교육은 교육과정 내에서 어느 누구 하나 빠짐없이 받을 수 있어야 한다. 또 입시 중심 교육제도로 학교에서 성교육 시간을 할당하기 어려운 상황을 해결하기 위해 이수제 등을 이용하여 실질적으로 학생들이 누구나 면허증을 이수하듯이 성교육을 받을 수 있도록 해 주어야 한다.

유네스코는 '국제 성교육 가이드라인'을 제시하면서 "권리에 기반한 젠더 중심적인" 포괄적 성교육이 필요하다고 발표했다. 포괄적 성교육이란 5세부터 18세까지의 아이들이 정보를 습득하고 가치와 태도, 사회 표준을 배우며 대인 관계 기술, 나아가서 책임감을 기르며 성에 접근할 수 있도록 하는 교육이다. 성교육은 인간관계 교육이기에 많은 선진국에서는 성교육을 정규적으로 시행하고 있다. 또 2004년 세계보건기구에서는 성교육을 여러 교과목에 포함시키는 것보다 독립된 과목으로 의무적으로 실시하는 것이 더 바람직하다는 견해를 제시하였다.

학교 상황에 따라 성교육의 양이나 내용이 달라진다면 학습할 권리를 빼앗는 것이다. 누구나 제대로 된 교육을 받을 수 있도록 정규 교육과정 속에서 집중적인 성교육이 포괄적으로 운영되어야 한다. 또 정부는 제대로 된 성교육이 효과적으로 이루어질 수 있도록 충분한 사회적 합의를 통해 성교육의 방향을 잡고, 인적, 물적 지원 체계를 마련해 주어야 한다. 그리고 '교육의 질은 교사의 질을 뛰어넘을 수 없다'는 말이 있듯이 포괄적인 성교육이 제대로 이루어지기 위해서는 학생을 가르치는 모든 교사가 성 인지 감수성을 키울 필요가 있다. 교사가 되고자 하는 사람들은 대학 과정에서 기초 과목으로 성 인지 감수성을 키울 수 있는 교육을 이수할 수 있게 해야 하며, 현장에 있는 교사들은 지속적인 연수를 통해서 성 인지 감수성을 키워 나갈 수 있도록 해야 할 것이다.

2.   누구나 성적으로
     행복할 권리가 있다

　결혼을 앞둔 한 이십 대 남성이 성에 대한 자신의 이중성 때문에 고민이 깊다며 상담을 청해 왔다. 그 남성은 애인과는 성관계를 하지 않는데 하룻밤 만난 여자와는 성관계를 한다는 것이다. 평소 자신이 성에 대해 불결하고 수치스럽다고 생각했었기에 막상 여자 친구와 연애를 하면서도 성관계에 있어서는 위축된다고 했다. 말 그대로 부정적이고 이중적인 성 인식을 가지고 있는 것이다.

　사람들은 사랑에 있어서 정신과 육체를 분리해 왔다. 주로 정신적 사랑은 숭고한 가치로 존중받아 왔지만, 육체적 사랑은 죄악시되었다. 어릴 때 보았던 영화에서 가톨릭 신부가 자신의 온몸을 채찍으로 때리는 장면이 나왔다. 그 신부는 살이 터지고 피가 흐르는데도 그 고통 끝에 어떤 만족감 같은 것을 느끼면서 행동을 멈추었다. 알고 보니 그 장면은 신부가 자신의 끓어오르는 성욕을 더러운 욕망으로 치부하여 자신에게 벌을 주며 학대하는 장면이었다. 13세기 스콜라 학자인 뱅상 드 보베Vincent de Beauvais 또한 지나친 아내 사랑을 간통죄라고 여길 정도로 금욕을 중요시 했다. 금욕을 지키지 않는 부부가 갖게 되는 아기는 나병이나 간 질에 걸리고 악마에 홀리게 될 것이라는 믿음까지 가지고 있었다 고 한다.

우리 사회 또한 정신적 사랑의 가치를 숭배해 왔다. 정신적 사 랑은 다양한 소설이나 매체에서 헌신과 희생, 죽음도 불사하는 영혼 불멸의 사랑으로 그려져 왔다. 반면에 육체적 사랑과 성적 쾌락은 죄악시해 왔다. 대표적으로 섹스에 대해서도 천한 것, 음 란한 것, 수치스러운 것이라는 인식이 팽배했다. 이로 인해 육체 적 즐거움이나 쾌락은 친밀한 사이에서조차 꺼내기 어려운 불편 한 주제가 되었다. 이렇듯 정신적 사랑과 육체적 사랑에 대한 이 중적인 인식은 성적인 즐거움을 억압하여 왔다.

스웨덴에 머무를 때 바로 옆집에 살고 있는 비슷한 또래의 이 웃을 알게 되었다. 유쾌한 그녀와 가끔 인사를 하며 지내다가 마 당에서 함께 차 한 잔을 마시게 되었다. 그때 대학 입학을 앞둔 고 등학생 딸이 남자 친구를 데리고 집에 왔다. 남자 친구가 집에서 허락을 받았다고 하면서 저녁도 함께 먹고 딸과 함께 같은 방으로 들어갔다. 그 성 문화가 낯설었다. '내 딸이 남자 친구를 집으로 데리고 와서 잔다면 어떨까?' 잠시 생각해 보았다. '고등학생', '여자', '섹스' 같은 단어들이 한데 섞이면서 불편한 감정이 들었다. 나 자신조차 딸의 성관계에 대해 부정적인 생각을 가지고 있었다는 걸 깨닫게 되었다. 성은 아름다운 것이라는 생각은 하고 있지만 여성이 성적으로 자신의 감정을 표현하는 것이 어려운 사회적 분위기에서 나조차도 자유롭지 않았던 것이다. 나와 달리 그녀는 딸의 성에 대해서 "나는 딸이 남자 친구와 함께 사랑하는 마음을 주고받으며 행복해하는 모습이 좋다"라고 하며, 임신 등을 예방하기 위해 콘돔을 마련해 주고 안전하게 가정에서 섹스를 즐길 수 있도록 해 주었다. 신체적으로 사랑을 표현하는 방법도 중요하다고 부모가 인식하고 있다면 자녀를 성적 존재로 인정할 수 있다. 이런 인식을 기반으로 한 국가 또한 콘돔을 무료로 배포하는 등 학생들이 의사 처방 없이도 피임을 할 수 있도록 정책을 세울 수 있다.

과거 선진국들에서도 성을 죄악시하고 순결만을 강조하는 성교육을 시행하던 때가 있었지만 이때 십 대의 임신, 낙태, 비혼모 숫자가 더 증가했다. 이에 12세 이하의 조기 성관계와 임신율, 낙태율이 높았던 스웨덴은 최초로 만 4세 이상 유아의 성교육을 의무화했다. 개방적인 성 인식을 바탕으로 13세 이상 아이들에게 무료로 콘돔을 나누는 정책을 시행하고 아이들에게 몸에 대한 정확한 정보를 주었다. 또 성교육을 단순히 경고의 수단으로 보지 않고 행복한 관계를 만들어 가기 위한 준비의 일환으로 인식하고 교과과정에 편입시켰다.

독일에서는 성에 대한 올바른 가치관과 함께 생식기나 임신, 출산에 대한 지식을 가르치고 있다. 특징적인 점은 독일 성교육의 철학적 배경은 성에 대한 죄의식이 없는 교육이라는 것이다. 성을 선과 악이라는 윤리의 영역에 두지 않고 성에 대해 죄의식을 갖지 않도록 어릴 때부터 교육시킨다. 아이들이 자신의 몸을 사랑하며 건강한 성 가치관을 키워 나가도록 가정에서 그리고 학교에서 협심하여 노력한 결과 독일의 청소년들은 성과 관련하여 죄의식을 가지지 않는다.

이렇듯 성 인권이 보장된 나라들의 성교육은 철저하게 생물학적 성 지식을 포함할 뿐만 아니라 남녀 간의 이중적인 성 문화, 순결주의, 성차별적 고정관념, 가부장적인 문화, 섹슈얼리티의 구조를 비판적으로 사고할 수 있도록 하는 내용을 포함하고 있다. 이 나라들에서는 '양성평등'이라는 말이 필요 없을 만큼 개선된 사회 문화를 바탕으로 성 인권 중심의 성교육이 이루어지고 있다. 이 나라들이 성교육을 이토록 중시하는 이유는 부정적인 성 의식이 한 개인뿐만 아니라 사회 전체를 망칠 수도 있기 때문이다. 무엇보다 아이들이 성에 대해 죄의식을 갖지 않고 정신적으로, 신체적으로 성적 친밀감과 신뢰를 표현할 수 있도록 교육해야 한다.

나는 우리가 가졌던 성 고정관념을 뒤엎는 것으로부터 성교육이 시작된다고 생각한다. 몸에 대한 부정적인 인식을 없애고 신체와 정신은 하나라는 점을 체득하게 하는 것이 성교육의 목표다. 아이들에게 태어나서 죽을 때까지의 인생 그래프를 그려 보도록 하고 그 시기마다 어떤 사람들과 함께 살아갈지 상상해 보는 시간을 주었다. 탄생부터 유치원, 초등학교, 중학교, 고등학교, 대학교 시기를 거쳐 직장에 들어가고, 삼십 대, 사십 대, 오십 대 이후가 될 때까지 인생의 시기마다 자신이 어떤 모습이 될지 상상해 보도록 했다. 아이들은 자신의 과거를 돌아보고 각기 자신이 꿈꾸는 미래를 상상하였다. "나는 엄마, 아빠의 사랑으로 탄생했다." "유치원 때 짝과 손잡는 순간 기분이 좋았다." "초등학교 저학년 때는 동성 친구랑 함께 노는 것이 좋았다." "고학년이 되니 이성 친구가 좋아져서 고백했는데 차였다." "중학교 때는 멋진 이성 친구를 만나 멋진 연애를 한다." "고등학교 때는 공부도 하면서 연애도 한다." "대학교 때는 미팅을 하고 연애를 한다." "대학 졸업 후 직장을 다니고 사랑하는 사람과 결혼을 한다." "결혼 후에는 엄마 아빠가 된다." "결혼은 안 한다." 각자 상상하는 미래는 다르지만 사랑하는 누군가를 만나 함께 느끼고자 하는 마음만은 공통적으로 전해졌다.

학생들에게 성교육을 받고 난 후 어떠한 것을 느꼈는지 이야기해 달라고 하였다. 아이들은 이번에도 다양한 반응을 쏟아 냈다. "성 안에는 사랑, 연애, 임신과 출산, 부모의 사랑, 결혼 등이 모두 있어요." "성 하면 섹스나 변태만 생각났는데 사랑하는 사람 사이에서 사랑을 표현하기 위한 방법인 줄 알게 되었어요." "남녀가 서로 사랑하며 지낼 수 있도록 하는 교육이 성교육이에요." 학생들의 반응에서도 볼 수 있듯이 섹스는 아기를 낳기 위한 행위만은 아니다. 서로의 사랑을 몸으로 표현하는 것이 섹스다. 그리고 섹스는 혼자 하는 것이 아닌 함께하는 것이기에 서로의 동의하에 함께 노력해야 하는 것이다. 이럴 때야말로 성적 친밀감과 신뢰감을 형성하고 행복을 느낄 수 있다. 이렇듯 우리는 육체에 대한 부정적인 고정관념을 없앨 필요가 있다. '성性'이라는 한자에서 볼 수 있듯이 '마음 심[心]'과 '날 생[生]'이 합쳐진 것, 바로 몸과 마음이 합쳐진 것이 바로 성이다.

나는 성교육을 하면서 내내 몸과 마음이 하나라는 것을 이야기한다. 사랑하는 마음이 없는 관계에서는 육체적 즐거움도 느낄 수 없기 때문이다. 정신은 신체에 영향을 미친다. 속상하면 소화가 안 되고, 스트레스를 받으면 머리가 아프고, 우울하면 온몸이 아프듯이 우리의 마음은 절대적으로 몸에 영향을 미친다. 우리는 평생을 누군가와 함께해야 하기에 마음과 몸으로 성적 친밀감을 표현할 줄 알아야 한다. 마음이 육체에 전달되도록 하는 것이 진정한 성적 친밀감을 느끼는 방법이다. 섹스는 단순히 성기의 결합이 아니라 몸과 마음이 하나가 되는 것임을 아는 것이 중요하다.

먼저 정신적으로 사랑할 수 있는 마음을 키우고 그 마음을 표현하는 것이 중요하다. 사랑을 표현하는 방법으로는 사랑한다는 말을 하거나 손을 잡거나 포옹을 하는 것과 같은 가벼운 스킨십이나 성관계에 이르기까지 다양하다. 스킨십은 엔돌핀이나 옥시토신, 세로토닌과 같은 행복을 부르는 호르몬을 분비시킨다. 사랑받는다는 느낌은 불안이나 우울 등 스트레스를 줄여 주고 안정감과 행복감을 느끼게 해 준다. 사랑하는 사람 간에는 황홀함, 기쁨, 포근함, 부드러움, 짜릿함, 행복감, 두근거림, 아련함, 믿음 등 갖가지 감정을 느낄 수 있다.

반면 사랑하지 않는 상태에서 손을 잡거나 포옹을 하는 것과 같은 가벼운 스킨십은 불안감이나 성적 수치심을 유발한다. 독일의 한 성폭력 예방 광고에서 성폭력을 당한 여성의 느낌을 표현한 적이 있었는데, 그녀는 성폭력을 당하고 온몸에 뱀이 지나다니는 혐오스러운 느낌을 갖게 되었다. 이처럼 몸과 마음은 하나로 연결되어 있다. 사랑은 육체로 전달되고 육체적 느낌은 뇌로 전달되어 그 깊이감이 더해지는 것이다. 두 사람의 마음이 하나가 될 때 성관계가 이루어질 수 있다. 성적 욕구를 해소하기 위해 육체적 쾌락만 추구하는 것은 후회만 낳을 뿐이다.

몸과 정신이 하나가 될 수 있는 사랑을 키울 수 있도록 성에 대한 긍정적인 교육이 필요하다. 단순히 생식기의 결합을 추구하는 것이 아니라 한 인격과 다른 인격의 만남이 이루어지는 것이 진정한 관계다. 누구나 건강하게 관계 맺을 수 있는 권리, 즉 '행복 추구권'을 가질 수 있다.

3.　누구나 있는 그대로
사랑받을 권리가 있다

　학생들에게 살아가면서 하고 싶은 버킷 리스트를 적어 보도록
했다. 학생들은 세계여행, 연예인 만나기, 원하는 것 다 갖기, 좋
은 대학 가기, 돈 많이 벌기 등 평소 자신이 이루고 싶은 꿈에 대
해 적었다. 그리고 빼놓지 않는 것이 부모님 호강시키기, 멋진 연
애하기, 사랑하는 사람 만나기 등이다. 대부분의 아이들에게 사
람과의 관계 맺음은 중요한 화두다.

　톨스토이Lev Tolstoy의 『사람은 무엇으로 사는가』라는 책에도 비
슷한 이야기가 나온다. 하느님에게 벌을 받게 되어 지상에 내려
온 미하일은 사람에게서 세 가지 깨달음을 얻고 다시 천사가 된
다. 그 첫 번째 교훈은 사람 안에는 사랑이 있다는 것이다. 두 번
째는 자신에게 무엇이 필요한가를 미리 아는 것이 허락되지 않는
다는 것이다. 마지막으로 사람은 자신에 대한 걱정이 아니라 사

랑으로 산다는 것이다. 결국 우리는 자신을 사랑하는 것에 그치지 않고 다른 사람과 사랑을 주고받으며 서로 의지하며 함께 살아간다.

그러나 자신을 사랑하지 못하는 사람들은 자신 안에 사랑이 있다는 것을 알지 못하고 타인으로부터 사랑을 얻기 위해 애쓴다. 사랑을 얻기 위해 명예나 부, 성공, 칭찬, 인정 등을 찾아 헤매며 힘들어한다. 특히 어릴 때 부모와 애착 관계가 제대로 형성되지 않았거나 정서적·신체적으로 무시당했거나 버림받은 경험이 있는 경우에는 자신이 사랑받을 만한 존재인지에 대해 늘 의구심과 불안을 갖게 된다. 공부를 잘할 때나 말을 잘 들을 때만 사랑을 받았던 조건적 사랑의 기억을 가지고 있다면 늘 부모나 친구, 연인 등 주변 사람들로부터 사랑을 받지 못할까 봐, 버림받을까 봐 두려워한다. 아이들은 사춘기가 되면서 친구나 애인에게로 관심이 옮겨져 어릴 적에 받지 못한 보살핌과 무조건적인 사랑을 이제는 받을 수 있을 거라고 희망한다. 부모와의 관계에서 착한 아이였던 사람은 친구나 연인에게도 착한 아이가 되어 그들의 칭찬과 인정에 의존하기 시작한다. 때론 상대가 자신을 받아들여 주지도 않고 폭언이나 폭력을 일삼는 등 함부로 대하는데도 자신이 노력하면 된다고 생각하며 사랑을 받기 위해 매달리기도 한다.

특히 주변 사람들과의 관계에서 자신의 정체성을 찾아 가기 시작하는 사춘기에는 또래 집단의 평가나 압력이 큰 작용을 한다. 아이들은 또래 집단으로부터 소속감과 안정감을 얻고 싶어

한다. 그렇지만 자아의 경계가 불분명해 자기를 견고하게 지키지 못하고 타인의 시선에 쉽게 휘둘리기도 한다. 안타깝게도 많은 사람들이 사랑을 지키려면 상대가 원하는 대로 해야 한다고 믿는다. 여자아이들은 자기 행동과 생각, 외모, 심지어는 성격까지 바꾸려 들기도 하고, 남자아이들은 자신의 능력을 보이기 위해 허세를 떨며 주변 사람들이 원하는 모습으로 자신을 바꾸기도 한다. 그렇게 상대의 마음에 들기 위해 자신을 변화시키며 자신을 상실해 간다.

하루는 딸아이가 "엄마, 이상하게도 그 애는 나쁜 남자애만 만나" 하면서 친구 이야기를 들려주었다. 아이는 남들이 부러워하는 것들을 다 갖췄지만 이상하게도 매번 나쁜 남자를 만났고 연애도 오래 지속되지 못했다. 그녀의 고민은 처음엔 착했던 남자 친구가 나중에는 못된 사람이 되어 가는 것이었다. 그녀는 자신의 일에는 아주 당당했지만 남자 친구가 생기면 친구들을 만나지도 않고 오로지 남자 친구에게만 집중하고, 남자의 마음에 들기 위해 자신을 기꺼이 변화시키고, 체중을 걱정하며 불편한 옷과 신발을 마다하지 않았다. 자기의 생활을 유보한 채 심지어 자신에게 관심을 보이지도 않고 함부로 대하고 무시하는 남자 친구와의 관계를 끝내지 못했다. 그녀의 집착에 남자들은 모두 떠나갔고 못된 남자만 계속 곁을 맴돌았다. 이렇듯 관계에서 자기를 잃어버리는 사람들은 자신이 버림받고 거절당할까 봐 끊임없이 걱정하며 힘들어한다.

사랑받지 못한다는 생각은 연애 관계에서뿐만 아니라 성폭력 상황에서도 영향을 끼친다. 예전에 한 신문에서 안타까운 사건을 본 적이 있다. 초등학생 여자아이가 슈퍼 주인에게 상습적으로 성폭행당하는 것을 같은 동네 주민이 목격해 신고했다. 우리 사회에 성폭행이 이토록 만연했다는 점을 확인하는 것도 힘들었지만 더 안타까웠던 것은 그 아이가 성폭행을 당하는데도 계속해서 같은 가게를 찾았다는 사실이다. 아이는 성폭행이 어떠한 의미인지도 모른 채 주인이 자신을 예뻐한다고 생각해 그 장소를 계속 찾았던 것이다. 집에서는 전혀 관심이나 보살핌을 받지 못하던 아이는 가해자가 장난감이나 돈을 주며 성폭행을 일삼는 것을 자신에 대한 관심과 애정이라고 생각했다. 이렇듯 사랑이 부족한 아이들은 자신에게 조금만 관심을 기울여 주면 쉽게 성적 유혹에 넘어간다. 또한 성폭력 같은 힘든 일을 겪어도 주변 사람에게 말하기보다 혼자 위험을 감내하려고 한다. 흠집 난 자신을 사랑해 주지 않을 것이라는 생각, 완벽하지 않으면 부모에게 인정과 사랑을 받지 못한다는 생각이 앞서기 때문이다. 가해자들은 교묘히 이런 심리를 이용하여 "아무도 너의 말을 믿지 않을 거야. 비밀을 알게 되면 엄마는 충격 때문에 죽을 수도 있어. 모든 사람이 너를 비난하고 사랑하지 않을 거야"라는 말을 일삼고, 피해자는 이런 위협에 쉽게 넘어간다.

사랑받지 못한 아이들은 남들에게 모질게 굴 수밖에 없다. 그런 아이들은 사랑받지 못하는 것을 두려워하는 동시에 자신이 누군가를 사랑하는 것에 대해 공포를 갖게 된다. 사랑을 찾으려는 관심은 집착이 되고 집착은 데이트 폭력, 가정 폭력으로까지 이어진다. 사랑이 없으면 성은 끔찍한 괴물이 된다. 성 구매 또한 인간관계를 맺지 못하고 사랑을 할 줄 모르는 사람들에 의해 일어난다. 사랑, 존중, 친밀감이 충족되지 않은 사람들은 쇼핑을 하듯이 성을 소비하는 데서 만족을 찾는다.

청소년의 자아 존중감은 비행과도 관련 있다. 교육학자 마셜 로젠버그Marshall B. Rosenburg에 따르면 부모와의 애착 관계가 형성되지 않고 친밀감이 부족하고 외로움을 많이 타는 아이들은 이성과의 강제적 성적 접촉을 통해서라도 자아 존중감을 회복하고자 한다는 것이다. 이로 인하여 집착하게 되고 데이트 폭력이나 성폭력까지 유발한다. 성폭력 가해자들의 특성을 연구한 결과에 의하면 자아 존중감 부족, 인지 왜곡, 공감 능력의 부족, 대인관계 및 친밀감의 결핍 등이 주요 특징으로 나타났다.

철학자 에리히 프롬Erich Fromm은 사람들이 사랑을 하지 못하는 이유는 사랑을 능력의 문제로 생각하지 않고 대상의 문제로 생각하기 때문이라고 하였다. 많은 사람들이 연애 관계에서 있는 그대로를 받아들이지 못하고 상대가 뭔가 바꾸어 주었으면 하는 바람 때문에 힘들어한다. 마찬가지로 자신을 사랑하지 않는 마음은 자신을 받아들이지 못하고 자꾸 바꾸려는 태도로 이어진다. 사회의 성 고정관념과 성 각본에 따라 남성은 강한 모습으로 리드하고 배려해야 한다고 생각하고, 여성은 소극적인 모습으로 이끌려 가야 한다고 생각한다. 서로 자신의 모습이 아닌 가면을 쓰고 연애를 한다. 겉으로는 남자가 좋아하는 여자, 여자가 좋아하는 남자인 척을 하며 '거짓 자아'를 만들어 남의 비위를 맞추고, 속으로는 진짜 감정을 숨긴다.

타인의 시선에서 벗어나 자신에 대한 부정적인 관점을 버리고 나를 사랑할 수 있어야 한다. 우리는 자신 그 자체로 존중받고 사랑받을 수 있다는 것을 알아야 한다. 그 시작은 자신이 소중하다는 것, 사랑을 가지고 있다는 것을 깨닫는 것이다. 사랑은 나뿐만 아니라 상대를 있는 그대로 사랑하는 것이다. 사람들은 누구나 따뜻한 체온을 느끼고, 따뜻한 밥을 먹고, 따뜻한 말을 듣고 싶어 한다. 누구나 사랑받는 경험이 필요하다. 친밀감의 욕구를 갖고 있는 것이다. '사랑하는 사람과 함께할' 때 우리는 더욱 깊은 감정적 깊이를 느끼고 정서적 허기를 채울 수 있다.

누구나 사랑받고 사랑할 권리가 있다. 어른들이 자신의 탄생을 기뻐해 주는 데서부터 아이는 자존감을 키운다. 조건이 있는 사랑은 자존감을 떨어뜨리고 무조건적인 사랑은 자존감을 키워 준다. 우리는 자신이 누구와도 비교할 수 없는 독특하고 소중한 존재라는 것을 깨달을 때 다른 사람에게 인기를 끌고 싶어서 혹은 상대방이 싫어할까 봐 어떤 것을 선택하지 않는다. 이때야 비로소 우리는 성적 결정권을 가질 수 있다. 건강한 관계에서는 서로 간에 양보와 타협을 이루어야 하는 것이지 한 사람의 기준 때문에 다른 사람이 일방적으로 포기하거나 타협해서는 안 된다. 너무나 슬픈 이별이어도 받아들이고 상처를 털고 일어나 새롭게 성장할 수 있어야 한다.

자신을 긍정하고 사랑할 때 우리는 부정적인 성이나 부정적인 신체 이미지에서 벗어날 수 있다. 누군가에게는 부족해 보일 수 있는 자신의 감정과 욕구, 모습, 꿈 등을 그대로 내보일 수 있어야 한다. 있는 그대로의 내 몸과 나 자신을 사랑할 때 성 고정관념과 성역할의 굴레에서 벗어나 다른 사람들도 자신의 몸과 마음을 사랑할 수 있는 존엄성이 있다는 것을 알게 된다.

4. 누구나 약자로서
침해받지 않을 권리가 있다

다른 학교에 교직원 성희롱, 성폭력 예방 강의를 갔다. 남성과 여성이 느끼는 일상의 불안에 대해 물으면서 강의를 시작했다. "여러분은 지금까지 살아오면서 목숨이나 신체적 위협을 받아 본 적이 있습니까?" 다섯 명의 남성이 손을 들었다. 그들은 고등학교 때 친구들과 싸움을 했을 때나 군대에서 훈련을 받았을 때처럼 주로 십 대나 이십 대의 혈기왕성하던 시절에 그런 위협을 받아 본 적이 있다고 했다. 그리고 참가했던 사십여 명의 여성이 모두 손을 들었다. 한 교사는 집을 나서는 순간부터 위협을 받는다고 하였다.

이렇게 여성들이 성폭력에 대해 일상적인 불안을 느끼는데도 남성들은 그 불안감을 이해하지 못한다. 어떤 정신과 의사도 아내의 생일날 깜짝 이벤트를 해 주려고 퇴근하는 아내를 기다리며 골목길에 숨어 있다가 아내를 크게 놀라게 한 적이 있다고 한다. 아내는 남편이 낯선 남자인 줄 착각하고 놀라 주저앉았고 그 사람이 남편임을 알자 안심한 나머지 그 자리에서 울고 말았다고 하였다. 그는 그동안 남성이었기 때문에 여성들이 느끼는 일상에서의 불안감을 미처 몰랐다는 걸 그때 깨달았다고 했다.

그동안 성폭력 사건은 하루가 멀다 하고 우리 주변에서 일어났다. 학교, 집안, 거리 등 어디서든지 성폭력이 발생하였다. 2007년 안양에서는 크리스마스 날 동네 친구인 열 살, 여덟 살 아이가 평소처럼 놀이터에서 놀다가 집에 돌아오지 못했다. 아이들은 집에서 백 미터 거리밖에 안 되는 곳에 살던 정성현에게 성폭행당한 후 살해당했다. 2008년 안산에서는 한 교회 안의 화장실에서 동네 주민 조두순이 8세 여아를 강간 상해한 사건이 일어났다. 2012년 나주에서는 이웃집에 살던 이십 대 고종석이 피해자의 집에 침입하여 잠을 자고 있던 피해자를 이불 채 납치하고 성폭행한 후 사라졌다. 이 사건들은 모두 안전한 곳도 안전한 사람도 없다는 씁쓸한 사실을 우리에게 알려주었다.

폭력은 사회 곳곳에서 일어난다. 우리 사회는 일제시대, 군부시대를 지나오면서 폭력으로 질서를 유지해 왔다. 수직적 문화를 기반으로 한, 언제든지 브레이크 없는 폭력이 발생할 수 있는 사회였다. 이러한 여성이나 약자를 무시하는 성차별적인 사회 분위기 속에서 성폭력이나 가정 폭력, 데이트 폭력의 가해자들은 관대한 처벌을 받았고 피해자들은 가중된 폭력에 시달려야 했다.

한 실험에서 남성들에게 여성들의 다양한 모습을 담은 사진을 보여 주며 성폭행을 쉽게 당할 것 같은 사람의 사진을 선택하라고 하였다. 그 사진에는 어린 여자, 미니스커트 입은 여자, 날씬한 여자 등이 있었다. 그 결과 남성들은 가장 저항하지 못할 것 같고 힘이 없어 보이는 소녀 사진을 골랐다. 늘 범죄의 대상은 약자이다. 철학자 마크 롤랜즈Mark Rowlands는 "약자를 어떻게 대하는지를 보면 어떤 사람인지 알 수 있고 절대적으로 힘이 약한 이들을 대하는 태도를 보면 그 사람을 거의 다 파악할 수 있다"고 말했다. 이를 확장시켜 보면 사회가 약자를 대하는 태도에서 그 사회가 얼마나 살 만한지 알 수 있을 것이다.

라스 폰 트리에Lars Von Trier 감독의 〈도그빌〉은 인간에게 권력이 주어질 때 얼마나 폭력적으로 변할 수 있는지를 보여 주는 영화다. 어느 작은 마을에 한 여자가 나타났다. 사람들은 낯선 이방인을 경계했지만 아이들의 가정교사를 하거나 사람들을 도와주는 그녀의 따뜻한 성품을 보고 차츰 그녀를 마을 사람의 일원으로 받아들이기 시작했다. 그러던 중 마을에 경찰이 들이닥치고 그녀를 찾는 현상금 포스터가 나붙었다. 소박하고 착해 보이기만 하던 도그빌 사람들은 점점 그녀를 의심하면서 변하기 시작했다. 언제든지 신고할 수 있는 힘을 가진 사람들은 그녀에게 주는 봉급을 절반으로 줄여 버리고, 마을의 온갖 노동과 집안일을 떠맡겼다. 순했던 마을 남자들은 자신이 어떻게 해도 누구에게도 도움을 청할 수 없는 그녀의 처지를 알고 차례로 강간하기에 이르렀고 나중에는 도망가지 못하도록 개목걸이를 채우기까지 하였다. 그녀는 밤에는 남자들의 성욕 처리의 대상이 되었고, 낮에는 여자들이 떠안긴 노동으로 혹사당하였다. 심지어 그렇게 따르던 아이들까지 그녀를 우습게 보고 조롱하기에 이르렀다. 결국 마을 사람들은 그녀를 찾고 있던 마피아들에게 그녀를 팔아넘긴다.

영화 내내 착했던 사람들이 변하는 모습을 보며 인간 내면에 숨겨져 있는 욕망과 광기의 민낯을 보는 듯했다. 사람들은 자신에게 힘이 생겼다고 생각했을 때 대상이 있고 기회만 되면 언제든 광기의 권력을 휘두르고자 했다. 심리학자인 필립 짐바르도Philip Zimbardo의 스탠퍼드 감옥 실험에서도 우리는 비슷한 모습을 목격할 수 있다. 평범했던 사람들에게 간수라는 권력이 주어지자 실험이 진행되는 동안 3분의 1의 사람들이 실제 폭력적이고 잔악한 경향을 보였다. 간수 역할을 했던 사람들은 상대에게 공감하기보다 자기중심적으로 변해 가고 있었다. 이 실험은 평범한 사람이 권력 앞에서 얼마나 폭력적이고 잔인해질 수 있는지를 단적으로 보여 준다.

사람들은 자신에게 힘이나 지위, 권력 등이 생겼을 때 자기중심적이 된다. 그렇기에 늘 자기 성찰을 통한 다짐이 필요하다. 누구에게나 약자에게 위해를 가하지 않겠다는 강력한 윤리가 필요하다. 사람들은 자신보다 약한 사람에게 폭력을 휘두르지 않기 위해 스스로를 통제할 필요가 있다. 그와 동시에 약자에게 공감할 수 있는 마음이 필요하다. 공감에서부터 약자를 지키는 윤리가 시작된다. 성폭력 예방 교육에서도 너무나 익숙한 가해자 입장에서 벗어나 피해자의 관점에서 공감할 수 있는 기회를 제공하는 것이 필요하다.

성교육 시간에 조두순의 성폭력 사건을 다룬 영화 〈소원〉을 보면서 이야기하는 시간을 가졌다. 학생들에게 다양한 질문을 던졌다. "이 사건이 성폭력인 이유는 무엇인가?" "피해자의 미래는 어떻게 될 것인가?" "가해자 조두순은 무엇을 잘못했는가?" "경찰은 어떠한 행동을 취했는가?" "언론은 어떠한 태도를 보였는가?" "만약 내가 판사라면 어떠한 형량을 내릴 것인가?" "피해자에게 해 주고 싶은 말은 무엇인가?" 아이들은 프로파일러가 되어서 사건을 분석하고, 피해자에게 책임을 전가하고 피해자를 보호하지 않은 언론과 경찰, 지역사회의 불충분한 안전 시스템 그리고 불합리한 사회구조에 분노하며 개선을 요구하였다. 미래에 판사가 되어서 가해자들에게 높은 형량을 내려 더 이상 성폭력으로 아픈 사람이 없도록 하겠다고 다짐하였다. 또 성폭력 없는 세상을 만들기 위해 우리가 무엇을 해야 하는지 개선할 점을 찾아보고자 했으며 그와 함께 피해자의 아픔에 공감하며 용기를 주었다. 한 아이는 지금 피해자가 몇 살이냐고 물으면서 "언니의 잘못이 아니에요. 우리는 언니를 응원해요"라며 그 아픔에 공감하며 눈물을 흘렸다. 또 다른 아이는 조두순이 2020년에 출소한다는 말에 피해자가 그린 그림처럼 "평생 벌레가 가득한 감옥에서 살도록 법을 바꾸고 싶어요"라고 하며 개인을 보호하기 위해 우리 사회가 어떠한 일을 해야 하는지에 대해서 이야기하였다.

　내전과 독재, 쿠데타 등으로 얼룩진 엘살바도르에 있는 긴급
구조대 대원들은 남성다움을 표현하는 방법으로 수많은 또래 폭
력 조직에 들어가는 대신 구조대가 됨으로써 어려움에 처한 사람
들을 돕는 쪽을 선택했다고 한다. 그들은 남성다움을 폭력으로
정의하기보다 사회적 약자를 돕는 힘으로 새롭게 정의하고 있다.
그리고 힘의 견제를 위해 국가는 약자의 편에 서야 한다. 국가는
여성과 약자를 보호할 책임이 있다. 다른 사람을 해하지 않겠다
는 신념을 바탕으로 한 적극적인 비폭력 성 인권 교육을 통해 성
폭력 없는 사회를 만들어 나가야 한다.

5.   누구나 다름을 인정받을 권리가 있다

네이버 검색창에 단어 몇 글자만 치면 사람들이 많이 찾는 자동 연관 검색어가 뜬다. 그런데 이 빠르고 편리한 기능이 구글에서는 지원되지 않는다. 구글에서도 여러 검토가 있었지만 결국 이 기능을 채택하지 않았다고 한다. 그 이유는 반복되는 검색어를 통해 사람들을 한 방향으로만 유도할 수 있기 때문이다. 결국 사람들이 다양한 의견을 듣지 못하게 될 수도 있다는 우려 때문인데, 검색창 하나로 여러 나라의 문화를 엿볼 수가 있다는 게 흥미롭다. 인터넷이라는 공간에서도 그 사회의 다양성과 획일성을 알 수 있다.

과거 외국인들이 우리나라에 와서 놀란 점 중 하나가 사람들의 모습이 다 비슷하다는 것이다. 최근에는 다양화가 존중되는 추세여서 그 정도는 줄었지만 그 시기에는 유행한다고 하면 어느 누구나 판에 찍은 듯한 신발이나 옷을 입고, 머리 스타일을 하고 다녔다. 특히 사춘기 아이들은 사회의 모습을 반영한 듯 획일성을 고스란히 보여 주었다. 똑같은 교복에 똑같은 머리, 똑같은 행동을 원하는 학교 문화 속에서 살아가는 아이들은 어떠한 집단에 소속되는 것을 통해서 자신의 존재를 확인받고 싶어 했고, 그 집단의 일원으로서 자신의 가치를 증명하고자 했다. 어느 한 브랜드의 비싼 패딩이 중고등 학생들의 교복이 될 정도로 아이들은 같은 것을 공유하고 서로 똑같아지고자 했다.

그 아이들이 생각이 없는 아이들이었을까? 집단은 개인의 사고나 행동에 영향을 미치는 대표적인 환경이다. 또래를 중시하는 끼리끼리 문화에서 '의리', '관계', '집단'은 중요한 화두다. 소위 '우리'라는 표현이 그 집단의 정체성을 만들어 주며 그 안에서 아이들은 소속감과 안정감을 느낀다.

하버드대학교 로스쿨의 캐스 R. 선스타인Cass R. Sunstein 교수는 요즘 일베처럼 비슷한 시각의 사람들이 한 곳에 모여 그 방향성이 극으로 치닫게 되는 경향이 높다고 진단하며, 집단 사고의 위험성을 경고하면서 이것이 사회의 극단주의를 야기한다고 하였다. 자신들만이 옳다고 생각하며 다양성을 인정하지 않는 문화는 그 밖의 사람들을 배척하는 극단적인 집단주의로 흐른다.

이러한 집단 사고 경향이 강한 집단은 리더나 다수의 의견을 무조건적으로 추종하고 개개인의 의견은 차단하며, 어떤 사안에 대해 쉽게 합의를 본다. 동질성이 강한 구성원들 사이에서 다수가 "예스"라고 하는데 혼자서 "노"를 외치기는 쉽지 않은 것이다. 설사 비윤리적이고 비합리적인 결정이 이루어져도 자신이 실제로 아는 정보를 근거로 판단하는 게 아니라 다른 사람들의 생각에 무비판적으로 휩쓸리고 예단하게 된다.

예일대학교 심리학과 교수 어빙 재니스Irving Janis는 "조직 구성원들의 의견 일치를 유도하는 경향이 지나쳐 비판적인 생각을 하지 않는 성향이 집단 사고다"라고 정의하였다. 집단 사고는 우리와 우리가 아닌 것을 구분하고 경계를 나눈다. 우리라는 집단은 안정감을 주지만 반대로 누군가가 집단에 위배되는 행동을 했을 때 차별, 더 나아가 처벌의 출발점이 되기도 한다. 군대와 기업을 통해 이어져 온 남성 중심의 집단 문화는 남성과 여성에게 서로 다른 규범을 적용하고 튀는 행동을 하는 남녀들을 집단의 목적을 어지럽히는 사람으로 규정하는 차별의 발판이 되었다. 이러한 집단에 속한 사람들은 자신들의 집단이 부여한 절대적인 기준을 정상으로 정하고 이것 이외에는 비정상으로 분류하여 배척하고 문제 삼는다.

이러한 개개인의 차이를 인정하지 않는 집단주의는 말 그대로 권력이 된다. 사람들은 테두리를 벗어나는 것을 받아들이지 않고 차별이나 폭력을 일삼는다. 획일성을 강조하는 것은 그 범주에 속하지 않는 사람들에게는 폭력이 된다.

사회심리학자 레온 페스팅거Leon Festinger는 인지부조화 이론에서 집단 속에 있는 사람들은 개인의 개성과 책임감에서 쉽게 벗어나게 되어 평상시에는 하지 않을 폭력적이고 비이성적인 행동을 서슴지 않는다고 하였다. 최근 아이들이 일으키는 사건들을 보면 집단 성폭력, 집단 폭력, 집단 왕따 등 집단적으로 범죄를 저지르는 경향이 높다. 특히 남자아이들에게 집단은 남성성을 확인시켜 주는 존재로, 획일적인 집단에 속할수록 폭력적인 성향이 높아진다.

집단생활을 본격적으로 시작하는 사춘기의 아이들은 자신이 집단에 적합한 사람인지 불안해한다. 아이들은 이런 불안 속에서 체모나 변성, 몸의 냄새, 여드름 등 자신에게 일어나는 신체적 변화뿐만 아니라 행동까지 신경 쓰게 된다. 자신을 다른 사람들과 비교하며 집단 내에서 공통점을 찾았을 때는 자신이 정상이라고 생각하고 안심하는 반면, 그렇지 않았을 때는 자신이 비정상이 아닌지 불안해한다. 그리고 비정상적인 것에 대해 처벌이 이루어지는 것은 당연하다고 생각한다. 그래서 남자답지 못한 행동, 여자답지 못한 행동, 동성애 등 비정상이라고 생각되는 성향을 보이는 또래들을 왕따시키고 집단적으로 폭력이나 성폭력을 가하는 현상이 발생한다. 그리고 이를 응징이라고 생각한다.

다수와 힘 있는 사람만이 존중되는 사회에서 소수나 약자는 자신의 의견이나 개성을 드러내지 못한다. 소수나 약자가 의견을 드러냈을 때 다수는 자신들의 이해관계가 침해받았다고 생각하고 노골적인 반감을 드러낸다. 특히 권력구조와 상하 관계가 뚜렷한 한국 사회는 사회적 약자가 기존의 집단의 권위에 이의를 제기하는 것을 수긍하지 못한다. 여성이나 아이들, 성폭력 피해자, 동성애자, 장애인 등 약자들의 목소리는 무시된다. 기득권의 규범에서 벗어나거나 이익에 위배된다고 생각되는 다른 목소리는, 설마 그 목소리가 매우 미미하다고 해도 역차별이나 폭력으로 규정된다.

최근 이러한 집단 문화에서 벗어나 다양성을 추구하는 경향이 높아지고 있다. 이는 사회적으로 요구되는 남성다움과 여성다움이 자신과 맞는지 사회 구성원들이 진지하게 고민해 가는 과정이기도 하다. 이를 통해 성별 고정관념에서 벗어나 자기다움을 획득하고 신체적으로나 정서적으로 자신의 정체성과 자존감을 키울수 있다.

사춘기에 정서적 변화에 맞닥뜨릴 때도 자신이 어떤 남성이고 여성이고 싶은지 고민하는 과정에서 '여자답게', '남자답게'라는 고정관념에서 벗어나 나다워지는 것이 중요하다. 이는 자신의 성별을 표현하고 성별에 따른 기대 등을 인식하면서 자기다움의 영역을 형성해 나가는 것이다.

그 시도는 각 나라에서 진행되고 있다. 뉴질랜드의 더나든노스 중학교에서는 여성에게만 강제로 치마를 입게 하는 것이 성 역할 고정관념에 따른 차별이라는 주장이 제기되었고 모든 학생이 치마나 바지 중 입고 싶은 것을 입을 수 있도록 학교 규정을 바꾸었다. 학생은 성별에 관계없이 반바지, 긴바지, 여자용 치마바지, 남자용 짧은 치마, 치마 등 다섯 가지 중에서 원하는 교복을 마음대로 입을 수 있다. 중국에서는 성별에 상관없이 똑같은 모양과 색깔의 운동복을 교복으로 입는다. 일본의 중학교는 성별에 관계 없이 리본과 넥타이, 바지와 치마 중에서 자유롭게 선택할 수 있다. 영국은 이미 120개 이상의 학교에서 성 중립적 교복을 채택하고 있다. 많은 나라에서 남학생은 바지, 여학생은 치마라는 공식이 깨지고 있다. 이 나라 아이들이 어떠한 다채로운 사회를 만들어 갈지 미래가 궁금해진다. 상대의 다양성을 인정하는 것은 나의 자유와 자율성을 인정받는 것이다. 틀린 것이 아니라 그저 다름을 받아들이는 것, 이것이 다양성 존중 사회의 시작일 것이다. 다양함이 함께하는 곳에는 건강함이 있다.

결국 성 민주주의 사회는 다름을 인정하는 문화에서 시작된다. 남녀가 서로의 다름을 인정한다는 것은 무엇일까? 서로가 다름으로 인하여 발생되는 갈등이 있다는 것을 존중한다는 것이다. 나와 생각이 다를 수도 있다는 점, 그리고 그 생각이 결코 잘못된 생각이 아니라는 점을 일상 속에서 인정하고 받아들이는 노력이 필요하다. 사춘기의 신체적 변화에 대한 수업을 받은 아이들은 수업 덕분에 성장 속도가 모두 다르다는 것을 알게 되어 불안감을 해소할 수 있었다고 하였다. 그리고 자신의 몸을 있는 그대로 인정하게 되었다고 하였다. 이렇게 사람은 신체적으로나 정신적으로 모두 다르다는 것을 아는 아이들은 타인을 인정할 줄 알며 자신과 다르다고 놀리거나 함부로 대하지 않는다. 사회가 정해 놓은 억압적이고 폭력적인 정상과 비정상의 구분에 갇히지 않고 타인을 독립된 주체로서 존중하고 지지하는 사람이 요구된다. 남성과 여성의 이분법을 버리고 그 차이와 다양성을 인정하고 함께 협력하는 사회가 되어야 한다. 다른 목소리를 들을 수 있다면 갈등이 있더라도 앞으로 나아가며 양심적이고 민주적인 사회를 만들어 갈 수 있을 것이다.

6.　　　우리는 함께 성장할 권리가 있다

　　역사학자 유발 하라리Yuval Harari는 『사피엔스』에서 10만 년 전
지구상에는 여섯 가지 인간 종이 살고 있었는데, 그중 아프리카
초원에 살던 몸도 작고 힘도 없었던 호모 사피엔스가 유일하게 세
상을 정복할 수 있었던 이유는 고유한 '언어' 덕분이라고 하였다.
호모 사피엔스는 언어를 통해 창조하는 능력을 키웠고 서로 신뢰
하고 협력하며 세상을 정복했다는 것이다. 언어는 호모 사피엔스
가 세상의 지배자가 되는 밑거름이 되었다. 이렇듯 인간은 경쟁
하고 갈등하기보다 상호작용하며 협력하는 모습을 통해서 진화했
으며, 서로 도울 때 가장 번성할 수 있었다.
　　현재의 우리는 어떤가? 우리 사회의 남녀 갈등은 심각한 사회
문제가 되고 있다. 지속적으로 이어져 오던 폭력에 더해 미투와
살인 사건, 몰카 사건들로 인하여 첨예한 갈등이 촉발되었다. 남

성들은 여성들의 미투에 "아내 이외에는 어떠한 여자와도 식사하지 않겠다"로 대표되는 펜스룰로 대처하기도 한다. 갈수록 여성과 남성의 서로에 대한 혐오는 심각해져 여성을 향해서는 "본래 나약하고 열등한 존재", 남성들의 경제력에 의지하는 "잠재적 꽃뱀"으로 폄하하고, 남성을 향해서는 "본래 폭력적이고 열등한 존재", "잠재적 성범죄자"로 폄하한다. 한국 남자랑은 밥도 먹지 말아야 하며, 정상적인 남자를 찾아보기 힘들다는 극단적인 일반화가 벌어지기도 한다.

사회의 변화 속도는 점점 빨라져 행동 양식과 문화도 많이 달라지고 있지만, 이런 변화 속에서 이를 마주하는 여성과 남성의 사고의 차이는 불협화음으로 나타나고 있다. 최근 대학생들과 이야기하다 보면 여성들은 대체로 성평등 가치에 대해 당연하다고 생각하고 여성주의에 우호적이다. 그런 반면 남학생들은 대학에서 여성주의를 배우는 것을 의무에서 선택으로 변경할 수 있도록 해야 한다며 여성주의에 강한 반발감을 보였다. 이처럼 성 인권의 침해에 대한 비판을 수용하지 못하는 경향이 높다.

인터넷상에 오르내렸던 개똥녀, 쩍벌남 등의 사례는 일부 개인의 일임에도 마치 모든 남녀가 여기에 해당된다는 듯이 이야기한다. "남자는 다 그래", "여자는 다 그래"라며 그 성별 집단 전체를 비난하며 과잉 일반화한다. 특히 평소 편견을 고수하던 사람들은 이와 같은 사건이 일어났을 때 "거봐, 역시 그렇다니까" 하며 확증의 기회로 삼는다.

특히 이십 대, 삼십 대에서 그 정도는 심하게 나타난다. 여성들은 범죄에 대한 공포에 시달리는 동시에 성 인지 감수성이 높아지고 있고 남성들은 취업난과 군대 문제에 촉각을 곤두세운다. 특히 SNS 등의 커뮤니티에서 활발하게 자신의 생각을 드러내며 때론 극단적인 폭력에까지 이른다.

남녀의 차이를 배우고 서로 이해하며 지내야 할 아이들도 사회적 영향을 받는다. 아이들이 고학년으로 갈수록 자신의 의견과 같은 사람은 우리 편으로 두고, 자신과 다른 사람은 적으로 돌리며 험담하는 것을 볼 수 있다. 이성 교제 수업을 하면 남자아이들은 왜 남자만 데이트 비용을 많이 내는지에 대해 항의하며 여성들을 돈을 밝히는 사람들로 비하한다. 여자아이들은 데이트 폭력으로 인해 남자를 만나지 못하겠다고 하면서 남성을 성폭력범과 동일시한다. 이로 인하여 남학생과 여학생이 서로 나뉘어 싸우기도 하고 남자아이들은 여자아이들을 툭툭 치면서 "그럼 이것도 미투? 신고해"라고 조롱하기도 한다. 모둠 활동이나 공동 작업에서도 함께하기보다 서로를 배척하며 으르렁거린다.

과연 무엇이 이런 현상을 만들어 냈을까? 우리는 젠더적 불평등이 낳은 현실을 돌아볼 필요가 있다. 요즘 아이들에게 자아실현을 통한 행복은 중요한 가치다. 그들은 부모들이 결혼과 출산으로 인해 '자기를 희생'하는 삶을 보아 왔다. 부모조차 아이들에게 "편하게 혼자 살아라"라고 조언 아닌 조언을 할 정도다. 그동안 성차별적인 사회 속에서 남녀 모두 고통을 받아 왔다. 남성은 남성다워야 한다는 굴레에 갇혀 가정의 주체로 서야 한다는 심리적 부담과 경제적 부담을 짊어져야 했다. 때론 압박으로 인한 열등감이 폭력으로 대치되기도 했다. 여성은 임신이나 출산 등으로 인한 경력 단절로 자아를 실현할 수 없는 상황에 내몰렸을 뿐만 아니라 삶의 영역에서 주체가 되지 못하고 성적 대상, 급기야는 폭력의 피해자가 되었다. 이러한 사회적 상황을 보아 왔던 아이들은 이성 간의 관계 맺기에 대한 불신을 갖게 되었고 결혼에 대한 부정적인 시각을 키워 왔다. 실제로 혼인율도 낮아졌다. 결혼을 하더라도 가족 부양에 대한 남성의 부담과 여성의 경력 단절이 자명한 현실에서 출산을 기피할 수밖에 없다. 국가에서는 저출산 문제를 해결하기 위해 수많은 예산을 쏟아붓고 있지만 개인의 주체성이 보장되지 않는 사회적 구조에서는 이 문제가 쉽게 해결되지 않을 것이다.

남녀 갈등은 서로의 성에 대한 혐오라기보다 사회의 성차별적 성 역할에 대한 혐오다. 남녀는 생물학적으로는 다른 존재이지만 사회적으로는 같은 존재다. 여성의 자리와 남성의 자리는 다르지 않다. 개개인이 모두 다르다면 남성과 여성이기 때문이 아니라 각자가 가지고 있는 특성 때문이다. 남녀 간에 서로 협력할 때만 우리는 함께 성장할 수 있다. 여성과 남성 모두 사랑과 자아실현을 꿈꾼다. 남녀는 공존해야 할 영원한 동반자다.

젠더 갈등은 사회 통합의 문제로 인식되어야 한다. 갈등과 분열을 초래하는 차별의 문화보다는 차이를 인정하고 존중하는 문화를 만들어 가야 한다. 무의식적인 차별에 눈을 뜨고 일상 속의 작은 것에서부터 차별 요소를 줄여야 한다.

이제는 갇혀 있던 젠더에서 벗어나야 한다. 상대 성性의 입장에서 생각하자. 낡은 규칙이나 제도는 변화하는 사회를 잡아 둘 수 없다. "새 술은 새 부대에 담으라"는 말처럼 새로운 가치 앞에서 우리는 다시 과거로 돌아갈 수 없다. 젠더에 갇힌 삶에서 벗어나 서로 주체로서 존중하며 자신으로서 살아갈 수 있어야 한다.

'한 가지의 성향이 강한 남성이나 여성은 지능이나 창의력, 공간 지각 능력이 낮다'는 연구 결과가 있다. 사회가 남성에게 남성다움을 요구함으로써, 여성에게 여성다움을 요구함으로써 각자 자신이 갖고 있는 역량을 계발하지 못하기 때문이다. 양성적인 성향에 대해 연구한 심리학자 샌드라 벰Sandra Bem은 "남성성과 여성성 등 성 역할에 대한 고정관념이 강하지 않을수록 창의적이고 성공할 확률이 높다"며 아이들이 잘 자라기 위해서는 성 역할의 균형이 뒷받침되어야 하고 복잡해지고 다양해지고 있는 사회 환경에 잘 적응하려면 오히려 전통적으로 구분된 남녀의 성향을 함께 기르는 것이 좋다고 말한다. 양성의 기질을 함께 지니면 다른 사람과의 관계 형성에도 도움이 되고, 정신적으로 건강하며, 또 어른이 되어서도 주체적으로 자아실현을 하며 만족하는 삶을 살아갈 수 있는 것으로 드러났다.

우리 모두 남녀의 분리에서 벗어나야 하며, 남편과 아내는 함께 양육의 경험을 쌓아야 한다. 그래야 남녀 모두 아이와 친밀감을 느끼고 양육의 기쁨을 즐길 수 있다. 남성과 여성 모두 일과 육아를 함께할 때 더불어 살아가는 조건이 마련될 수 있을 것이다. 남성을 출산과 육아, 가정으로부터 분리시키지 말고 참여할 수 있도록 해 주어야 한다. 그리고 경제적인 짐도 같이 나누어 가져야 한다. 남성만 가계 부양을 맡거나 여성만 자녀 양육을 맡는 것은 서로의 자아실현에 도움이 되지 못한다. 사실 양육은 인간에게 가장 막중한 책임이 따르는 행위인 동시에 시간, 에너지, 돈을 상당히 소모해야 하는 행위이기도 하다. 엄마, 아빠 모두 자녀의 건전한 인성 형성 및 성장을 위해 올바른 역할을 수행해야 하며 가계 부양도 공동으로 해야 한다. 그랬을 때 자신의 삶을 성찰하고 아름다운 자아를 발견할 기회를 가질 수 있다. 우리는 성 역할에서 벗어나 나다운 자신과 마주할 때만이 자신의 존재 의미를 깨달을 수 있을 것이다. 저출산 문제는 우리 사회 구성원이 주체로서 각자의 삶을 살 수 있는 여건이 조성되었을 때 해결되는 것이다. 동등한 주체로서 자아실현을 하며 자신의 삶을 희생하지 않은 채 살 수 있는 환경이 주어졌을 때 우리는 적극적인 관계 맺기를 통해 함께하는 삶을 선택하게 될 것이다.

닫는 글

성은 결코 개인의 영역에 국한되지 않는다. 모든 사회에서 성에 대한 태도나 관점들은 시대 속에서 학습되는 문화적 산물이다. 성의 발현은 자연적인 본성이며 자율적인 선택이라고 생각할 수 있지만, 사실은 성적 친밀감과 소통, 성적 사회화, 성적 감수성, 성 정체성, 성 건강과 생식, 양육과 가족 등 사회적·문화적·역사적 조건에 의해 사회와의 관계 속에서 만들어지는 문화이고 패러다임이다.

이러한 성 인지 감수성을 내재화하지 못한 교사는 교과 수업 외에도 학교 활동 중에 일어나는 잠재적 교육과정을 통해 성차별적 발언이나 태도로 학생들에게 왜곡된 성 인식을 심어 줄 가능성이 높다. 같은 지도안을 가지고 수업을 해도 결과적으로 전혀 다른 수업이 이루어지는 이유다. 가르치는 교사가 어떠한 성 인식을 가지느냐에 따라 교육의 질이 좌우된다. 성차별을 받고 자라온 성교육 강사는 성차별에 대해 인지하지 못하며, 아이들을 성적 존재로 인정하지 않는 문화에서 살아 온 교사는 성 행동을 일탈로 여기게 될 가능성이 있다. 또 성을 부정적으로 바라보며 혼전 순결을 강조하는 가정과 학교에서 교육을 받아 온 교사는 성적 욕구나 관심을 부도덕으로 치부한다. 이렇듯 많은 교사들이 성평등, 성차별, 성 인권, 권력 등에 대한 제대로 된 성찰 없이 규범적 태도를 강화하는 교육을 해 옴으로써 학교 내에서 많은 문제가 생겨났다.

요즘 학생들은 성 인식이 깨어 있는 데 반해 교사나 부모가 성인지 감수성을 기반으로 한 올바른 가치관을 갖고 있지 못하다면 성교육이 제대로 이루어질 리 만무하다. 교사나 부모들은 항상 자신의 인간관계, 성 고정관념, 성 규범, 성평등 의식, 성폭력에 대한 통념 등을 점검하는 노력을 기울이고 새로운 인식을 받아들여야 한다. 물론 기존의 인식과 새로운 가치관 사이에서 충돌과 긴장이 나타나기도 한다. 만약 어떤 가치관에 대한 저항 의식이 생겼다면 그것이 어디서 연유했는지, 자신의 개인적 문제와 연결되어 있지는 않은지 점검하는 것이 필요하다. 무엇보다 아이들을 대할 때 반드시 성 인권 의식을 가져야 한다는 점을 유념할 필요가 있다.

부모나 성교육을 하는 교사는 생물학적 성 지식뿐만 아니라 그 사회의 성 문화를 이루는 역사적·철학적·문화적 바탕을 함께 이야기할 수 있어야 한다. 단순히 몇 시간의 연수로 성교육 자격증을 주는 등 안일하게 성교육을 다루어서는 안 되는 이유다. 물론 최근에서야 스쿨 미투 등의 문제제기로 교육부나 교육청 차원에서 교사들을 교육하고 있지만 그 대상은 소수의 교원에 국한된다. 여전히 사이버 연수나 집단 교육으로 성 인권 교육에 대한 연수가 이루어지는 경우가 많다. 성 인권이 보장되는 사회가 되려면 성교육을 하는 교사 외에도 성교육 담당이 아닌 교사, 부모, 경찰, 법원 등 모두가 인식 개선의 대상이 되어야 한다. 인생을 좌우하는 성 인권 교육이기에 그 교육에 임하는 사람들에게도 일회성이 아닌 꾸준한 연수와 교육이 필요하다. 그랬을 때 성평등한 개인, 학교, 가정, 사회로 나아갈 수 있을 것이다.

참고 문헌

게릴라걸스, 『게릴라걸스의 서양 미술사: 편견을 뒤집는 색다른 미술사』, 마음산책, 2010.

골먼, 다니엘, 『감성의 리더십』, 청림출판, 2003.

국가인권위원회, 『국가인권위원회 군대 내 동성간 성폭력 실태조사』, 2004.

권봉만, 『청소년의 성 인식과 성 태도 및 자기유능감에 관한 연구』, 한영신학대학교, 2012.

김동식 외, 『여성의 성 재생산 건강 및 권리 보장을 위한 정책방향과 과제』, 한국여성정책연구원. 2018.

김보람, 『생리 공감: 우리가 나누지 못한 빨간 날 이야기』, 행성B, 2018.

김수자, 『학교현장에서의 페미니즘 교육실천에 관한 연구』, 성공회대학교, 2018.

김용현, 『성교육을 통한 소년원 학생의 성의식 변화에 관한 연구』, 경북대학교, 2011.

김지윤, 『말하고 슬퍼하고 사랑하라』, 소담출판사, 2018.

나임윤경, 『여자의 탄생』, 웅진씽크빅, 2005.

노미덕, 『성적 자기결정권의 보호와 강간죄의 객체에 관한 여성주의적 고찰』, 전남대학교, 2008.

드워킨, 안드레아, 『포르노그래피: 여자를 소유하는 남자들』, 동문선, 1996.

들뢰즈, 질·펠릭스 가타리, 『천개의 고원: 자본주의와 분열증 2』, 새물결, 2001.

라보에시, 에티엔 드, 『자발적 복종』, 생각정원, 2015.

롤만, 마리트 외, 『여성 철학자』, 푸른숲, 2005.

루티, 마리, 『나는 과학이 말하는 성차별이 불편합니다』, 동녘사이언스, 2017.

마경희 외, 『성불평등과 남성의 삶의 질에 관한 연구』, 한국여성정책연구원, 2018.

마티외, 토마, 『악어 프로젝트: 남자들만 모르는 성폭력과 새로운 페미니즘』, 푸른지식, 2016.

맥그리거, 실라, 『마르크스의 자본주의 분석과 성차별, 성폭력』, 책갈피, 2017.

배런코언, 사이먼, 『공감제로: 분노와 폭력, 사이코패스의 뇌 과학』, 사이언스북스, 2013.

버지스, 앤서니, 『시계태엽 오렌지』, 민음사, 2005.

벡델, 앨리슨, 『경계해야 할 레즈비언』, 2008.

브란튼베르그, 게르드, 『이갈리아의 딸들』, 황금가지, 2016.

솔닛, 리베카, 『남자들은 자꾸 나를 가르치려 든다』, 창비, 2015.

스트룀키스트, 리브, 『이브 프로젝트: 페미니스트를 위한 여성 성기의 역사』, 푸른지식, 2018.

스피박, 가야트리 외, 『서발턴은 말할 수 있는가?』, 그린비, 2013.

아렌트, 한나, 『예루살렘의 아이히만: 악의 평범성에 대한 보고서』, 한길사, 2006.

양원정, 『학교 성교육에 대한 여성주의적 접근: 십 대의 성교육 성문화 분석』,
　　동덕여자대학교, 2002.

양윤선 외, 『벤처 하는 여자들』, 메디치미디어, 2018.

엄미영, 『UNESCO 국제 성교육 가이드라인에 따른 성보호교육프로그램 개발』, 2013.

에리티에, 프랑수아즈, 『여자 남자 사이의 구축』, 알마, 2009.

우드, 줄리아, 『젠더에 갇힌 삶』, 커뮤니케이션북스, 2006.

우에노 치즈코, 『여성 혐오를 혐오한다』, 은행나무, 2012.

유네스코, 『국제 성교육 가이드라인』, 2009.

윤덕경 외, 『온라인 성폭력 피해실태 및 피해자 보호방안』, 한국여성정책연구원, 2018.

이수현 외, 『여성혐오표현에 대한 제도적 대응방안 연구』, 한국여성정책연구원, 2018.

이주혜, 『한국 성폭력 가해자의 병리적 '범죄자성' 구축에 관한 연구』, 이화여자대학교,
　　2014.

이지수, 『성교육 강사의 성인지적 학교 성교육 실천에 대한 질적 사례 연구』
　　연세대학교, 2017.

이현재, 『여성혐오, 그 후 우리가 만난 비체들』, 들녘, 2016.

전송이, 『여대생의 이성교제 시 성 의사소통 유형』, 고려대학교, 2010.

정연희, 『성문화 변화에 따른 남학생 성교육 방향 모색』, 서강대학교, 2003.

정지우, 『분노사회: 현대사회의 감정에 관한 철학에세이』 이경, 2014.

정희진, 『저는 오늘 꽃을 받았어요』, 자음과 모음, 2001.

정희진 외, 『소녀, 설치고 말하고 생각하라: 소녀들을 위한 페미니즘 입문서』 우리학교,
　　2017.

조남주, 『82년생 김지영』, 민음사, 2016.

진은영, 『니체, 영원회귀와 차이의 철학』, 그린비, 2007.

차선희, 『중·고등학교 교사의 입장에서 본 현행 성교육의 실태 및 제반 문제점에 대한
　　연구』, 성균관대학교, 2009.

최윤정 외, 『성 평등한 진로교육 추진을 위한 실태 분석 및 정책 방안』,
　　한국여성정책연구원, 2018.

최인숙, 2015, 『성폭력 통념수용, 대인폭력수용 및 성역할 관련 태도가 공격적 성
　　행동에 미치는 영향』, 한국심리학회지.

추호정, 『초등학교 아동의 또래집단 내에서의 성희롱 경험과 자아존중감과의 관계
　　연구』, 이화여자대학교, 2000.

킨들런, 댄, 『무엇이 내 아들을 그토록 힘들게 하는가』, 세종서적, 2006.

톨스토이, 레프, 『사람은 무엇으로 사는가』, 문예출판사, 2015.

파이어스톤, 슐라미스, 『성의 변증법』, 꾸리에, 2016.
파인, 코넬리아, 『테스토스테론 렉스』, 딜라일라북스, 2018.
프롬, 에리히, 『사랑의 기술』, 문예출판사, 2019.
하라리, 유발, 『사피엔스』 김영사, 2015.
해리엇, 러너, 『당신 왜 사과하지 않나요?』, 저스트북스, 2017.
혜안 외, 『우리 목소리는 파도가 되어』, 열다북스, 2019.
홀, 에드워드, 『숨겨진 차원』, 한길사, 2013.
홍수지, 『음란물에 노출된 학령기 아동의 바른 성 인식을 위한 미술치료 단일사례
    연구』, 동국대학교, 2017.
훅스, 벨, 『모두를 위한 페미니즘』, 문학동네, 2017.

『교실 속의 성교육 지도안』, 부산교육청, 2015.
『국가 수준의 성교육 표준안』, 교육부, 2015.
『성인권 교육(고등학교)』, 여성가족부, 2016.
『성인권 교육(중학교)』, 여성가족부, 2016.
『성인지적 관점의 폭력예방교육을 위한 법제화 방안』, 이화여자대학교 법학연구소,
    2009.
『청소년 양성평등의식교육프로그램 개발 보급(고등학교)』, 한국양성평등진흥원, 2010.
『청소년 양성평등의식교육프로그램 개발 보급(중학교)』, 한국양성평등진흥원, 2010.
『학교에서 배우는 성인권 교육(고등학교)』, 한국양성평등진흥원, 2013.
『학교에서 배우는 성인권 교육(중학교)』, 한국양성평등진흥원, 2013.
『학교에서 배우는 성인권 교육(초등학교)』, 한국양성평등진흥원, 2013.
「20대 남자 현상 이렇게 조사했다」, 『시사IN』, 2019. 5. 8.
「운동사회 성폭력 뿌리뽑기 100인 위원회」, 위키백과, 2000.
「차이를 인정하고 차별에 눈 떠야」, 『중앙시사매거진』, 2019. 11. 18.
'세상을 바꾼 소녀' 시리즈—『놀라지 마세요, 도마뱀이에요』, 『루나와 나』, 『세상의 모든
    나무를 사막에 심는다면』, 『여자도 달릴 수 있어!』, 청어람아이, 2018.